成唯識論釋

——第二輯

平實導師　著述

ISBN 978-626-97355-9-4

執著離念靈知心爲實相心而不肯捨棄者，即是畏懼解脫境界者，即是畏懼無我境界者，即是凡夫之人。謂離念靈知心正是意識心故，若離**俱有依**（意根、法塵、五色根），即不能現起故；若離**因緣**（如來藏所執持之覺知心種子），即不能現起故；復於眠熟位、滅盡定位、無想定位（含無想天中）、正死位、悶絕位等五位中，必定斷滅故。夜夜眠熟斷滅已，必須依於**因**緣、**俱有依**緣等法，方能再於次晨重新現起故；夜夜斷滅後，已無離念靈知心存在，成爲無法，無法則不能再自己現起故；由是故言**離念靈知心是緣起法**、**是生滅法**。不能現觀離念靈知心是緣起法者，即是未斷我見之凡夫；不願斷除**離念靈知心常住不壞之見解**者，即是恐懼解脫無我境界者，當知即是凡夫。

——**平實導師**

如聖教所言，成佛之道以親證阿賴耶識心體（如來藏）爲因，《華嚴經》亦說**證得阿賴耶識者獲得本覺智**，則可證實：證得阿賴耶識者方是大乘宗門之開悟者，方是大乘佛菩提之眞見道者。經中、論中又說：證得阿賴耶識而轉依**識上所顯真實性**、**如如性**，能安忍而不退失者即是**證真如**、即是大乘賢聖，在二乘法解脫道中至少爲初果聖人。由此聖教，當知親證阿賴耶識而確認不疑時即是開悟眞見道也；除此以外，別無大乘宗門之眞見道。若別以他法作爲大乘見道者，或堅執**離念靈知**亦是實相心者，則成爲實相般若之見道內涵有多種，則成爲實相有多種，則違**實相絕待**之聖教也！故知宗門之悟唯有一種：親證第八識如來藏而轉依如來藏所顯眞如性，除此別無悟處。此理正眞，放諸往世、後世亦皆準，無人能否定之，則堅持離念靈知意識心是眞心者，其言誠屬妄語也。

——平實導師

目次

第二輯：

〔以下《成唯識論》卷第三〕

第三輯：

第一節　以五教十理印證第八識實有

第二節　別從他義證有第八識

第四輯：

第五輯：

第六輯：

第七輯：

第八輯：

第三篇　唯識位

第九輯：

第十輯：

第十節　所生得——四智心品

自序

「一心說，唯通八識」，是唯識學界有名的標語，意謂：「若主張人們都各只有一心時，則只能名爲阿賴耶識一心；但阿賴耶識一心之說法唯通八識心王之理，餘說不通。」然而時至末法之二十世紀末的佛教界，宣稱證悟、已得阿羅漢果的大法師、大居士們，竟然已經無人能懂了。

二十世紀末以教禪聞名的中國兩岸所有大法師們，往往開示曰：「靜坐到離念而在心中都無語言文字時，即是大悟徹底。」例如平實初始弘法之時，臺灣最先以教禪及主持禪七聞名的北部某大法師，甫聞平實所度弟子告知：「人有眞心與妄心，要把眞心找出來，就能眞的了知實相而發起般若眞智。」此大法師竟當場質疑：「人們都只有一個心，哪來的二個心？」竟不信人類同有妄心、眞心。

平實之弟子後時舉說此事時，平實當場答曰：「人類豈止兩個心？總共有八個識呢！《成唯識論》具載分明。」於是有人請求講解《成唯識論》，以明八識正理，是故平實定下日期開始宣講《成唯識論》，時在一九九六年二月六日，於中信局佛學社始講；此起每週於中信局、石牌、建國北路三處同時分別講授，每週各宣講一次；一九九七年新春過後不久，將三處同修們合聚於臺北市中山北路六段某巷地下室正覺同修會初成立時之會址，每逢週二講授一次，於一九九九年十一月九日講授完畢。

此論宣說之當時並未限制聽者必須有證悟等資格，如是前後歷時三年九個月簡要講授圓滿，具足宣說八識心王之理；當然也同時演述了本論中十大論師對於眞如法性、三自性、十因、四緣、五果及增上緣中之二十二根，以及諸心所法，十地各斷一障二愚、得二種智……等百法正義，兼及玄奘對十大論師正訛諸說所作的教判；證明二十世紀末中國所有佛教大法師對佛法之不解，錯將外道常見法認作佛法，墮入離念靈知識陰境界中，故名末法時期。

如是不解佛教眞實法教的事實，非唯臺灣或大陸，乃至全世界佛教其實皆亦如是，證明 佛所預記末法時期眞實無訛。然而深究唯識增上慧學之眞旨，即是《華嚴經》中所說「**三界唯心、萬法唯識**」之眞實理，謂有情的五陰身心包含十八界等法以及所有心所，乃至器世間等，全部都是第八識如來藏阿賴耶識之所變生；所別者，唯有各自變生如十八界，或共同變生如器世間及外六塵。

三界唯心者，十方三界有情的五陰、十八界（含一切有情覺知心所觸知的內六塵），皆唯由各各自有之如來藏阿賴耶識之所變生；三界器世間之任何一個世界，也都是由同一個銀河系世界等共業有情全部的如來藏共同變現成就，包括外六塵。一切法唯識者，謂三界萬法皆唯八識心王和合運作方得成就；由於所見六塵都是自識如來藏所變生故，隨於各個不同有情的所見即有不同。若因業障而有身障者，不得具足八識心王，則少一識或少多識，萬法不得具足成就；十方三世一切世間莫非如此，故曰：「三界唯心、一切法唯識。」

非唯華嚴、唯識等諸經如是說，乃至般若之實證亦是以第八識眞如作爲所證，是故《大般若波羅蜜多經》卷五九七云：「又，舍利子！蘊、處、界等三世之相非深般若波羅蜜多，蘊、處、界等三世之相所有眞如、不虛妄性、不變異性、如所有性，是深般若波羅蜜多。」眞如即是第八阿賴耶識之別名，亦是第八識的法性，是故《大般若波羅蜜多經》卷五六九〈法性品第六〉說：「天王當知！眞如名爲無異、無變、無生、無滅，自性眞實，以無諍故說名眞如，如實知見諸法不生。諸法雖生，眞如不動；**眞如雖生諸法，而眞如不生，是名法身。**」如是以眞如之名指涉第八識心體，並且說明眞如第八識即是法身，能生諸法，是諸法的所依身故。

然八識心王歸結之，唯是阿賴耶識一心，亦名如來藏、異熟識、無垢識，再無他心異法也。謂七轉識皆存在並生活及運行於阿賴耶識中，由阿賴耶識之種子支援方得生住異滅、世世不斷。非但七轉識如是，乃至五色根亦復如是，故說有情之世世五陰十八界等身心，無始劫來不曾外於阿賴耶識心體，始終都由阿賴耶識所含攝。然而八識心王運作之時和合似一，若從表相觀之，竟然似是唯有能覺能知之意識一心；若究其實，總有八識，缺一不可，是故唯識增上慧學中便有此說：「**一心說，唯通八識。**」實乃出於通達《起信論》者之所說也。

復次，宣說一切法相皆來自八識心王之理，依此正理而成立法相唯識宗；然「法相唯識宗」之建立，並非始於唐玄奘大師，而是始於其弟子窺基一代之佛教界，亦非窺基之所建立；所以者何？謂玄奘大師之所弘傳、之所建立者，乃全面性之佛法，具足三乘菩提，並非唯有增上慧學唯識一脈故。玄奘自身亦因所說屬於全面性的整體佛法，是故不曾起意自立宗派，弟子窺基法師自亦深知其理。

後時有人以法相宗或有宗之名，稱呼此一宗派；或以慈恩宗命名之，然窺基本意必然無意建立宗派；意謂佛法不宜割裂而分宗立派，執著其中一法而建立宗派者，其實皆有過失。亦謂慈恩宗所說是七轉識及五色根、六塵都由第八識所生，萬法函蓋器世間等，皆唯八識心王之所生、所顯；並廣敘八識心王及所生諸法互相關聯之正理，兼及三乘菩提之實證，而非單單止於宣說諸法法相，亦非單取第八識眞如或某法、或戒律、或般若密意以建立宗派而已；是故所涉始從二乘解脫道，中則實相般若，末及唯識一切種智，具足三乘菩提，然而佛教界名之爲佛教中之一宗，實有偏頗。

此外玄奘於此論中所說之法又復詳說人我空、法我空之正理，教導眾生求斷我執與法執，斷除煩惱障及所知障，兼攝三乘菩提；是故悉將萬法收攝於空性心如來藏阿賴耶識中，故說「能取空、所取空」，如是詳細顯示能取之七轉識見分及所取之五色根與六塵等相分萬法，悉是空性心如來藏中之法，都攝歸於空性心中；則能取之七轉識及所取之色陰等十一法，乃至諸所有煩惱等心所及善十一法，全都攝屬於空性如來藏心之內。如來藏既名空性而非三界有，如是弘揚如來藏妙法之道場，他人焉得謂之爲有宗？又如來藏既含攝諸法相、名相，然自身從來離諸法相、名相，《佛藏經》中名之爲「**無分別法、無名相法**」，焉得謂爲法相宗？

復有後人以唯識宗之名指稱此宗，亦有過失，謂此宗之法並非單指如來藏阿賴耶識，更非單指依他起性識陰六轉識之虛妄生滅性，亦非單指遍計執性之第七識意根與第六意識，其實廣及八識心王之圓成實等三種自性，以及此八識相應及不相應法、所生及所顯諸法，略說約爲百法，廣則猶如《根本論》所說六百六十法；其中法相之廣之深，並非學術研究、意識思惟之所能稍知，證明此論非單只演述八識或六識，必須有道種智之修證方得勝解其中文義，焉得單稱之爲唯識宗？必欲稱其宗派者，應全名爲法相唯識宗，謂此名方能彰顯其所說「三界唯心、一切法唯識」之意涵故；然而仍有過失，謂陷本宗所弘揚之全面佛法於侷限之宗派狀態故，已經昧略玄奘一生所述具足成佛之道全面而整體之內涵故。

復次，玄奘大師於中土出發前往天竺之時，本已恢復其往世所證之慧解脫果，是故早已精通二乘菩提《俱舍論》，而能在到達天竺之前，以彼論降伏西域當代大師木叉毱多即是明證；且是實證慧解脫果而得精通，非如當時木叉毱多一類依文解義者之假謂精通也。然實非僅如此，謂其本有之般若智慧發起而有往世明心、見性之智慧同在，是故出發前往天竺之前，仍在大唐時，才聽聞一次即能上座爲諸僧眾演繹《大般涅槃經》所說明心與見性之道理；然而玄奘此時自知尚非成佛，距離佛地猶遙，隨即探究悟後進修成佛之道，是故發覺大唐國度竟無一經一論，具足宣說可資證悟者進修成佛之全部道次第與內涵；於是不顧大唐國法之禁止，發起大心日伏夜行，祕密前往天竺，甘冒違法之大不韙，欲求菩薩悟後修道成佛之全部內涵——成佛之道五十二位階之內涵與次第，即是《瑜伽師地論》也。

玄奘當時求法及欲弘傳　如來具足完整之佛道內涵極爲心切，乃不顧政府禁令及路途危險，「寧可向西而死，不願東返而生」；幸蒙　觀世音菩薩加持，及重新受生而來之往世弟子各在不同崗位，幫助玄奘成就種種因緣，終能平安到達天竺；亦蒙　文殊菩薩勸令戒賢論師忍受病痛，息滅絕食捨命之念，並加持戒賢論師病痛漸漸消失而得延壽，終能候得玄奘到來而親自傳授《瑜伽師地論》等，使玄奘得聞大乘增上慧學妙法，引發往世之所證而能言及戒賢之所未能言者，令戒賢論師大爲讚歎；然後取得具足演述成佛之道的大部分經論，返回大唐開始傳法及譯經，預先建立南方禪宗所悟於不敗之地。

玄奘於天竺受學之時，次第恢復更多往世之智慧，此事非唯驚覺戒賢菩薩，後來並廣破當時天竺勢力正盛之聲聞部派佛教、假冒大乘僧演說六識論表相佛法等僧眾，亦降伏當時五印一切外道，所憑皆是唯識增上慧學無生法忍之智慧也。又，玄奘在天竺隨諸菩薩遊學時，佛門凡夫論師們誤會唯識學之主要教派有四：一是小乘六識論的薩婆多部——說一切有部，主張色與心二法都是實有，落在常見中。

二是六識論的聲聞部派佛教凡夫中觀論師一類，例如清辨、佛護等人的空宗一派，主張在勝義諦中，六識心與外境六塵都不是眞實的存在，而在世俗諦的境界中則是心識與六塵實有，如是雙說而自認爲非有非空，自稱證得中道，本質是成爲思惟想像所得的假中道；現代臺灣已故不久的釋印順以及西藏的宗喀巴，和《廣論》學者所建立之應成中觀學派，都是此一流類，實質上兼具斷常二見。

三是攝性歸心而主張只有一個心，可以分成六種作用，不信受另有意根與如來藏各有自己的心性與作用，現代臺灣釋印順與古西藏宗喀巴及兩岸的《廣論》團體兼屬此一流類。

第四種則是認爲人類有眼識等六種心，各有不同的作用，但不會有心所法，更不會有八識不同心所法互相異同的現象，如是類佛門中及佛門外的外道，於現代佛教中已經絕跡。以上是當時天竺佛教主要的四種邪見，至於當時的重要外道則有常見、斷見、數論、勝論、極微等，各有不如理之主張。由於對生命及器世間的眞相如是眾說紛紜，玄奘當時在天竺以「眞唯識量」的意旨，用當地語文爲大眾演說佛法義理，累積了許多過程與經驗，後來以當地文字寫成此論之資料，廣辨十大論師之正訛，作爲與外道及部派佛教凡夫論師論辯時的提示，文義極爲簡約，唯自所知。

玄奘回到大唐譯經期間，由論法故曾與唐太宗言及此事，說明在天竺時曾依如是經歷與內容而寫作了評論十大論師的內容，綜攝佛門內外凡聖等十大論師對世親〈唯識三十頌〉的解釋，將其中的證悟菩薩、聲聞凡夫僧及外道之說，寫下來一併加以評述辨正；本意是作爲自己閱讀，以及與外道論辯時的提示之用，是故字簡義繁。唐太宗聽聞此事之後命其略說義理，聞後大悅而要求玄奘將評點十大論師之說，譯成中文流布；後因弟子窺基法師強力請求綜理十大論師之評而合集成一論，玄奘最後接受整理爲一部，才有《成唯識論》十卷流傳於中國。

然而從論中被玄奘辨正的錯謬對象來看，除了卷一至卷三談論了當年許多外道對生命及萬法來源的謬誤以外，卷四開始大部分是指正部派佛教諸聲聞論師，對大乘法義的錯謬主張。部派佛教那些聲聞論師，不知自己所學、所知都屬聲聞法，往往以大乘僧自居而妄說大乘法義，完全不知自己落入六識論外道法中，猶如今時海峽兩岸諸大法師住於聲聞法中而自以爲是大乘僧。如是部派佛教諸凡夫僧妄將聲聞法說爲大乘法，以證悟之大菩薩自居而各造論流通；但因其聲聞法及所說大乘法之法義有誤，被人檢擇時即必須演變而有新說，如是事相流傳久之繼續演變之後，便有「大乘佛法弘傳演變」之歷史，並在二十世紀正覺出世弘法之後繼續演變；不明內情之釋印順等人舉之而說，振振有辭指稱「大乘佛法前後演變至今不絕」。

由於此事古今如出一轍，現代佛教界的大法師們亦復如是，同將不正確的聲聞解脫道法義，當作是大乘佛菩提道的法義；細觀此等人所說之佛法演變內涵或過程，其實都與親證大乘法之歷代菩薩眾無涉；正是不懂三乘菩提之異同，妄將二乘小法取代大乘妙法又誤解二乘法之僧人，並且所說的二乘菩提亦是落入常見或斷見之中，自稱是已證佛菩提之人，違犯菩薩重戒之大妄語業及謗三寶而虛妄說法，成爲謗佛及謗法者，枉受三壇大戒。

又，《成唯識論》是破相顯宗，也是攝相歸宗的增上慧學，是表顯「**三界唯心、一切法唯識**」正理的一部妙論，非有無生法忍者不能如實讀懂論中文義；若有文字障者，更無論矣！觀於平實弘法以來三十年中所見，諸多自認爲懂《成唯識論》而評論平實所說錯誤之人，率皆如是錯解論中正義，無一例外；例如二〇〇三年正覺同修會中發動法難的眾人，無一出於其外；乃至近年退轉的琅琊閣、張志成等人，亦復如是廣於網路上貼文，然其所說略解《成唯識論》之文，都與論中所說正義恰好相悖，故說此論極難令人如實理解，即有註釋之必要，始能弘揚深妙法及救護眾生。而此論中破除世間一切相乃至佛法中六無爲之相，分明顯示各階位中佛法眞如之宗旨，高舉 釋迦如來之佛地本懷；亦綜攝佛菩提道完整而大概之正理，雖極簡略卻又包含、完括。

云何平實言「《成唯識論》綜攝佛菩提道完整而大概之正理，雖極簡略卻又包含、完括」？謂本論所說全依《阿含經》、《楞伽經》、《楞嚴經》、《解深密經》正理而加以演繹，並且傍及諸經諸論，由解說相、名、分別、正智、眞如而及於八識心王正義，再由八識心王及其心所之正義，聯結圓成實等三種自性；然後依三自性而與五事、五相、三受、三性、四種眞實……等法，闡釋其間的互相聯結與含攝，具足顯示七種性自性及七種第一義；如是演繹此等諸法與五法八識之聯結，令知佛法體系中的一切法是如何互相關聯，成就「法住、法位」之智慧；再教導學人檢視自身是否具足增上緣二十二根善法，及解說十地與等覺地中所應斷之各一障與二愚及應證之法，末說三無性而達佛地眞如境界；如是次第演繹五法、三自性、七種性自性及七種第一義，具足函蓋一切佛法。

再於最末後提出三無性正理，令知佛地眞如之理，以及佛地三身四智之正理，最後究竟轉依佛地眞如而得成佛，具足成就佛地一切種智功德，突顯「一切法唯識」之正義。《成唯識論》如是正理，若未證得無生法忍者皆所不知，又其文字極爲簡略而含義甚廣，故說本論極簡略而包含、完括一切佛法，具足成佛之道。

然而《成唯識論》中所說這些正理，都要經由實證第八識及第七識以後學之，方才有體；以能現觀論中所說諸法自性及行相故，所學亦有第八識眞如心作爲所依故，方免臆測想像而得次第邁向佛地。若無實證第七識意根及第八識如來藏之眞如法性而轉依成功者，所學《成唯識論》終究無體，只是臆想而有的思想，或如學術研究一類思惟所得的玄學，皆非義學。如是以之炫耀於世俗人而求名聲者皆可成功，實質上則是誤導眾生者，若論佛道實證則無其分，連見道功德亦無。如是正理，學人應知。

學人若能福慧雙修之後，再求禪宗之證悟，然後親隨大善知識受學，完整通達論中妙理而得各階段之現觀者，輔以廣大福德及解脫道之實證，即可入地，生如來家，成眞佛子，不論身相。然論中法義甚深、甚廣，又復文言極度簡約，揉譯成中文時復因窺基主張教內和諧之故而未指名道姓以論，加以現代佛弟子不知本論寫作當時之佛教界時空背景，是故本論眞義極難理解，非唯已入眞見道位之證悟者仍難理解其義，古今亦多有世俗專作學術研究者加以錯會乃至謬解而梓行成書者，率多依文解義而成爲錯解、謬註。

即使宣稱親聞玄奘口述之後加以記錄之窺基法師，所作《成唯識論述記》（「述記」謂親聞之後憶念而作筆記）中之所說，亦不免偶有錯誤；何況末法時期未悟凡夫不曾實證第八識如來藏而僅作學問研究之人，終究未有一人能予如實註解。以是緣故，今有加以註釋之必要，以饗今世、後世一切如實證悟般若之菩薩眾，作爲如是四眾悟後進修之資；亦擬註釋完成之後，親於正覺同修會增上班中述說時作爲教材，再於述說達到足夠印成一輯時即予梓行，公開發售，以滿足喜愛唯識學之研究者、「專家」或修學者之所需。然於此一註釋中所說，當盡量依現代佛教界人士所知及時空背景而作釋義，於古昔佛教界之邪見及辨正不多作舉述，只舉其中重要的部分而作辨正，以利現代佛教界大眾悟後進修及加行位實修之資。

復觀窺基於《述記》中所說，往往就論中後述之義而於論之前段先行旁徵博引，未作深入又淺白之解釋；加以其註釋亦爲文言，而《大正藏》中對於《述記》之斷句錯誤連連，致令讀者不解《述記》之正旨，故於《述記》及《成論》論文正義悉皆不得如實理解；以是二故《述記》旁徵博引後，凡夫讀者閱之益增迷亂，反失宗旨；詳閱《成唯識論》後亦然，皆不能眞解。

然平實所觀《述記》內容其實瑕不掩瑜，今於此《釋》中，將每一段論文之正義先作語譯，然後一一解釋，以免邪人故意誣爲扭曲；並盡量援引《瑜伽師地論》中的聖教爲證，兼引其他經教旁徵；若窺基法師於《成唯識論述記》中，對論文之解釋符合論文原義者，即予援用，不再於書中解釋；但會在增上班中針對窺基法師的註解加以解釋，增進增上班已悟學員之道業。此外並側重於論文中的義理解釋，務令已悟如來藏者閱之，得以直接理解論文中所述正義而得如實證解，早日通達唯識性、唯識相及唯識位（資糧位、加行位、通達位、修習位、究竟位）之正義，俾能助益悟後進修之道業。然而本書內容雖屬解釋，但文義仍非未悟或錯悟者所能全然了知，但能作爲眞悟而轉依成功者進修種智之用；至於論中部分文義之深入解說等詳細內涵，僅於正覺同修會增上班中廣說，讀者愼勿以爲此書中所說已函蓋《成唯識論》中隱說之全部內涵。

復觀窺基註解論文眞義時所徵引之內涵，又往往係《成唯識論》中之後卷所釋義理，窺基竟於前卷先行引述，讀者未知論中後文所說正理，閱其《述記》文時自然難解，讀之益增困惑，竟無實益。乃至末法時代亦有少數證悟者，由於善知識輕易所助以致所悟極淺，悟後眞妄不分，只是極少分觸證眞如；又因自大而不肯請示善知識之故，閱讀《成唯識論》及《成唯識論述記》時，亦不免誤會論意而對正法及善知識加以妄評，誣謗平實為不能如實勝解《成唯識論》，造下故謗三寶之大過；今於此《釋》書中則不隨之同作先引，庶免讀者益增困擾。

復次，鑑於末法時代狂慢之人漫山遍野，平實不能不作如下之言：唯有眞實悟入中國禪宗而且轉依成功者，依止第八識的眞如法性之後，追隨眞善知識如實聞熏般若妙法及種智妙義，方能稍解此一鉅論中之深妙義涵；然而悟入禪宗所證眞如之前，必須先有四加行，令得「世第一法」之後方可求悟，否則悟後不能轉依眞如時不免謗法、謗賢聖，招得來世極不可愛之長劫苦痛異熟果報，便如張志成一般救之無用，令人扼腕。

但眞實悟入之後亦未可便作入地之想，務須以非安立諦三品心及如幻、陽焰、如夢等「三種現觀」是否已證，以及「梵行已立」是否現前，以為入地之引證基礎；非唯如此，入地之前尚須加行大乘安立諦之十六品心及九品心，作為阿羅漢果是否已證而發起聖性，並作為相見道位已經確實完成之驗證準繩，以免大妄語而招得未來世長劫極不可愛異熟苦果。

或有閱讀此一《成唯識論釋》者，因閱文中所說似有契入，其實都屬仍未實證之人，以未先修四加行及諸福德資糧包括定力故，六度之修集尚有欠缺故，尚未具足資糧及加行二位的功德，其所謂之悟便成大妄語業，縱使眞悟第八識者亦屬於解悟而無實質。若有已入眞見道位者，亦未可一悟便得入地，由未修得非安立諦三品心及發起地前三種現觀故，仍缺初分無生法忍；亦仍欠缺安立諦十六品心的實修，以仍欠缺親證解脫果所發起之聖性故；如是類人若自謂得悟或已入地者，即不免大妄語業，務必愼之！

若是未悟或未能現觀如來藏眞如法性之讀者，或者雖已確實觸知如來藏而眞妄不分時，其實只是似悟者，更未轉依成功，仍非眞悟，以致未能超越禪宗「毫釐有差、天地懸隔」等公案之考驗；皆應先求大善知識深入勘驗無誤，並加以鉗錘鍛鍊增上智慧而得轉依成功之後，讀之方免誤解，以免誤犯大妄語業而墮三塗。至於錯悟或解悟之人，則無論矣！

以此緣故籲請佛門四眾愼勿兒戲，必當顧念大妄語業後必得未來無量世極不可愛異熟果，以及未來無量世障道之業障，如《佛藏經》中世尊所說；勿以短短一世之名聞利養或眷屬爲慮，萬勿以爲閱讀此《釋》文字表義而能理解時，即爲親證唯識增上慧學，便向他人宣稱證悟乃至誇耀入地，免招未來多劫極不如意苦異熟果。是故本《釋》之用意，主要在於幫助實證如來藏而證眞如，並發起般若智慧而得轉依成功之**眞見道位**菩薩，作悟後起修之資，得廣增益**相見道位**等**後得無分別智**；其中所說並非未悟、淺悟者所能現觀，一般聰睿學人讀之，愼勿自認能眞理解，以其未能階於十種諦現觀故。若故作證解之言，示人以證悟或地後聖者之相，來世有殃在，特須留意。

又此《成唯識論釋》原名《成唯識論略釋》，寫作到一半之後，鑑於會中仍有多位聰明伶俐之人，自認能讀懂《成唯識論》眞義，而其實是誤會論意，卻自以爲是而以論文及《述記》之文，舉來質疑平實所弘佛法正理；爲救彼等諸人及顧慮後世亦仍將有如是學人，平實不得不將原爲《成唯識論略釋》之內容，增補而改名爲《成唯識論釋》，並於講後公開梓行，以釋群疑而杜彼等諸人捨壽後下墮之因緣；至於論中原以略釋之方式所作的註解文字，則仍留存不易，或已加以增補爲《成唯識論釋》，合先作此說明以釋或疑。亦因已經增補之後，尙未證悟之人亦得以閱讀而瞭解論文中之眞實義，所餘者即是實修各種福慧資糧及四加行；日後若有因緣入於正覺同修會中，自身亦無實證上之業障者，便得證悟眞如而能現觀唯識性與唯識相之正理，如實進入唯識位，得階勝義菩薩數中。

唯識學本爲菩薩證悟大乘菩提的眞見道之後，所應修學之慧學，實爲入地後所應進修之增上慧學；入地前僅得非安立諦三品心，以及安立諦十六品、九品心，屬於相見道位所得後得無分別智，未到通達位的初地心；於此諸品心實證而具足三種現觀之後，必俟心心無間而成就無間道，並能現觀所證非安立諦三品心之智慧與眞如平等平等方得轉入初地，名爲證得初地眞如；此時再依十大無盡願等增上意樂已得清淨而眞得入地，位在初地入地心，始名見道之通達位。故說唯有親證眞如而如實轉依成功者，方能進修如是唯識增上慧學。

地前證悟菩薩於此唯識增上慧學多屬隨分修學，有助於相見道位中非安立諦及安立諦之實修，而非即能具足實證，是故此《釋》寓含之深義，並非眞見道而有根本無分別智之初悟者所能臆想，當知絕非眞妄不分之似悟者或錯悟者所能現觀而得了知；更非專作學術研究、文字訓詁者所能臆測——尤其是六識論之中觀學者等凡夫，皆屬學術研究專作文字訓詁之依文解義而錯解者，由未眞見道、未除大乘小乘二種眞正見道所斷異生性，係未證人無我及法無我者，亦未廣修相應之福德智慧資糧與定力故；彼等皆未如實勝解唯識正義，所作對於《成唯識論》

之註解內容極多錯謬。更有凡夫法師居士錯誤連篇之唯識學著作，而其中所說皆屬相似佛法，混淆正法而嚴重誤導佛法學人者其過甚大，不免嚴重後世果報；讀者於此切宜愼防，以免誤信其言而宣稱入地，招得未來世無量劫之慘痛異熟重報。

又，現代佛教雖然已有諸多註解《成唯識論》[1]的著作傳世，但因諸家之註解言不及義以及嚴重謬解；間有較正確者，仍不免言不及義及部分錯解者，而皆不能詳述。乃至窺基之《成唯識論述記》[2]中，雖宣稱為「述記」，然而親聞玄奘之演述而於其夜或次日加以記錄時，仍不免有所謬說，以其未能對玄奘之演繹全部生起勝解故，是對《成論》中的法義並未全部具足念心所有以致之。而其《述記》緣於玄奘譯經事業繁忙，窺基及其助造《述記》之弟子亦因自信太過，未曾一一請求玄奘修正，或因窺基晚年體衰未察，是故不免偶爾謬說之過，違背《成論》之意旨，自不得全部引為最正確之佐證，仍當依止《成論》原本為主，此亦合先敘明於此。至於《成論》中之多門分別、廣說佛法之義，詳後依於論文次第明解，本序文中即不重贅。

1 以下或者簡稱《成論》。
2 以下或者簡稱《述記》。

又此《成唯識論釋》[3]之寫作，重在眞悟佛子之悟後進修，特別重在見道前應有之大乘佛法正理，以及眞見道、相見道、通達位等義理之解說，改正窺基法師對見道與初地通達位前所作加行之謬解[4]，救護眞悟佛弟子免於重蹈本會中極少數人似悟之後旁生岐見之覆轍，繼續誤信窺基在此部分之誤註而自以爲入地、成就大妄語業。以此前提著眼，特重於眞見道、相見道、通達位正義之解釋，並舉會中似悟者所經歷之質疑、異議等事爲證，以明眞義而引入眞悟之地，庶免失於大乘見道通達位等三位完整內涵之宗旨，冀得幫助眞悟之佛子們快速進修早得入地。

預估閱讀本《釋》者，約爲二種人：其一、已經眞見道者，讀此《釋》時應先閱讀《成論》本文後再閱讀「語譯」之文，然後再閱「釋義」而思惟之；如是讀完一遍之後，再重讀時只需閱讀論文及「語譯」即可；唯除閱讀「語譯」之時尚有未能理解之處，才需再讀該部分之「釋義」，至少前後應讀二遍。

其二、一般修學唯識學而尚未證眞如者，於每次閱讀本《釋》之時，皆需隨

3 以下有時簡稱爲《釋》或「本《釋》」。

4 眞見道前之四加行，大異於入地前安立諦十六品心及九品心之加行，不應混爲一談而將《楞嚴經》中所示入地前應有之安立諦加行移入第七住眞見道位前，謂安立諦十六品心等是眞見道前所攝，其實應於相見道位之末位方所應修，絕非眞見道位前之所修。

於此《釋》中所說，逐字逐句逐段隨順書中次序而閱讀及思惟，不可專讀「語譯」即作爲已知已解，因爲尚未實證眞如之前，皆不可能眞實勝解書中所說；然後一面閱讀之時，即應一面尋求教外別傳之法而求證眞如，直到實證眞如之後再來閱讀，方能確實對論中所說生起勝解而得證果，如是應知。

爲達成此目的，每一段「論文」都先作「語譯」，方便眞悟之佛弟子易於直接契入論中所說法教，免去尋枝摘葉之繁，速得論中正義。若有證悟者於「語譯」中不能快速證解或不能深入理解者，亦可隨後於「釋義」中再作深入理解，而後回歸「語譯」中整合之法義再細讀一遍，即得如實理解「語譯」之內涵；是故本《釋》中雙俱「語譯」及分段「釋義」，以助眞悟之佛弟子四眾。至若《述記》中廣引經、論中之資料，本書「釋義」中或有援引、或予捨略，另作其他經教之援引，皆依《成唯識論》的內容而作抉擇，若有意深入求證者可以依《述記》文中所引自行查證之。

茲以此一《成唯識論釋》開筆在即，此後將以法務以外之零碎時間陸續撰寫；爰陳述諸端如上，用以爲序，時在二〇一五年四月解三之後。

佛子 **平實** 敬識於竹桂山居

補序：關於此套《成唯識論釋》之著作，原為《成唯識論略釋》；鑑於本會親教師團中之一員曾經執著《述記》中對於大乘三種見道位階之謬說而提出質疑，隨後由平實加以說明[5]，已解其疑，並於親教師會議中自行要求公開懺悔滅罪，回歸《成唯識論》原有的大乘見道三個位階的正理，已經圓滿一場佛事。但因仍有助教老師張志成等人共同化名琅琊閣者，繼續於網上公開提出質疑並作人身攻擊，平實乃將該大乘見道等辨正內容納入《涅槃》書中，冀其於出版後閱讀而可理解其同一主張之謬誤。

不意《涅槃》出版後，該助教老師等人閱之仍不解其意，繼續以同一網名或本名及他名，而在網路中提出其眞見道即是初地之謬誤主張，並且提出更多謬誤主張而貼網廣傳其謬，對外聲稱平實所說不符《成論》，觀其所說則全部違背《成論》原意。此行為顯示彼助教老師等人於自身所悟已經失去其念心所，故對禪宗所悟內涵自作別異之主張，否定禪宗所悟即是第八識如來藏之事實，更誤會論中所說「心心無間」之「無間道」眞義，主張眞見道時一悟即入初地；並認為眞見道時心心無間即是具足證得三無性而入初地，成就大妄語業。此是平實愛才而急

5 詳見《涅槃》書中之釋義。

於重用故，將其證悟之因緣早計成熟，提前幫其快速悟入之過失，咎在平實。

觀其所提出法義，顯示對《成唯識論》產生極多嚴重誤會與謬解，可以言為完全不懂《成唯識論》；以其撰文流通後貽誤眾生之廣大或深遠，令人不能不側目，以是緣故，平實不得不將此《成唯識論略釋》改為《成唯識論釋》，後於其中加入更多引證及理證上之解釋，以求後世不再有類似彼助教等人出頭妄說誤導未悟凡夫之愚癡行為。今作如是補記，說明為何將《成唯識論略釋》內容增補而成為《成唯識論釋》，同時更易書名之再一次因由，記於原序文之後。今觀本《釋》內容，總有唯識性、唯識相、唯識位等三篇，共為二十一章、一〇一節、四六一目，可謂翔實，以奉有緣人，盼皆得力。

時在公元二〇二一年立夏

佛子 **平實** 記於松柏山居

《成唯識論釋》

第三章　論不相應行法及無爲法非實有

第一節　不相應行法非實有

第八目　破流轉定異勢速次第實有（第一目至第七目請詳第一輯）

論文：「又去來世，非現非常；應似空花，非實有性。生名爲有，寧在未來？滅名爲無，應非現在；滅若非無，生應非有。又滅違住，寧執同時？住不違生，何容異世？故彼所執，進退非理。

然有爲法因緣力故，本無今有，暫有還無；表異無爲，假立四相：本無今有，有位名生；生位暫停，即說爲住；住別前後，復立異名；暫有還無，無時名滅。前三有故，同在現在；後一是無，故在過去。」

語譯：【此外，過去世、未來世，不是現在也不是常而不變；應該好似虛空中出現的花朵一般，並非眞實有自體性。生出來了便名之爲有，生怎麼可能是在未來？滅了以後名之爲無，滅應該不是現前存在；滅了以後若還說不是無，那麼同理生了以後就應該不是有。而且滅了就違背住，怎麼可以執著滅與住是同時存在？住既然不違背生，如何可能容許有他世與此世同時存在的說法？以此緣故，他們聲聞僧所執著的四法都有體與相同時存在的說法，不論往前進或是往後退，全都不是正理。

然而色陰、六識覺知心等有爲法，是藉著如來藏因與無明、父母及其他眾緣之力的緣故而生與住，是本來無、如今有，只是暫時存有，將來還要歸於無；是爲了表顯生等四法不同於無爲法，才假名建立生、住、老、無常等生住異滅四相：本來無、如今有，在有的階位名之爲生；有生之後的階位暫時停留著，就說之爲住；在住的時候爲了分別前位與後位，再度建立不同的名稱而說爲老或異；這個色與心暫時存有而在未來還歸於無，到了無的時節就名之爲滅。前三法的生、住、異是有的緣故，同樣都存在於現在；後一的滅或無常則是無，所以只在滅後的過去。】

釋義：「又去來世，非現非常；應似空花，非實有性。」論主玄奘繼續向薩婆多師提出「有無乖角難」，這一難之中又分爲四難：定世有無難、生滅非依難、滅生相翻難、違同須異難。首先提出「定世有無難」：有與無是角立而互相乖違的，不可能在有的同時也是無，也不可能無的同時也是有，所以提出主張：過去世與未來世，於現在來說即是無，並不是現前存在的事，故說「**非現**」；過未二世正當現前之時也不是常住的，故名「**非常**」。

既然「**生**」了以後可以過去，一定也會有未來，才有出現於眼前的必然，名之爲「**生**」；顯然未來也會同於過去，都不是常而不變，當然更不是現前存在著，怎能說過去的「**生**」與未來的「**生**」是與現在的「**生**」同時存在著？所以過去與未來，都好似虛空中的花朵一般，都是幻知妄計，並非眞實有自體性，當然不可能與現在同時同處，故說過去與未來，都沒有眞實不壞的自體性，不可能是蘊處界等萬法的根源，即非有自體性。

「**生名爲有，寧在未來？滅名爲無，應非現在；滅若非無，生應非有。**」薩婆多師主張未來的「**生**」與往世的「**滅**」都是實有，體都是眞實而常住，當然也應屬於現在，所以論主玄奘繼續以「有無乖角難」中的「生滅非依難」提出質疑說：名色的「**生**」既然出現了，自應名之爲現前的「**有**」，怎麼可能又同時主張「**生**」是在未來世？而此世名色的「**生**」早就過去了，也不能主張是三十歲、五十歲的現在依舊有「**生**」，應該說現在是「**住**」及「**異**」才對。

前世名色滅了以後，或是此世名色將來死壞時，名之爲「無」，即是「滅」或「無常」，既然已經是過去，或者未來臨死的時候，也都不應該是現前依舊存在，不能說爲現在。由於薩婆多師又自救說：「誰說滅相之體是無，而使滅體與滅相都成爲過去呢？」所以論主玄奘接著破斥他們說：名色滅了以後假使還能說不是「無」，同理，「生」了以後就應該也不是「有」。這就是「滅、生相翻難」，意謂「滅」與「生」，不可能互相翻來翻去都說是同時存在，因爲「滅」與「生」的自性是互相違背、互相角立的，有「生」即無「滅」，有「滅」即無「生」。像這樣生與滅互相取代的生滅法而且只是名相，當然不是實有法。

但正理論師又狡辯說：「於未來之世，生有它的功能，所以未來能生；而過去則有與果的功能，不是現在有作用；所以作用只是現在有，即是取果的作用。」答：這樣的主張也沒道理，你們聲聞僧爲何不主張過去、未來的諸法全都一樣能有功能現在眼前？因爲「生」既然沒有作用，過去的與果也應該一樣沒有作用故；這樣一來，便應該未來的一切法也將是時時都會繼續生起，而過去也該是於一切法上都會時時與果。

如果說，作用是說現在，而過去與未來都是只說功能，那麼現在已有的功能作用，也應該同時名爲過去與未來的作用。如果只針對「住」相及取果而名之爲作用，主張「異」與「滅」都不能取果，都只是功能，那麼就不會有現在的「住」相及取果，現在就不該有「住」；如果認爲有作用時是不要取果，便顯示「生」這個行相也不可能是功能。所以這四個有爲法都沒有自體性，不應該建立爲實有法、常住法，也都跟心不會相應。

「又滅違住，寧執同時？住不違生，何容異世？」這是玄奘提出的「違同須異難」，是說「生」等四個有爲法的自性，若是相違時就應該要各有不同；或是相同而且都屬於眞實有時，也應該會有所不同，否則就會被質難。

所以玄奘質疑薩婆多部的聲聞凡夫僧說：而且名色「滅」了就違背「住」，怎麼可以執著「滅」與「住」是同時存於現在？假使「住」不違背「生」，便應該「住」等於「生」，又怎能容許死後還有未來世再「生」？依此正理舉一反三，「住」不同於「異」，不同於「滅」，也不同於「生」之時；以及「住」若同於「異」、同於「滅」，也同於「生」之時，都應該反覆加以徵詰，證明其主張都不能成立，才能令人回歸「**心不相應行法**是依『**色陰、心王、心所**』運行時顯示出來的非實法」，也能令自他俱皆生起智慧。

「故彼所執，進退非理。」這二句是作總結。由以上正理以觀，薩婆多等部派的聲聞僧所執著不捨的說法，不論往前繼續演變發展而提出新主張，或是往後退縮而回到先前的主張，全都不可能是正理，所以部派佛教諸聲聞部的說法就會繼續演變，但這些演變的過程與內容都與菩薩們依據實證所說無關，學術界不該誤認之後栽誣爲大乘佛法前後有所演變。《成唯識論述記》卷二，窺基依玄奘的教導而如是說：「進爲相違，體不得俱有；退不相返，用何不齊生？又進非理，應滅與住不同時；退非理，生、住例應同世。又進：住、滅異世，便違自宗。退：住、滅世同，復乖正理。別破異相，如《俱舍》說。即前：異不成異，前非一法。廣說如彼，今略不破。」讀者依上來所解，自惟可知，無勞平實多作贅言、累牘長篇。

「然有爲法因緣力故，本無今有，暫有還無；表異無爲，假立四相：本無今有，有位名生；生位暫停，即說爲住；住別前後，復立異名；暫有還無，無時名滅。前三有故，同在現在；後一是無，故在過去。」接著論主玄奘提出自己的正確主張：色陰與六識覺知心等有爲法，是藉著如來藏爲因，以及無明、父母、四大等眾緣之力的緣故，而有此世曾有的「生」，以及現在的「住、異」；「生」已在幾十年前過去了，至於現有名色的「住」與「異」，則是本來無、如今有；而且這也只是暫時的存有，將來老了壽終時，還是要歸於無而成爲「滅」。只是爲了表顯名色的假有暫有、終歸於「滅」，不同於無爲法的常住，才假名建立「生、住、老、無常」等「生、住、異、滅」四相。

所以名色正是本來無，如今有，在初有的階位名之爲「生」；有「生」之後的階位暫時停留在人間，就說之爲「住」；在「住」的階段爲了分別前位與後位，再度建立不同的名稱而說爲「老」或「異」；這個「色」與「心」暫時存有，未來必定要還歸於無，到了無的時節就名之爲「滅」，說之爲「無常」。前三的「生、住、異（老）」是「有」的緣故，同樣都說是現在這一世；後一的「滅」或無常則是無，所以只在過去世；或者說爲未來壽終之後，不能說是現在。「生住異滅」四相只是所顯法，不能取「生、住、異、滅」來作什麼事情，故無作用，不同於所生法的七轉識、五十一心所、色十一等法有作用。

第九目　破定異實有

論文：『如何無法，與有爲相？』表此後無，爲相何失？生表有法先非有，滅表有法後是無，異表此法非凝然，住表此法暫有用。故此四相於有爲法，雖俱名表，而表有異；此依剎那，假立四相。一期分位亦得假立：初有名生，後無名滅；生已相似相續名住，即此相續轉變名異，是故四相皆是假立。」

語譯：【「爲何滅後無有一法，還可以把滅建立成有爲之相？」答言：表顯名色在「住」以後即將成爲無，來主張「滅」是有爲無常的法相，又有什麼過失？

「生」是表顯現前存有的名色等法在先前並非有，「滅」是表顯現前存有的名色等法後來將會是無，「異」是表顯這個名色等法並非凝然不變的常住，「住」則是表顯這名色等法暫時存有而有其作用。所以這「生、住、異（老）、滅（無常）」等四相在有爲法中，雖然同樣都被拿來作爲表顯之用，然而所表顯的意涵各有差別不同；這是依於名色剎那變異的轉變過程，來假名建立生等四種法相。

若依人們整個一生過程的分位也可以假立說：才剛有名色時稱之爲生，死後名色消失時就稱之爲滅；名色生了以後，在時間推移而產生變異的過程中前後相似而相續存在便稱之爲住，就在名色這個相續不斷在轉變的事相上來稱之爲異，由於這樣的緣故，說生、住、異、滅等四相全部都是假名建立。】

釋義：「『如何無法，與有爲相？』表此後無，爲相何失？」從此處起，是解釋外人的質難，名爲釋疑。有人質疑說：「爲何滅後無有一法，還可以把滅建立成有爲之相？」論主玄奘答覆說：爲了表明及顯示色陰與覺知心在「住」以後，即將壞滅而成爲無，來主張色、心、心所的「滅」即是有爲及無常的法相，這又有什麼過失？由此證明色、心、心所的「住」與「滅」都是有爲法，不是本住不滅的實有法。

「生表有法先非有，滅表有法後是無，異表此法非凝然，住表此法暫有用。故此四相於有爲法，雖俱名表，而表有異；」「生」是表顯現前存有的色、六識心、心所，在先前並非存有；「滅」是表明顯示現前存有的色、六識心、心所，在後來將會毀壞而成爲「無」；「異」是表明顯示色、六識心、心所並非凝然不變的常住，證明色、六識心、心所並非本有的常住法；「住」則是表顯這色、六識心、心所等法只是暫時存有，但仍有其作用而名之爲「住」。所以這「生、住、異（老）、滅（無常）」等四相在有爲法中，同樣都被拿來表顯色、六識心、心所的變化與存在，然而所表明和顯示的色、六識心、心所前後分位的意涵各有差別不同。

「此依剎那，假立四相。一期分位亦得假立：初有名生，後無名滅；生已相似相續名住，即此相續轉變名異，是故四相皆是假立。」這是依於色、心與心所剎那變異的轉變過程，來假名建立「生」等四種有爲的法相，所以「生」等四相是被用作表顯色、心、心所的暫時存在與變化，以及未來壞滅的現象，證明這四個有爲法並無眞實性，只是用來顯示色、心、心所的生起、存在與壞滅的法相。

若依人們整個一生的過程來分位時，也可以假立說：才剛有名色時就說是「生」，死後名色消失了說是「滅」；名色出生以後因爲時間的推移而不斷變異的過程中，前後相似而相續存在就說是「住」，於是在名色相續不斷轉變的事相上說是「異」，由於這樣的緣故，說「生、住、異、滅」等四相全部都是假名建立，是依色陰與覺知心和心所法受想行等作用與過程，來施設「生、住、異（老）、滅（無常）」等四相，證明生等四相並無自己本來存在的體性，又是所顯法而無作用，是故「定、異」二相同於生等四相一樣同屬所顯法而無作用，不能用來作任何事。《根本論》中亦有說到諸法皆有「生、住、異、滅」等四相，也說是有爲法並非實有的常住法，依上來所說徵之於彼，其理相同，自可知之。

第十目　破名句文身實有

論文：「復如何知，異色心等有實詮表名句文身？『契經說故。如契經說：佛得希有名句文身。』此經不說異色心等有實名等，爲證不成。

若名句文異聲實有，應如色等非實能詮。謂聲能生名句文者，此聲必有音韻屈曲，此足能詮，何用名等？」

語譯：【你們部派佛教又如何得知，異於色陰與八識心王、心所法等，別有眞實存在而能詮釋表達的名、句、文的作用？答：「這是由於契經有說到的緣故。例如契經中有說：佛修得稀有的名、句、文的功德作用。」然而在這些經中不曾說過異於色陰、八識心王、心所法等而另有眞實的名句文的功德作用，你們以這些契經的聖教作爲證明，還是不能成立。

如果名句文的功德作用是異於說話的音聲而眞實存在，同理也應該如同主張「色陰、八識心王、心所」等法不是眞實能表示意思。依據你們的主張，是說音聲本身就能出生名身、句身、文身的道理，是這些音聲必定會有音韻的屈曲差別，這已經具足能詮釋的功德，何須用到名句文等才能詮釋？】

釋義：「復如何知，異色心等有實詮表名句文身？」「身」是功能或作用的意思，「名身」就是「名」的功能或作用。「文」是文字的紋路，或是聲音的紋路，由「文」來表達「名」，再由「文身、名身」合組而成爲「句身」，用來表示完整的意思。

論主玄奘反質聲聞僧說：「你們又如何得知，異於色陰與八識心王、心所法等，還另外有眞實存在而能詮釋表達的名、句、文的作用？」這是論主反過來質問外道及部派佛教，因爲外道及部派佛教中都有人倡議：名、句、文的作用可以獨立於「色、心、心所」等法而有自己的體性，可以眞實存在，能成就詮表的功能。論主於是對外道及部派佛教等人作出這樣的質問，目的是要他們瞭解，「名、句、文身」都是依於「色陰、八識心王、心所法」而有，屬於生滅法，不是自己有主體性。

「『**契經說故。如契經說：佛得希有名句文身。**』」外道及聲聞僧回覆說：「這是由於契經有這樣說過的緣故。例如契經中有這麼說過：佛修得稀有的名身、句身、文身等功德作用。」

「此經不說異色心等有實名等，爲證不成。」但外道及聲聞僧們其實誤會 如來在經中這樣說的意思，便取來搪塞論主玄奘的反問。玄奘就破斥說：在你們所舉示的這些經典中，不曾說過外於色陰、八識心王、心所法等而另有眞實存在的名身、句身、文身等作用，你們聲聞僧及外道用這些契經的聖教作爲證明，還是不能成立。

「若名句文異聲實有，應如色等非實能詮。」此下提出五種別破：一、如色非詮難，二、名等無用難，三、聲色無差難，四、聲生語詮難，五、語徵機調難。第四項「聲生語詮難」復有四難：一、隨他不詮難，二、正義詮同難，三、例生非詮難，四、例生能詮難。此下首難爲「如色非詮難」，是論主玄奘的解釋與質疑：假使名句文的功德作用，可以外於說話的音聲而眞實存在，同理，聲既如此，也應該如同主張色、香、味、觸一樣不具有能夠表示意思的眞實功德。然而色等確實也能有所詮釋，並非完全沒有能詮的功德，那麼是否色等也應該都有主體性而常住呢？

「謂聲能生名句文者，此聲必有音韻屈曲，此足能詮，何用名等？」這一段文字是論主玄奘提出的第二難「名等無用難」：依你們聲聞僧及外道們的主張，等於是說：音聲本身就能出生名身、句身、文身，而這音聲必定會有音韻的屈曲差別，已經具足能夠詮釋意思的功德，又何必用到名身、句身、文身等作用？就不需另行建立說：「**名身、句身、**

文身外於色、心、心所法而有自行存在的眞實不壞主體。」因爲「名、句、文」等只是藉聲或文字的功用而有，因此「名、句、文」三法都不能用來作什麼，就沒有作用而不需要了。薩婆多部等師則認爲名身是藉由音聲而顯示出來的，後來的「名」出生以後就有了兩種能表示的意思，「聲」與「名」同樣都可以產生意思表示，應該是同樣都有其主體性。但論主玄奘以「聲」出生「名」等而破之，說明「聲」既能產生意思表示，就不需要「名」來助成了。這是以同類破斥的義理同時破了薩婆多部，即是「名等無用難」。

但正理師救云：「聲音之中有所屈曲或高下，便是名身、句身、文身，所以名身等異於聲音而決定眞實有。」因此論主玄奘又破之曰：

論文：「若謂聲上音韻屈曲即名句文，異聲實有；所見色上形量屈曲，應異色處別有實體。若謂聲上音韻屈曲，如弦管聲非能詮者；此應如彼聲，不別生名等。又誰說彼定不能詮？」

語譯：【如果主張語言音聲上的音韻屈曲就是名的作用、句的作用、文的作用，可以異於音聲而眞實存在；同理，所看見的色法上面有形色、量的大小、彎繞不直等狀態，也應該是外於色法的所在而另有眞實的體性可以自行存在了。

若是主張音聲上面的音韻變化，猶如弓弦上的絲絃或是管笛的音聲同樣不能詮表的話；那麼這名句文等作用便應該猶如那些音聲都無詮表的作用，你們就不該另外建立生住異滅等名句文身眞實有。而且，有誰說那語言音聲，一定不能詮表意思？】

釋義：「若謂聲上音韻屈曲即名句文，異聲實有；所見色上形量屈曲，應異色處別有實體。」這是論主提出的第三難「聲色無差難」，因爲聲聞法中的薩婆多部主張說，名是由語言中的聲音所顯示出來的，再由「名」而衍生了「句」與「文」。同屬聲聞法的正理論師們，也立即爲自己的說法提出救護：「語言聲音所顯示出來的音韻屈曲就是名、句、文，所以名、句、文自體不同於聲，是眞實有。」

於是論主玄奘加以辨正：如果有人主張語言音聲上的音韻屈曲就是「名」的作用，或是「句」與「文」的作用，可以外於語言的音聲而自己眞實存在；依同樣的道理來說，大家所看見的色法顯色青黃赤白上面，所顯示出來的長短方圓等形色，以及體量的大小、彎曲等狀態，也都應該是外於色法的所在而別有眞實的體性可以自行存在了。然而，色法的顯色所顯示出來的形色、表色、無表色等法，其實都要依於色法的顯色才能存在，不能外於色法而自行存在，不能說形色、表色、無表色都各有眞實不壞的自體性。

「若謂聲上音韻屈曲，如弦管聲非能詮者；此應如彼聲，不別生名等。」以下是論主提出的第四難「聲生語詮難」這第四難復有四難：隨他不詮難、正義詮同難、例生非詮難、例生能詮難。

由於部派佛教中的聲聞僧自以爲是，主張音聲流轉過程中所顯示出來的音韻變化，猶如弓弦上的絲絃或是管笛的音聲同樣不能詮表，認爲不該主張語言音聲能有詮表的作用，因此主張能夠詮表的還是「**名句文身**」，便認定「**名句文身**」確實有自己眞實存在的自性。這其實是顚倒想，於是論主玄奘依他們的回救之言而加以辨正，首先提出第四難中的第一難「隨他不詮難」：那麼，同理，你們這個依說話時的音聲來建立的「**名、句、文**」等作用，便應該猶如那些絲竹管笛的音聲一樣，都無詮表的作用，就不該另外建立「**生、住、異、滅**」等「**名、句、文身**」爲眞實有。然後再反問說：

「**又誰說彼，定不能詮？**」而且，有誰曾經說過那語言音聲，一定不能詮表說話者想要表達的意思？這是論主提出第四難中的第二難「正義詮同難」。意謂，你們聲聞僧如果用聲上的音韻屈曲來比照說，聲同於色不能詮釋及表達意思，那麼我也以色法上的屈曲來比照聲將會一樣不能產生「**名句文**」，這樣就能明白色上的詮表也將是不同於「**名句文**」；那你們聲聞僧認定聲不能詮表而唯有「**名句文**」才能詮表，就無法建立了，因爲依你們的立論，不論聲或色上的正義都不再能詮表了。所以「**名、句、文**」只是依於聲音、文字來建立的法相，依於聲音、文字或圖像而建立，本身沒有有爲法的功用。

論文：『聲若能詮，風鈴聲等應有詮用。』此應如彼，不別生實名句文身；若唯語聲能生名等，如何不許唯語能詮？『何理定知能詮即語？』寧知異語，別有能詮？語不異能詮，人天共了；執能詮異語，天愛非餘。然依語聲分位差別，而假建立名句文身；名詮自性，句詮差別；文即是字，爲二所依。此三離聲，雖無別體，而假實異，亦不即聲。由此法詞二無礙解，境有差別。聲與名等，蘊處界攝，亦各有異。

且依此土，說名句文依聲假立，非謂一切。諸餘佛土，亦依光明妙香味等假立三故。』

語譯：【「說話時的聲音自身若是眞的能有詮釋的功德，風所吹動的鈴聲等自然的聲音也應該有詮釋的作用。」答：那麼這說話的聲音便應該猶如那風吹等聲音一樣，不能另外出生眞實詮表的名句文身；若是只有言語的聲音能出生名句文身，你們又如何不許只有言語的聲音能有詮釋的功能？「是依什麼樣的道理而確定知道能詮的就是言語？」難道你們能夠知道不同於言語的其他聲音，也可以有能夠詮釋意思的功德？

言語不異於能夠詮釋的功德，這是人類與諸天共所了知的；你們執著能詮的功德異於言語，這一定是老天所憐愛的愚癡人，不是其餘的任何人。然而依於言語聲音的前後、大小、音韻高低等分位差別，來假名建立名身、句身、文身；名是用來詮表所說諸法的自性，句是用來詮表諸法之間的差別；文路即是字的本身，是名與句等二法的所依。

這名、句、文三法若是離開了聲音，雖然便沒有別的自體，然而假名施設的名、句、文與眞實可以領受的聲音還是互相有異，當然也不能說名、句、文就是言語的聲音。由於這樣的道理而說明了法與詞這二種無礙解，境界是有差別的。言語的聲音與名、句、文，都是五蘊、十二處、十八界所含攝，也都各有互異之處。

而這只是暫依這個娑婆國土的環境，說名身、句身、文身是依於聲塵而假立的，並不是說一切十方國土都同樣如此。在眾多的其他佛國淨土中，也有依於所放出的光明或勝妙的香味等，來假立名身、句身、文身這三法的緣故。】

釋義：「『聲若能詮，風鈴聲等應有詮用。』此應如彼，不別生實名句文身；」正量部等部派佛教聲聞僧又質問說：「說話時的聲音假使眞有詮釋意思的功德，風所吹動的鈴聲，溪水流動的自然聲音，便應該也有詮釋意思的作用。」這眞的是天愛之人。他們這樣的質疑，都只是運用聲明學中的論辯方法來作論辯，不懂法義的正訛，所以論主玄奘提出第四難中的第三難「例生非詮難」說：依你們這樣主張的同一種道理或是同一種邏輯，人們說話的聲音就應該猶如那風吹、水流等聲音一樣，不能出生眞實能詮表的「名、句、文」等功能了。

這是由於大乘法中主張語言的聲音能詮表意思，而風、鈴、水等聲音不能詮表意思，因此聲聞僧便以風、鈴、水聲同樣也能詮表意思爲例，來反對說：「你們大乘法中主張語言聲音如果就是能詮表意思的主體，以此爲例，風、鈴、水等聲音也應該能詮表意思了啊？如果你們大乘認爲風等聲音不能有所詮表，那麼語言之聲音又如何能詮表呢？」但自然界的聲音並無色陰與八識心王，不是能詮表者，所以玄奘答：

「若唯語聲能生名等，如何不許唯語能詮？」這是論主玄奘提出了第四難中的第四難「例生能詮難」，是依聲聞僧的主張爲例，產生另一個例子反問他們說，如果只有言語的聲音能出生「名、句、文」等詮表的功能，你們爲什麼不許「只有言語的聲音時也能有詮釋的功能」？那你們爲何還要等待語言之後所建立的「名、句、文」方能詮表？

其實「名、句、文」只是依於語言的聲音或文字來施設其詮表的功能，並非「名、句、文」本身有詮表的功能，不能倒果爲因；因爲語言的聲音是由「色陰、八識心王、心所」等法和合運作出來，方能眞正的詮表意思，「名句文」只是隨從，「色、心、心所」等才是「名句文」之主，方是眞能詮表者。這是一主一從的道理，不應摒除其主而推崇其從，學人應知。

「『何理定知能詮即語？』寧知異語，別有能詮？」 部派佛教等聲聞僧又針對玄奘的答覆提出質疑：「你又是依什麼道理，確實知道能詮的就是言語？」他們落入「名、句、文即是能詮」的謬見中，不知道「名、句、文」的功能都是由語聲來建立而加以使用，作爲爲他人說明的工具，是由有情賦與能詮的功能，而「名、句、文」本身並無詮表的功能。

意謂人們藉由語聲的施設，來解釋語言聲音之中何者是「文」、何者是「名」、何者是「句」，來表顯語聲或文字中能作詮表的功能；所以玄奘隨即提出「語徵機調難」，答覆說：難道你們還能夠知道，外於言語的其他聲音如風聲、林聲等，也可以有能夠詮釋意思的功能？

「名、句、文」之體即是語言或文字，如果他們聲聞僧主張語聲或文字能出生「名、句、文」，所以「名、句、文」產生能詮的功能，便可以說「名、句、文眞是能詮，語聲並非能詮」。然而「名、句、文」能詮的功能如果離開了語聲時便無其體，仍以語聲爲主體，那麼爲何語聲發出時你們認爲仍然不能詮表，要待後時建立了「名、句、文」以後才產生能詮的功能？而且語聲能詮出現在前，「名、句、文」等建立在後，難道「名、句、文」建立之前，一切人的語聲或文字都不能詮表意思？沒有這個道理啊！

意謂語聲能詮是因為人們八識心王的約定俗成，把語聲裡的某種聲音設定這是「文」、這是「名」、這是「句」，於是可以完整表示意思，所以「名、句、文」等都是依於不同的語聲和文字而各別施設，不外於有情的「色陰、八識心王、心所」等法；而「名、句、文」同於「色陰、八識心王、心所法」等名相，本身並無能詮的功能，是依有情的語聲或文字共同施設「名、句、文」所得的能詮功能。

「語不異能詮，人天共了；執能詮異語，天愛非餘。」論主玄奘知道他們依舊不懂，繼續解釋說：言語本就具有能夠詮釋人們意思的功德，所以語言的聲音即是能詮，這是人類與諸天都同樣了知的；你們部派佛教聲聞僧若是執著能詮的功德，是外於語言而由人們所建立的「名、句、文」等名詞而有的，主張「名、句、文」是外於言語文字而有能詮的功能，你們這樣其實就是老天所憐愛的愚癡人，並不是其餘任何稍有智慧的人都會像你們這樣錯誤認知的。

「天愛」謂其人愚癡至極，都不能理解語言音聲互相溝通之意思表示，一切大眾都不想與之往來，最後成為孤獨之人而無法生存，唯有老天憐之愛之而特別照顧，方能使其繼續生存於人間，故名「天愛」。

復次，由於語聲或文字與「名、句、文」非一非異，不即不離，顯示「名等」依語聲等而建立，離語聲等即無「名、句、文」能詮的自體，即使閱讀書籍中的「名、句、文」時，也是在心中默讀其語聲而後方解其意，故說「名等」依語聲等而得建立，當然應該認定能詮表者是語言聲音背後的有情「色、心、心所」，而非藉語聲所建立之「名等」。

「然依語聲分位差別，而假建立名句文身；」聲聞僧反問說：「既然語聲之體即是能詮，為何還會有名、句、文等三種差別？」論主玄奘因此申明正義，如是正義有四：一、顯假差別，二、顯三用殊，三、不即不離，四、會諸相違之說。此處為第一、顯假差別：然而依於言語聲音的前後、大小、音韻高低等分位差別，來假名建立名身、句身、文身，這是依語言音聲所作的人為施設。是說語言的聲音有高低長短翻轉等差別，來顯示各種所欲詮表的意思，再依語言的聲音所詮表的意涵，建立「名、句、文」等差別功能，用以互相溝通，所以「名、句、文」等三法都是依語聲而建立的，不能離聲而有。然而一切語聲卻都要依有情的「色陰、八識心王、心所」等法而有，所以「名、句、文」等法並非實有，要攝歸八識心王，仍然屬於依識而有，是故本論處處說「一切法唯識」。

「名詮自性，句詮差別；文即是字，為二所依。」這是顯示第二個正義：顯三用殊。「文」於古時通「紋」，依於各種不同的紋路而成為不同的字，表徵各種不同的意思；文字是依語聲而建立的，可以寫在物體上遠送他方而表示意思，或是令人依於文字的記錄而記憶不忘，所以文字是在語聲之後才有的。

「名」是用來詮表所說諸法的自性，要集合不同的文字來詮表不同的意思，如是由一字、二字乃至多字組成各種不同的名相，使人易於互相表達意思。「句」則是用來詮表諸法之間的差別，是聚合許多字與名而組成的，往往也會加上主詞及受詞，更能詮表具足及微細的意思。所以「文」即是文字或語言聲音的本身，是「名」與「句」等二法的所依。如是顯示「名、句、文」等三法的假立差別，即是「顯三用殊」。

問：「以上雖說『名、句、文』等功能即是語聲，又說『名、句、文』等是不相應行法，然而色法上的表色並非心不相應行法，聲上建立的「名、句、文」等爲何也是不相應行法？」其實色陰上的表色這是要歸結到八識心王來，才會有能詮的功能，所以答說：

「此三離聲，雖無別體，而假實異，亦不即聲。」這是論主玄奘提出第三個正義「不即不離」，所以解釋說，這「名、句、文」三法假使離開了語言聲音或文字時，雖然就沒有自體性，然而依語言的聲音或文字所假名施設的「名、句、文」，相對於眞實可以領受的語言聲音或文字，二者也還是互相有異的；當然也不能說「名」的功用、「句」的功用、「文」的功用就等於言語聲音，因爲「名、句、文」只是在表顯語聲或文字的形態而已，

「名、句、文」不能用來作什麼。

「由此法詞二無礙解，境有差別。聲與名等，蘊處界攝，亦各有異。」由於這樣的道理而說明了法無礙解與詞無礙解，這兩種境界一樣是互有差別的；因爲法無礙解是緣於所施設建立的各種假名所生的勝解，詞無礙解則是緣於假名所依的音聲而有，所緣不同，故說「境有差別」。

雖然這兩個無礙解運行之時互不相離，然而法無礙解是針對諸法的所詮而建立，因此緣於假名；詞無礙解則是針對所面對的學人根機而建立，是故所緣是說法的音聲以及善於運用，方能使學人聽聞之後對法之義得有勝解，故說法無礙解與詞無礙解的所緣「境有差別」。這是由於所緣及所面對的對象各有不同，說這二種無礙解有其差別。

又如《成唯識論述記》卷二說：「又此二境及名等三，與聲別者；蘊、處、界攝亦有異故，色蘊行蘊，聲處法處，聲界法界，如其次第攝聲、名等。」此說法無礙解及詞無礙解的所緣境界不同，「名、句、文」屬於法無礙解，能詮的語聲則屬於詞無礙解，兩者所緣不同，故說「境有差別」，如是應知。

言語的聲音與所施設的「名、句、文」，都是五蘊、十二處、十八界等諸法運行時之所顯示，三者也都各有互異之處。例如「聲」是十二處、十八界中的色法所含攝，「名」

是依十二處、十八界、色蘊所含攝的聲塵來建立的，歸類於行蘊、法處、法界之中，證明聲與名「不一」；但卻不能因此就說二者是「不異」，畢竟「名」是依語言音聲所建立的，然而「名」不能等於是「聲」，否則又何需假立爲「名」。「句」與「文」也是如此。

有聲聞僧質問曰：「**音聲上的屈曲既然可以成就教授之理，色法上的屈曲應該也可以成就教授之理。**」論主所答即是第四「會諸相違」：

「**且依此土，說名句文依聲假立，非謂一切。**」此段文字是「會違」。玄奘此段文字是依他處佛土與娑婆佛土有異之情況來說，導致有人因此而質疑，所以取來相會而解釋說：這也只是暫且依這個娑婆國土的生活環境，來說「名」的功能、「句」的功能、「文」的功能，全都是依於語言聲塵而假立的，仍不離八識心王，並不是說十方一切國土也都同樣如此。

「**諸餘佛土，亦依光明妙香味等假立三故。**」在十方世界眾多的其他佛國淨土中，還有依於所放出的光明或勝妙的香味等，來假立「名身、句身、文身」這三法的緣故；又如二禪天中的光音天，都是以光明的差異來顯示其各種不同的意思，這時的「名、句、文」就不是依聲假立，而是依勝妙的光明假立；或如別的佛國淨土以香味來假立各種意思，產生詮表不同意思的功能。

在《維摩詰所說經》或《不可思議解脫經》中所說，有的佛世界以光明、或以妙香、或以味覺等的差別，來顯示諸行之中勝妙的佛法義理。例如《佛說維摩詰經》卷下〈菩薩行品第十一〉：【佛言：「如是，如是，阿難！或有佛土以光明作佛事，或有佛土以菩薩作佛事，有以如來色相、名號現作佛事，有以衣食、苑園、棚閣而作佛事，有以示現神足變化而作佛事，有以虛淨空無寂寞爲作佛事，而使達士得入律行；有以影、響、夢、幻、水月、野馬，曉喻文說而作佛事；有以清淨、無身無得、無言無取而爲眾人作佛事。」】由此也能證明在此娑婆國土中，「名、句、文」不等於語言聲音，但也不能外於語言聲音而存在。

又《成唯識論述記》卷二所載：【問曰：「小乘不信有他方佛，何故以此爲證？又如何知有他方佛？」證此，量云：「除此三千界外他方，亦應時有佛出教化眾生，有人天眾生故，猶如此土。」證光明等爲佛教，量云：「光明等上，亦得有名等；眾生機欲待故，如此聲上有名等。由依多法立名故，非聲處攝；依發身、語多法立無表色，依多法立命根等；與六處爲根，長等不同。」】

第十一目　破不相應行中的「相應」爲實有

論文：「有執隨眠異心心所，是不相應，行蘊所攝。彼亦非理，名貪等故，如現貪等，

非不相應。執別有餘不相應行，准前理趣，皆應遮止。」

語譯：【有的部派執著說，隨眠不同於心、心所，是心不相應行法，也是行蘊所含攝。他們的主張也不是正理，隨眠名爲貪等根本煩惱故，猶如現行法中的貪等煩惱，現行時與心相應，並非心不相應行法。如果執著另外還有其他的心不相應行法眞實、有體，比照前面所說正理的意趣，全部都應該加以遮止。】

釋義：「有執隨眠異心心所，是不相應，行蘊所攝。」這是聲聞法部派佛教中的大眾部彌沙塞師所主張的，他們認爲「隨眠」煩惱種子並不含攝在八識心王及心所法中，也認爲「隨眠」與覺知心等七轉識不相應，說「隨眠」是心不相應行法所攝。

「彼亦非理，名貪等故，如現貪等，非不相應。」論主玄奘反駁說：他們的主張不是正理，因爲「隨眠」也會現行，有時猶如「貪瞋癡慢疑」一樣顯現出來；而煩惱種子「隨眠」現行時，只是沒有根本與方便，但確實是有現行，才會被稱爲「貪瞋癡慢疑」的惡行煩惱，所以「隨眠」與貪等心所法相應，並非不相應，不能定義爲心不相應行法。

而且，在大乘法中說的隨眠，不僅含攝煩惱種子隨眠，也函蓋了異熟法種的隨眠，屬於第八識所含藏的七識心及心所法相應的煩惱隨眠；並且函蓋八識心王等心與心所法的無記性異熟法種，在入地後的菩薩修行道中也是會與七識心相應的，全都屬於煩惱心所，不該定義為心不相應行法。

《成唯識論述記》卷二云：「論主破之。此中量云：貪等隨眠，非不相應攝，名貪等故。如現行貪等，此中貪、嗔、癡一一為之。薩婆多，隨眠是纏現行法，諸部之中此義最心粗也。我今大乘，隨眠即是『心、心所』法第八識中諸染污種，故以破之；非遮彼不相應，我即是相應，此非一、異故。」是理應知。

「執別有餘不相應行，准前理趣，皆應遮止。」這仍然是部派佛教聲聞僧所錯執的主張，是聲聞凡夫僧對唯識增上慧學的誤會而產生的謬執。例如正量部《成業論》的主張，他們認為還有「不失、增長」二法為心「不相應行」法，認為就是「得」的另一個名稱，例如《成業論》說「不失法如券」，稱之為「得」。又如正理師在《成實論》中主張，和合性、無表戒都是不相應行法，玄奘依此結論一併總破。

如是「不相應行法」，依八識心王、五色根、諸心所法的「和合」運行時，其諸心所亦有與八識心王中的某識「不和合」者，例如阿賴耶識不與五別境心所「和合」，意根不與二十隨煩惱或根本煩惱惡見「和合」，意識或與煩惱和合而不與善法和合，或反之而有不同的「和合」與「不和合」；前五識亦如是，即是和合性與不和合性。

於如是「和合」與「不和合」的行相過程中，即有「方位、時間、數目、勢速、次第」等現象現前，由意識之所分別而得了知。然而探究此等「不相應行法」時，如是諸法皆無作用，亦不屬於無爲法，是故皆歸類於「不相應行法」之中，總有二十四法，皆是由色陰與八識心及諸心所的和合運行中，以其行相而得顯示此二十四種現象、不得外於八識心而有，故說二十四種「心不相應行法」並非實有，全依色與心而有。

第二節　破無爲法實有

第一目　總破無爲法實有

論文：「諸無爲法，離色心等決定實有，理不可得。且定有法，略有三種：一、現所知法，如色心等。二、現受用法，如瓶衣等。如是二法，世共知有，不待因成。三、有作用法，如眼耳等；由彼彼用，證知是有。

無爲非世共知定有，又無作用如眼耳等；設許有用，應是無常，故不可執無爲定有。然諸無爲，所知性故，或色心等所顯性故，如色心等，不應執爲離色心等實無爲性。」

語譯：【各種無爲法，離於色陰、八識心王、心所法而決定是眞實有，這樣的主張在正理上是不可得的。並且，決定不變而可證實眞正存有的法，大略來說共有三種：一、現前所能了知的法，例如色陰、覺知心、心所法。二、現前可以受用的法，例如水瓶、衣服及其他物品。像這樣的二種法，世人都共知是確實存在的，不必相待於其他推論方能了知的因緣來成就。三、有作用的法，例如眼、耳等五根、五塵、五識；由於各各都有自己異於他法的作用，可以證實及了知確實是有這些法存在。

無爲法卻不是世人共知決定是有，而且也沒有作用可以像眼耳等根塵識一般被認知；假設被人允許爲有作用時，則無爲法應該是無常，所以不可執著說無爲法決定是實有法。然而各種無爲法，由於都是所知性的緣故；或者因爲是色陰、八識心王、心所法所顯示自性的緣故，猶如色陰、八識心王、心所法等，不應該執著爲離開色陰、八識心王、心所法等，而有眞實存在的無爲法性。】

釋義：「諸無爲法，離色心等決定實有，理不可得。」前面已經破斥十四個心不相應行法實有的邪見，其餘十個心不相應行法，大家對菩薩所說都無意見，論主玄奘就不必置喙，接下來當然要破斥部派佛教諸聲聞僧等人所主張的「無爲法實有」的邪見。有多種外道與聲聞僧薩婆多部主張無爲法眞實有，不信無爲法也是假名安立的，他們都不信大乘菩薩所說「無爲法不能外於色蘊、八識心王、心所法而有」的正理。

因此論主玄奘提出宗旨一體總破：「各種無爲法，離於色陰、八識心王、心所法而決

定是眞實有，這樣的主張在正理上是不可得的。」在大乘法中說，虛空無爲乃至眞如無爲等法，相對於「**色、心、心所**」等法時，是不一不異也是不即不離的；這與各種外道及聲聞薩婆多師的主張不同，不會有他們所主張「**無爲法自身即是實有**」的過失，因此論主玄奘提出來一併總破：各種無爲法都必須依於**色陰、八識心王、心所法**等運行過程中，才能顯示出來給親證的人看見，自體並非眞實有。

「且定有法，略有三種：一、現所知法，如色心等。二、現受用法，如瓶衣等。如是二法，世共知有，不待因成。三、有作用法，如眼耳等；由彼彼用，證知是有。」以下論文是說明有爲法決定是世間有，無爲法決定是世間無，要藉色陰、八識心王、心所法的運行，方能顯示出來。

三界中決定有而能令人了知的法，是可以歸類的，想像或施設及顯示之法就不能說是決定有了，所以玄奘接著提出正理：決定不變而可證實爲眞正存有的法，大略來說共有三種：一、現前所能了知的法，例如色陰、覺知心、心所法，可以現前體驗爲有。二、現前可以受用的法，例如水瓶、衣服及其他物品，都有作用而且可以驗證。像這樣的二種法，世人都能共同了知是眞實存在的，不必相待於其他推論或觀察以後方知的因緣才能成就。

三、有作用的法，例如眼耳等五根、色聲等五塵、眼耳等五識，因爲可以現前體驗其作用及行相。即使五根中的勝義根是不可見的，卻仍然「有對」而可以從運行現象中比量推知其存有；這是因爲勝義根就像五扶塵根與五塵、五識一樣，都各有其自己獨有而異於其他法的作用，可以被證實及了知確實是有這些法存在與運作。

《成唯識論述記》卷二：「述曰：此五色根（案：五勝義根）非現量得，亦非現世人所共知：此眼、耳等，各由彼彼有發識用，比知是有。言證知者，證成道理也；以現見果，比有因故。果謂所生心、心所法，比量知有清淨色根；此非現量，他心智知。然今大乘第八識境，亦現量得；佛智緣時亦現量緣，今就他部除佛以外，共許爲論非世共悉，是故但言『比知是有』。」

「無爲非世共知定有，又無作用如眼耳等；設許有用，應是無常，故不可執無爲定有。」論主接著作了結論：無爲法並不是世間的人們共所了知，不能決定說是眞實有，因爲唯有實證者方能現觀故，也是依於色陰、八識心王、心所法的運行時，方能現觀。而且無爲法是所顯法，不是所生法，所以沒有作用，不能像眼耳、色聲等各五法，在根、塵、識上面各有作用可以被有情認知，所以都是唯證乃知的事，故說「非世共知定有」。假設有人允許無爲法是有作用的，那就是所生法，如六識心等；既有作用則應該是無常之法，就不該稱之爲無爲法；因爲無爲法是所顯法，非有作用，也不是一般人之所能知，所以不可執著說無爲法決定是實有法。

「然諸無爲，所知性故，或色心等所顯性故，」上來依理破斥之後，接下來是立量破之，說無爲法有二性：所知性及色心等之所顯性。無爲法並非色心等法之所生法，故無作用。

無爲法總共有六種：「**虛空、擇滅、非擇滅、不動、想受滅、眞如**」等六種無爲法。這六種無爲法，全都是修學佛菩提的菩薩們所知的法性，是可以證知而且現觀的，名爲所知性；然而對一般不修行的人而言，即無如是所知性。之所以稱之爲無爲法，是因爲六個無爲法都沒有六根、六塵、六識的作用，也不會有五十一種心所法的作用，又不屬於「**不相應行法**」，只是菩薩修行實證時，生起妙觀察智之後的現觀所得，必然是實證者可知的，所以說是「**所知性**」。

或者因爲無爲法是**色陰**、**八識心王**、**心所法**運作過程中所顯示出來的無爲法性，但因無爲法於三界世間諸有爲法無所作爲或作用，不能成辦任何世間事，又不屬於「**不相應行法**」，故名之爲無爲法，其自性是「**所顯性**」而非「**所生性**」。所生法或是所生性的法，都是有作用的，能在三界世間產生作用，所以是有爲法，例如六根、六塵、六識或心所等；所顯法則無作用，方能是無爲法；這道理，在本論卷七至卷十中當再解說，此處略過不說。

「如色心等，不應執爲離色心等實無爲性。」論主作結說：無爲法是色陰、八識心王、心所法運作過程中顯示出來的無爲自性之故，猶如色陰、八識心王、心所法等，並且與色陰、八識心王、心所法非一亦非異；是依這三法運作過程中所顯示出來的無爲法性，是故不應該執著爲離開色陰、八識心王、心所法之外，還能有眞實存在或眞實可見的無爲法主體或自性，所以無爲法是「色、心、心所」和合運行時的所顯法，不能外於「色、心、心所」的運行而獨自存在。

第二目　破虛空無爲實有

論文：「又虛空等，爲一爲多？若體是一，遍一切處；虛空容受色等法故，隨能合法，體應成多。一所合處，餘不合故；不爾，諸法應互相遍。

若謂虛空不與法合，應非容受，如餘無爲。又色等中，有虛空不？有應相雜，無應不遍。一部一品結法斷時，應得餘部餘品擇滅；一法緣闕得不生時，應於一切得非擇滅；執彼體一，理應爾故。

若體是多，便有品類，應如色等非實無爲，虛空又應非遍容受。餘部所執離心心所實有無爲，准前應破。

語譯：【此外，虛空無爲、眞如無爲、不動無爲等三法，是一法還是多法呢？如果這三個無爲法的自體都是一法，一定是全都遍於一切處所；那麼其中的虛空無爲一法，由於虛空容受色等五塵諸法的緣故，隨著虛空能與諸多色法和合的法性，虛空自體便應該成爲很多個。這是因爲當這一個虛空與某物共同和合的處所，其餘色法便不能再與虛空和合的緣故；若不是如此而反過來，那麼色等種種諸法便應該互相遍容而和合爲一。

若說虛空不與諸多色法和合，虛空便應該不能夠容受諸法，猶如其餘的二種無爲一般不與諸法和合。而且，色法諸物之中，有虛空嗎？若是有，物與虛空便應相雜；若是無，虛空便應該不能遍一切處所。假使這三種無爲都是遍一切處，當修行者在某一部或某一品中的結使等法斷除時，就應該證得餘部餘品的結使同時斷除而一同成就擇滅無爲；也應當某一個煩惱法由於緣闕而得以不生的時候，應該同時於一切煩惱法中也都證得非擇滅無爲；這是因爲執著那三種無爲法的自體是一的時候，一定三法也都是遍一切處，道理上就應該如此的緣故。

如果這三種無爲法的自體是多個，便會有不同的品類，也應該猶如色等五塵不是眞實的無爲法，而且虛空也應該不是遍能容受諸多色法。聲聞法部派佛教中其餘各部所執著的「離開色陰、八識心王、心所法而確實有無爲法獨立存在」的主張，都可以比照前來所說的正理而應該加以破除。】

釋義：「又虛空等，爲一爲多？若體是一，遍一切處；虛空容受色等法故，隨能合法，體應成多。一所合處，餘不合故；不爾，諸法應互相遍。」先來討論薩婆多部等諸部派的聲聞僧，他們對於「虛空、眞如、不動」等三種無爲法的主張有二種：第一種主張是三種無爲法的自體唯有一個，第二種主張是三無爲的自體容有多個。這是一與多的主張，所說不一，玄奘於此破之。薩婆多部也都主張無爲法實有自體，不知無爲法是依「色、心、心所」的分位而假立。因此論主玄奘在此全部加以破斥，先則質問：虛空無爲、眞如無爲、不動無爲等三法，其背後之體究竟是一法還是多法呢？

然後廣破，令其進退失據：如果你們說這三個無爲法的自體同是一法，遍於一切處所，虛空遍一切處故；果眞如此，則其中的虛空無爲一法，由於虛空容受色等五塵，也容受其他諸多色法物質的緣故，隨著虛空之體能與諸法和合的自性，虛空自體便應該在與諸色法物質和合以後成爲很多個；這是因爲當這一個虛空與物共同和合的處所，其餘的色法便不能與該處的虛空和合的緣故，色法與色法之間互有遮礙性的緣故。若不是如此而反過來辯解，說虛空無爲之體是多，則此時一切有情的色陰、八識心王、心所法等種種諸法，便應該互相遍容而和合爲一體，不分你我而沒有差別性；但事實上所見並非如此，那麼這三個無爲法其體便應該不可能是多；所以在現量上觀察時，三無爲之體有多個，這在現實上是不可能的。

「若謂虛空不與法合，應非容受，如餘無爲。」聲聞部派佛教那些凡夫僧，對於大乘法都沒有實證又很愛辯論大乘法，以求名聞、利養；預防他們進一步轉變說法，玄奘預先破斥說：如果聲聞僧們改口主張說「虛空不與諸多色法和合」，那麼虛空便應該不能容受種種物質色法——種種色法全都不能存在於虛空中，就如同其餘的二種無爲一般不能容受種種物質色法。此時立刻就會有個問題出現：虛空就不能與諸色法同在一處了。那麼虛空中就不應該有任何色法存在了。

「又色等中，有虛空不？有應相雜，無應不遍。」論主玄奘接著再預破說：而且色法諸物之中，有虛空嗎？若是有虛空，色法的物等便該與虛空相雜相入；若說色等諸多物中無有虛空，那麼虛空便應該不能遍一切處所。這是從有或無等二邊都加以質難，令其進退失據。

「一部一品結法斷時，應得餘部餘品擇滅；一法緣闕得不生時，應於一切得非擇滅；

執彼體一，理應爾故。」假使「虛空、眞如、不動」等三種無爲都是遍一切處，當修行者在某一部或某一品中的結使斷除時，就應該也會證得餘部餘品的結使斷除，同時成就「擇滅」無爲；也應當某一個煩惱法由於緣闕而得以不生時，應該同時於一切煩惱法中都證得「非擇滅」無爲；這是因爲執著那三種無爲法的自體是一是遍的時候，道理上就應該如此的緣故。

「若體是多，便有品類，應如色等非實無爲，虛空又應非遍容受。」同理，如果六種無爲法的自體是多個，不是同樣依色陰、八識心王、心所法所顯示出來的，那麼六種無爲法便會有不同的品類，也應該猶如色等五塵不是眞實的無爲法，就成爲有爲法了；而且其中虛空無爲所說的虛空，也應該不是遍一切處而不能容受一切諸法，這就違背「虛空」無爲的正理了。

此段論文中「虛空又應非遍容受」一句，是同時別破執空實有，亦執「虛空無爲」有多體而各有無爲的聲聞僧人，也就是破斥聲聞部派佛教的薩婆多部、毗婆沙部的主張。他們既然主張「虛空無爲」其體是多，則「虛空」應當不能遍一切處，自然不能普遍容受一切物，又如何能稱爲「虛空」而說「虛空是無爲」？便違背了「虛空」能遍容受一切物的正理。毗婆沙部主張虛空自體是一、遍一切處，才能遍十方界容受一切物，但因他們又主張虛空無爲外於「色、心、心所」而有眞實的自體，於是又落入前面所破能否容受諸法等窘境中。

「餘部所執離心心所實有無爲，准前應破。」換個方向來說，聲聞法部派佛教中其餘各部所執著的離「色、心、心所」法而確實有無爲法，說各種無爲法都是各自有體的主張，也都可以比照前來所說的正理而加以破除。

「餘部」是指大眾部、一說部、說出世部、雞胤部等四個部派以及化地部，全都屬於聲聞法部派佛教，同樣是堅持六識論的邪見而研究大乘法，且都不承認有第七及第八識，不認第八識阿賴耶是萬法的本源。這五個部派主張有九種無爲，其中有的主張所有的無爲法其體唯一，有的主張九無爲法中的部分是有自體，部分是主張都無自體，或是主張其體或多、或少、或一，但一樣都認爲九無爲都不是依「色、心、心所」而建立的，於是便有如上所說的種種過失。

那麼爲何論主玄奘要作出這些質問呢？這是因爲不論哪一種無爲法，其主體若是唯一時，就都應該遍一切處而且常住的緣故。諸無爲法之體若是多個，而非由「色、心、心所」的運行而顯示出來的，便應該各都有自體存在，那又如何能夠和合而同爲一個有情呢？而虛空能遍一切處的立論當然也無法成立。

第三目　六無爲法區分爲二種

論文：「又諸無爲，許無因果故，應如兔角，非異心等有。然契經說，有虛空等諸無爲法，略有二種：一、依識變，假施設有。謂曾聞說虛空等名，隨分別有虛空等相；數習力故，心等生時，似虛空等無爲相現。此所現相，前後相似無有變易，假說爲常。二、依法性，假施設有。謂空無我所顯眞如，有無俱非，心言路絕，與一切法非一異等；是法眞理，故名法性。」

語譯：【此外，由於各種無爲法，有許多的聲聞部派佛教都允許爲不必藉因與果顯示出來，而是各有自體的緣故，便應該猶如想像中才有的兔角一般，都不是異於色、心、心所等法而有。然而契經中曾說，有虛空等各種無爲法，大略來說可以有二個種類：第一種、依識心變現，是假名施設爲有。是說曾經聽聞人家說虛空、不動、擇滅……等名稱，隨著了知與分別而有虛空等無爲法的法相；由於不斷熏習之力的緣故，當心與心所等法生起的時候，就好像有虛空等無爲的法相現前。這些由心、心所法顯現出來的無爲法相，看來前後相似而沒有變化改易，因此假名說之爲常。第二種、依於眞實常住法的自性，假名施設而說有這個無爲法。這是由於第八識空、無我的心性所顯示出來的眞實與如如的法性，不能說祂有也不能說祂是無，覺知心所依的語言或思路到這個境界中便絕跡而不能存在，而這個眞如卻與一切法非一非異、不生不滅、不來不去、不垢不淨、不增不減；這正是眞實常住法的眞實道理，以此緣故而名之爲法性。】

釋義：「**又諸無爲，許無因果故，應如兔角，非異心等有。**」除了前面所說的五個部派以外，其餘各部派的聲聞僧，反過來主張無爲法的存在，其實是不需要有六因五果便可以自己存在，於是論主玄奘便合起來總破他們說：

由於各種無爲法，聲聞法部派佛教大多允許爲不必藉六因與五果顯示出來，而是各有自體的本來存在，成爲實有法；既然如此，六無爲或九無爲便成爲無因生，而且可以外於「**色**、**心**、**心所**」而獨自存在，即與有情的身心無關了；以此緣故，便應該猶如想像中才有的兔角一般，單憑想像或思惟便能出生六無爲、九無爲，等於主張兔角實存一樣，全都成爲想像出來的增益法，落入增益執中。但事實上無爲法不可能異於「**色**、**心**、**心所**」等法而有，也不可能依於想像或思惟而有，所以說「**非異心等有**」。

然而色陰、七識心王、心所法的出生，必須要藉六因五果方能成辦，所以必須要有六因與五果。六因是：牽引因、生起因、引發因、定異因、同事因、不相違因。五果是：等流果、異熟果、士用果、增上果、離繫果。詳後說明。

「**然契經說，有虛空等諸無爲法，略有二種：一、依識變，假施設有。**」接下來是論主玄奘提出正見來説明：然而契經中曾經説過，有虛空等六種無爲法，大略來説可以區分爲二個種類：第一種、依識心變現，是假名施設爲有。六種無爲法都是如此，依於八識與心所的運行所變現出來而顯現出無爲性，但八識及心所的運行卻是要依於色陰五色根及五塵的存在，才能運行及變生；例如虛空無爲，若無色陰上八識心與心所的現行及運作，第八識自身的虛空無爲即不可能顯現出來，所以説是「依識變，假施設有」。

「謂曾聞説虛空等名，隨分別有虛空等相；數習力故，心等生時，似虛空等無爲相現。」是説曾經聽聞善知識解説「虛空、不動、擇滅、非擇滅、眞如、想受滅」等無爲法的名稱，隨著聞熏以後在心中了知與分別而出現「虛空」等六種無爲法的法相；由於繼續不斷熏習的力量所增益的緣故，當覺知心與其心所法生起的時候，配合第七、八識的運行，心中就好像有「虛空」等六種無爲的法相現前了。

「**數習力故**」是以前曾經熏習過六種無爲法，後來又繼續不斷熏習這六種無爲法，便有「**數習力**」產生，然後六識心出生時，心中便會有好像「虛空無爲、眞如無爲」等六種無爲的法相現前，但其實仍然是藉色蘊、八識心王、心所法等和合運作而顯示出來的，這六無爲都無實體，故非常住法。

有問：「您所説的是心的行相，其心體是有爲，爲何卻要説是虛空無爲的法相？」答：

「此所現相，前後相似無有變易，假說爲常。」這些由覺知心六識與意根、如來藏，以及八識心王的心所法和合運作，在色陰上所顯現出來的第八識的「虛空無爲」等六種無爲法相，因爲是無色之法的緣故，看來是前後相似而沒有變化改易，也沒有實物而無法舉示，依常住的第八識而有，便假名說之爲常。例如「虛空無爲」所顯現的虛豁空無之相，永遠都是前後不變，因此而假立爲常，但不能因此就說「虛空無爲」是實有自體而可以獨自存在不滅，仍然是依覺知心與心所法對第八識「虛空無爲」的現觀或認知而建立爲常，不該如聲聞部派佛教僧人主張「虛空無爲」有實體存在。

或者「眞如無爲」的眞實存在而且如如自在的自性，是由色陰、八識心王、心所法等和合運作時，所顯示出來的第八識的眞實而如如的自性，非形非色而無法對未悟實相的凡夫舉示，又無作用可運用而無法舉示，唯有實證者方能現觀其「眞如」法性，名爲「眞如無爲」。如是依於色陰、八識心王、心所法的恆住三界中，所顯示出來的「眞如無爲」也就永遠不滅，由此而說之爲常，其實是假名說之爲常，「眞如無爲」自身並無實體性，是第八識運行時的所顯法故。

「二、依法性，假施設有。謂空無我所顯眞如，有無俱非，心言路絕，與一切法非一異等；是法眞理，故名法性。」第二種無爲法是指「眞如無爲」，這是依於眞實常住法第八識心的「**眞如**」法性，假名施設而說有這個無爲法，不是聲聞部派佛教僧人說的「**眞如無爲**」別有自體而可單獨存在。

這是由於第八識藉著**色陰**、**七轉識**、**心所法**，在諸法中運行時顯示出來的空、無我的自性時，所顯示出來第八識的眞實與如如的獨特自性；由於現觀第八識心體眞實而又如如，所以合名眞如，建立爲「**眞如無爲**」。

這時既不能說「**眞如無爲**」是有，否則便會有實體法的眞如無爲存在而有作用，就不是第八識的所顯性了；但也不能說「**眞如無爲**」是無，因爲當第八識藉著色陰而在人間運行時，在生滅性的色陰運行過程中，就會顯示出眞實與如如的法性了。而覺知心日常所依的語言（不論是表義名言或顯境名言）或思路，來到這個「**眞如無爲**」的境界中便都絕跡而不能存在；所以《方廣大莊嚴經》卷十一〈轉法輪品第二十六〉說：「**言語路斷，心行處滅**。」又如《仁王護國般若波羅蜜多經》卷一〈觀如來品第二〉說：「**非見非聞非覺非知，心行處滅，言語道斷**。」

所以說第八識心體的境界中，既是空，也是無我性的，卻又是眞實而如如，方能顯示眞如「**心行處滅，言語道斷**」的自性。若是有覺知心的自我了知性存在時，就會有心行之處顯示出來；若是有我性，就會與六塵相應而了知六塵，於是便有思惟言語等心行現前。然而第八識的「眞如無爲」法性，是示現於色陰、八識心王、心所法共同運行之時，於此等法運行之中所顯示的第八識自心境界中，從來沒有七轉識的心行，從來沒有言語之道現行，從來沒有對六塵加以了知，是空而無我性的眞實又如如自性，所以將此第八識立名爲「眞如無爲」。

而這個第八識運行過程中所顯示出來的「眞如無爲」，卻與五陰等一切法同時同處而「非一非異」，如是第八識的自性是「不生不滅、不來不去、不垢不淨、不增不減」；這正是第八識眞實而如如的眞實常住法的眞實道理，故名「眞如」；也因此緣故而將第八識的「眞如無爲」，建立爲第八識心體的「法性」。

第四目　破擇滅無爲乃至眞如無爲實有

論文：「離諸障礙，故名虛空。由簡擇力，滅諸雜染，究竟證會故名擇滅。不由擇力，本性清淨，或緣闕所顯，故名非擇滅。苦樂受滅，故名不動。想受不行，名想受滅。此五皆依眞如假立，眞如亦是假施設名；遮撥爲無，故說爲有；遮執爲有，故說爲空；勿謂虛幻，故說爲實；理非妄倒，故名眞如。不同餘宗離色心等，有實常法名曰眞如，故諸無爲非定實有。」

語譯：【第八識所顯示的眞如無爲遠離種種的障礙，以此緣故名爲虛空無爲。由於已有無漏的智慧而能夠簡擇的力量，能滅除種種雜染，因爲是究竟親證體會抉擇的緣故而名之爲擇滅無爲。進修之後再串習無漏法久之而成爲習慣，不必由於簡擇的力量來遠離雜染，而是本性已經清淨了；或者由於雜染眾緣的缺少而使心行沒有雜染，如是顯示第八識心與七轉識心的清淨無爲，所以名之爲非擇滅無爲。當修定降伏其心而住於第四禪息脈俱斷的定境中，苦受與樂受全部都滅除而導致其心不動，以此緣故名之爲不動無爲。由於四禪四空定都具足而又先滅了我見，以致進入滅盡定中滅除六識心，再使意根的想與受二個心所法不再現行了，名之爲想受滅無爲。這五個無爲法全部是依眞如無爲而假名安立的，而眞如無爲其實也是依第八識的自性而假立施設的名稱；但是爲了遮止凡夫把眞如無爲排撥爲無，所以說眞如無爲眞實有；又爲了遮止不懂眞如非空非有的部派佛教凡夫僧人誤把眞如執爲實有，所以又把眞如說之爲空。也不可以因爲說眞如是空、便認爲眞如是虛幻的，所以就說眞如是眞實有；由於這個第八識的正理不是虛妄、不是顚倒，所以命名爲眞如。由這些事實證明，大乘法中的第八識所顯眞如無爲，不同於聲聞法諸多派別主張離於色、心、心所等法之外，另有眞實常住不壞的法可以名之爲眞如，所以我說各種無爲法並不是決定眞實有。】

釋義：「離諸障礙，故名虛空。」由於「眞如」離諸障礙猶如虛空，名爲「虛空無爲」，並非虛空可以立名爲「虛空無爲」，因爲虛空是無之故，是色邊色故。證得「眞如」者現觀「眞如」不受一切法所障礙，心性猶如虛空，於是把「眞如」不受心、物所障礙的緣故，命名爲「虛空無爲」，當然是依色陰、八識心王、心所法的和合運行時，所顯示出來第八識猶如虛空一般不受障礙的自性來建立假名，稱爲「虛空無爲」。

「由簡擇力，滅諸雜染，究竟證會故名擇滅。」證得第八識「眞如」的菩薩們轉依「眞如」之後，已有智慧能夠簡擇而產生了清淨的力量，能滅除種種雜染；如是親證第八識而現前究竟體會的緣故，因此滅除雜染時，本質還是「眞如無爲」的境界，但因爲是經由「眞如」智慧來作簡擇而離染的緣故，便名之爲「擇滅無爲」。

「不由擇力，本性清淨，或緣闕所顯，故名非擇滅。」證得第八識「眞如無爲」法的菩薩們轉依「眞如」之後，經過長期的淨化修行成爲串習時，不必再藉簡擇的力量便能遠離雜染，使得自己的本性清淨了，就名之爲「非擇滅無爲」。

這是說這種無爲並非藉由智慧「擇滅」來出生，而是串習轉成本性清淨時自然顯示出來的無爲，非由智慧的故意力產生擇滅的無爲，故名「非擇滅無爲」；或者由於雜染法生起時所需的眾緣有所缺少，以致於沒有雜染法生起，此時所顯示的清淨性、無爲性並非經由「擇滅」而產生，就名之爲「非擇滅無爲」，本質上還是依「眞如無爲」的本來無爲而假立。

「苦樂受滅，故名不動。」證得「眞如」的菩薩們轉依「眞如」之後，次第修定、降伏其心而遠離第三禪境界的樂欲，其心住於第四禪定境中，此時對於欲界及三禪以下定境所應棄捨的染污法已經棄捨淨盡，成爲捨清淨了；所住的念心所也都清淨了，名爲念清淨；此時唯有第四禪中的定境法塵，已將微細的苦受、樂受與念心所全部都滅除了，因此而使七轉識不再動轉，以致息脈俱斷，一切都無所爲，成就意識心不動的境界，以此緣故名之爲「不動無爲」。

此時又名「捨、念清淨定」，謂捨心清淨而遠離苦受及樂受，意識住於不動心的境地中，名爲「捨清淨」；也因爲念心所清淨了，不復憶念三禪天以下的色界及欲界天與人間的境界，成爲念心所清淨的境界了，即是「念清淨」。由此二理故說爲捨心清淨、念心所也清淨了，合名「捨、念清淨定」。但這個不動無爲的存在，還是依第八識的「眞如法性」而存在，不能外於色蘊、八識心王與心所法而有。

此處所言「不動無爲」，專指第四禪的捨清淨及念清淨所顯無爲境界，然「不動無爲」亦名「無動無爲」，或名「無動處」，於此不說，容後再敘。如是應知，以免智狹。

「想受不行，名想受滅。」證得「眞如無爲」的菩薩們轉依「眞如」之後，由於四禪四空定都已具足，此前亦已滅了我見，從此可以進入滅盡定中；這是因爲心中厭惡七轉識的心行，想要住於寂靜境界中，故於定中六識俱滅之後，進而使意根的想與受二個心所法不再現行了，名之爲「想受滅無爲」，或稱爲滅盡定。但推究這個「想受滅無爲」的本質，還是依第八識的「眞如法性」所安立，本質上仍是「眞如無爲」；是故若離「眞如無爲」，即無「想受滅無爲」可說了。

「此五皆依眞如假立，眞如亦是假施設名；」以上所說的這五個無爲法——虛空無爲、擇滅無爲、非擇滅無爲、不動無爲、想受滅無爲，全部都是依第八識的「眞如無爲」，在悟後進修的不同分位層次而假名安立的；而「眞如無爲」本身，其實也是依第八識的眞實與如如自性，在色陰、八識心王、心所法和合運行時，所顯示出來的「眞如法性」假名安立施設的名稱，所以六種無爲法全都是依第八識的「眞如法性」來建立的，然卻必須依於色蘊才能展現，當然不能外於「色、心、心所」而別有自體；也不能外於色蘊而有眞實自體，因爲外於色蘊的運行時就無法顯示第八識心體的「眞如無爲」了。

「遮撥爲無，故說爲有；遮執爲有，故說爲空；」但是爲了遮止部派佛教諸多聲聞凡夫論師們的邪見，他們往往把「眞如無爲」排撥爲不存在，例如古代的佛護、清辨等人；以及現代臺灣的釋印順主張：五陰滅盡後，滅相不可再滅了，這個滅相即是眞如。意謂眞如是斷滅空，沒有眞實存在的眞如可證，所以菩薩們在論中就說「眞如無爲」是眞實有，因緣到了就是可以實證的。

又如，爲了遮止另一種不懂眞如非空非有的聲聞凡夫僧，例如部派佛教的化地部僧人認爲眞如是空，誤以五陰十八界滅後的空無即是眞如，便向菩薩們提出質疑說：「你們菩薩都說眞如眞實有，若是眞的如此，經中又是何故而說眞如是空？」[6]所以菩薩們不得不把眞如說之爲實有而且可證，因爲「眞如無爲」其實非空亦非有，只是爲了遮止凡、愚故，不得不指稱「眞如」是眞實存在的，因此說之爲有。但因爲這樣一來就有聲聞僧又執著說「眞如無爲」是三界有，菩薩們就不得不將「眞如無爲」說之爲空。其實，「眞如」並非猶如五陰滅盡後的空無，「眞如」也不是像覺知心一樣可以被部派佛教凡夫僧或二乘四果愚人所識知而說之爲有，「眞如無爲」其實是非空亦非有。

「勿謂虛幻，故說爲實；理非妄倒，故名眞如。」但也不可以因爲菩薩們說「眞如」是空，就認爲「眞如」是虛幻的、是空無。由於眞如是空性，不是斷滅空，所以菩薩必

[6] 現代正覺的退轉者琅琊閣、張志成等人主張說：「三自性都空掉而成爲三無性時就是眞如。」只是從部派佛教遺緒的釋印順邪見中演變出來的說法，亦屬此類不斷演變的錯會佛法者。

須說眞如是眞實有、是可證的，卻不是五陰、十八界中的任何一法，不在三界法中。這是遮止聲聞部派佛教的一說部虛謬的主張，他們說：「一切法皆假，眞如也是虛無；同樣是依於色、心、心所等法而有，所以是在現象界中的三界有。」但其實「眞如無爲」不屬於現象界中的任何一法，而是實相法界中的眞實法，而且不虛妄；是時時刻刻由第八識心顯示出來，不屬於虛幻的三界法，當然不該說是虛假的，所以論主玄奘說：「勿謂虛幻，故說爲實。」由於這些正理既不是虛妄的，也不是顚倒的，所以把第八識在蘊處界入等諸法運行中，所顯示出來的眞實與如如的無爲自性，命名爲「眞如無爲」。

「不同餘宗離色心等，有實常法名曰眞如，故諸無爲非定實有。」綜合以上所說親證「眞如」的菩薩們現量觀察的這些事實，可以證明：在大乘法中說的由第八識在諸法中運行時所顯示出來的「眞如無爲」，連同由「眞如無爲」轉而建立的「虛空無爲」等五種無爲，都不同於聲聞部派佛教諸多派別所主張的離於色陰、八識心王、心所法之外，另有眞實常住不壞的法可以名之爲「眞如」、可以名之爲無爲法。

所以論主玄奘菩薩結論說：六種無爲法雖然可證，卻不是決定眞實有。意謂「眞如無爲」是依第八識的眞實、如如的無爲自性而建立的，其餘的五種無爲法，則是依第八識的「眞如無爲」而進一步建立的。這六種無爲法一一證明非定實有之後，部派佛教聲聞凡夫僧們所主張的九種無爲，當然同樣非定實有。

部派佛教中的大衆部、一說部、說出世部、雞胤部，同樣建立的九種無爲是：擇滅、非擇滅、虛空、空無邊處、識無邊處、無所有處、非想非非想處、緣起支性、聖道支性。化地部也建立九種無爲：擇滅、非擇滅、虛空、不動、善法眞如、不善法眞如、無記法眞如、道支眞如、緣起眞如。正量部及譬喻諸師則建立三無爲，如前所說。薩婆多部也建立三無爲。諸部所立互不相同，但在大乘法中只建立六無爲。

若究其實，不論建立爲幾種無爲，都是依第八識心運行時的「眞如無爲」再行假立，都非實有自性；若有外於第八識心的「眞如無爲」另行建立眞如與無爲者，同皆屬於妄想所得，皆非眞如亦非無爲。所以《成唯識論述記》卷二說：「又《瑜伽論》、《對法》、《顯揚》等論說有八種，於此六中，眞如爲三，約詮約理，所望別故。第二、出體性者，一、實體。**八無爲，體皆是眞如**，由此論中依於眞如立虛空等。二、假體，即隨有漏、無漏心中所現空等無爲之相，名虛空等；或依障斷所得滅處，假立擇滅、不動、想受；無色之處，假說虛空；法緣闕時，義名非擇；約詮爲論，名善等如。即依假體，皆可說假；實亦可然，皆可說實；若通三性，體遍有無。」如是應知。

言歸正傳，依如上正理以觀，已經證明六種無爲法全都是依第八識的「眞如法性」

而建立，並沒有外於色陰、八識心王、心所法而獨自存在的無爲法自體。如是依現量、比量、聖教量各個層面論證後，在在處處都證明部派佛教聲聞僧及外道們主張無爲法實有，全都是錯謬的。以上百法一一評比論破，除第八識以外都已證明並非眞實，然後再來論破外道及二乘聲聞凡夫僧所執的諸法亦非眞實：

第五目　破外凡所執識外實有法

論文：「外道、餘乘所執諸法，異心心所，非實有性；是所取故，如心心所。能取彼覺，亦不緣彼，是能取故，如緣此覺。諸心心所，依他起故，亦如幻事，非眞實有。爲遣妄執心心所外實有境故，說唯有識；若執唯識眞實有者，如執外境亦是法執。」

語譯：【外道和佛門其餘各個宗派所執著爲實有自體的種種無爲法，若異於八識心王與諸心所法時，並非眞實有其自體性；因爲全都是所取之法的緣故，如同能取的自心與心所法。能取那些無爲法的能知能覺，也不會緣於他們說的那些法，因爲都是能取之心的緣故，猶如反緣於這能覺的自己，而不能緣於他們所說的那些兔角法。

能取的六識心以及各自相應的心所法，都是依於他法而生起的緣故，也同樣猶如幻化的事情一般，並非眞實有。爲了遣除虛妄執著「心與心所之外眞實有境界存在」的緣故，便說唯有心識能生諸法；然而如果有人執著「一切法唯識」是眞實有的時候，猶如執著外境眞實有，同樣也是法執。】

釋義：「外道、餘乘所執諸法，異心心所，非實有性；是所取故，如心心所。」外道所主張的諸法，例如數論等外道說的二十五冥諦，或實、德、業、有、同異、和合等六句義，全都不如理，因爲都是六識心與心所的思惟想像運作而出生的，都不是實有法，不應指稱爲能生萬法的實有法；而且外道說的無爲法全都不如理，但也滲入聲聞部派佛教各派中了；今舉部派佛教的主張，即足以函蓋所破。

於聲聞部派佛教中，正量部及譬喻師都說有三無爲，認定無爲法無自體性；薩婆多部亦認爲有三無爲，但主張三無爲都有自體性；寫了《五蘊論》的部派則說有四無爲；大眾部、一說部、說出世部、雞胤部都主張有九無爲：擇滅、非擇滅、虛空、空無邊處、識無邊處、無所有處、非想非非想處、緣起支性、聖道支性。化地部亦建立九無爲法，是閱讀大乘經典後所建立的：擇滅、非擇滅、虛空、不動、善法眞如、不善法眞如、無記法眞如、聖道支眞如、緣起眞如。此部主張「**外於心、心所，實有自體性的無爲法**」，乃至其餘諸派所說的各種無爲法，也都各有主張。

然而他們所主張的九無爲，不論是化地部或大眾部等四部所說的九無爲，其實體唯有一，即是「眞如」，都必須是依第八識的「眞如法性」所建立的，否則都會成爲有爲性，只是由意識思惟所生的想像法，隨於意識的滅失或中斷就會消失，非眞無爲。

譬如依第八識「眞如」性如虛空，來建立「虛空無爲」；四空定的無爲性，則是依有漏凡夫或無漏聖者的覺知心在定中所出現的空覺感知，建立其無爲性，本質攝屬「虛空無爲」；依修行道而斷障之時滅除煩惱，攝屬「擇滅無爲」；依於久習斷障境界而住，心善清淨所顯的無爲，或是煩惱惡事緣缺而不生煩惱的境界所顯示之無爲，建立爲「非擇滅無爲」；或如化地部聲聞僧閱讀大乘經中所說「眞如」之後，所建立的「善法眞如」等五種「眞如無爲」，亦皆不外於大乘勝法依第八識自性所建立之「眞如無爲」。

至若當年天竺外道所說之無爲法，亦皆不出聲聞部派佛教各派別所建立之無爲法範疇，與諸部派同樣皆悉有過。是故一切無爲法都應攝歸於六種無爲法中，六無爲中的五無爲法則是依「眞如無爲」建立，然「眞如無爲」卻不外於色蘊、八識心王、心所法，是這些法共同運行時所顯示出來的第八識的眞實又如如的法性；故說一切無爲法皆不應外於色蘊、八識心王、心所法而有，自然都無自體。

六種無爲法的存在與觀察，是由八識心王共同運作而成就的，若是外於八識心王及八識各自相應的心所法，這些無爲法都不可能存在，也不可能被觀察到，當然不是實有自體之法，也因爲六無爲是由實證者的能取心（意識覺知心）所攝取的無爲法相，但卻是經由反觀自己的八識心王運作過程中，來證知第八識六無爲的無爲法性與存在，故六無爲的本質猶如自己的心與心所，而與自己的心、心所不一不異。

能現觀「眞如無爲」時，已是菩薩們的覺知心所取的境界；六無爲既是所取，並非能生諸法者，則非實有自身獨存的常住體性，又是自己的心、心所運作所顯示出來的第八識無爲性，也是依自心與心所而存在、而顯示，猶如心與心所；這也是**心外無法**的意思，當然不能說六無爲是有自體法，不能主張六無爲或多少種的無爲法是外於自心眞如而存在的實有法，是故論主玄奘說：「是所取故，如心心所。」所以無爲法猶如心與心所的顯示，顯示之後成爲自心的所取法。

「能取彼覺，亦不緣彼，是能取故，如緣此覺。」外道和佛門其餘各個聲聞部派所執著爲實有自體的種種無爲法，若異於八識心王與諸心所法時，並非眞實有其自體性，因爲能取那些無爲法的知覺性，也不會緣於他們施設的那些無爲法來產生作用，因爲縱有所取的無爲法，仍是和合後成爲能取之八識心王的所緣，是由色蘊、八識心王、心所法的運行而顯示出來的緣故。但這必須是於禪定或於實相法界有所實證時才能現觀的，所以六無爲的現觀境界，與佛門聲聞凡夫僧及諸外道所說的各種無爲境界不相應。唯有緣於自心第八識所顯現的無爲法時才會相應，就好像是反緣能覺的自己一樣，同樣是自心的境界，因爲**心外無境**，外於八識心王即不可能有無爲法的存在。並且那些佛門凡夫僧及外道們，也不能如實了知眞正無爲法的境界，直到對第八識有所實證之時才能緣於無爲法，卻依舊是自心所取的境界，是由能取的自己來取受自己所證的自心無爲境界。

爲何說八識心王皆是能取？因爲單獨有七轉識時，其實七識心也沒有攝取色法十一及心所五十一，以及不相應行法二十四、六種無爲法的功能，背後都要有第八識的現行識配合，以及第八識將所含藏的各類種子流注出來，七轉識及十一個色法方能正常運作，方能展現出能取諸法的功能差別，故說八識心王和合以後成爲能取。是故於一切種智中說八識心王皆是能取，例如阿賴耶識執受五扶塵根、五勝義根、七識種、煩惱種、外六塵、器世間、七轉識、業種、心所種、等流種、異熟種、四大種，但不取內六塵，故名無分別心、無名相法；意根則於六塵中廣取一切諸法，若是配合第八識及意識時，則亦能取十方三世一切世間出世間法，六俱意根亦能隨同六識執取種種六塵中無量境界；六識則能執取內六塵相等無量諸法，由此含攝三界一切法。此是一切種智、道種智中的現量，若爲度化凡、愚有情入大乘見道位，則說第八識皆無所取，因爲從來都不了別六塵境界中的一切法故；以此緣故，爲求證第八識眞如之人，則說唯有七轉識是能取之心，第八識及其所生顯的色法乃至無爲法，全部都屬於七轉識之所取，並非能取；但是若從道種智的現觀而說，以及爲諸地菩薩進修上地無生法忍而說時，則說八識心王皆有能取的功德，其中第八識的能取功德亦名「不可知執受、處、了」。

「諸心心所，依他起故，亦如幻事，非眞實有。」 薩婆多等聲聞部派就此法義提出質問：「如果境界是不眞實的，爲何緣於境界時能夠出生六識覺知心與心所法？」於是論主玄奘加以破斥及建立現量而作是說：能取境界相的六識心以及各自相應的心所法，都是依於他法（意根、內六塵、如來藏中的六識種子）而生起的緣故，也同樣猶如幻化的事情一般，並非眞實有。

這是明白宣示說，七轉識等心和心所法都不是眞實有，因爲都是由第八識所出生故；乃至六識所依的第七識意根，也是從第八識含藏的意根種子剎那剎那流注而出的生滅法，都非常住的眞實法。這也是破斥而說心外無境、境外無心，因爲能夠認知六無爲的六識覺知心，得依色法內六塵境界才能生起及了知六無爲，是故依於色蘊、八識心王、心所法的運作才能顯現出來的六無爲，自然一樣全都沒有實體法存在，同屬依他而起的生滅法，「非眞實有」，不能作爲有情生命的本源。

部派佛教諸僧及外道們又提問說：「如果像你所說這樣，能知覺的心與所知覺的六塵境界唯是自心所變，裡外都無差別，那又是什麼緣故你要說萬法全都『唯有識』呢？」

「爲遣妄執心心所外實有境故，說唯有識；」部派佛教聲聞僧提出質疑後，論主玄奘答覆說：爲了遣除虛妄執著「心與心所之外眞實有境界存在」的緣故，說所有六塵境界全都依識而有，所以依六塵而有的一切諸法當然也是依八識心王而有，也就是「唯有識」能夠出生萬法境界而被覺知心所領受，是故心外無法，不該心外求法。

「若執唯識眞實有者，如執外境亦是法執。」但聲聞部派佛教由於菩薩這樣的解說，不懂其中的眞實義，便又執著「一切法唯識」這個法是眞實有，於是論主玄奘又預先立量說：如果有人執著「一切法唯識」是眞實有的時候，這又好像是執著外境眞實有的人一樣，同樣也是法執，因爲眞如的境界中並沒有「一切法唯識」是眞實有的所知所見。

所以若人執著心外有境時，應該爲他們遣除這個邪見，告訴他們說，心外之境猶如兔角一樣並非實有；因爲心外之境並未被六識心所分別，六識心所接觸到的六塵境界都是自心第八識所變生的。

而六識心「**取自心**[7]」時，不論是六識心自己的心體與心所法，以及五色根與內六

7《入楞伽經》卷九〈總品 十八〉：「虛妄取自心，是故心現生；外法無可見，是故說惟心。」

塵，或是展轉所顯示的六無爲法，同樣也是自心第八識之所變生，都非眞實有。如果有人悟後而能現觀「**一切法唯識**」時，再繼續執著「**一切法唯識**」的正見，這個正見其實也是依八識心王所變生的諸法的運行過程中，所顯示出來的有爲及無爲的唯識法性，一樣都非眞實有，不應加以執著，這便是遣除法執。

《大乘入楞伽經》卷七〈偈頌品 十〉:「刹那相鉤鎖，取自心境界；種種諸形相，意根等識生。」

第四章　論識的法執行相

第一節　法執有二種

論文：「然諸法執略有二種：一者俱生，二者分別。」

語譯：【然而各種法執大略而言即有二種：第一種是俱生法執，第二種是分別法執。】

釋義：這是將「法執」歸類為二種，第一種是與生俱有的「法執」，第二種則是由於分別而產生的「法執」。

前來已經說明百法之中唯有第八識心體是眞實常住法，以其眞如性故；其餘九十九法都是所生法或所顯法，故是虛妄法，無有眞實性。又說明識陰六識既不能取心外之法而觸知，唯能緣於第八識所變生的總相五蘊，或者緣於別相的十二處、十八界、內六入等，由於我見及「我執」故而將所生之蘊、處、界、入等法執為實有。然而其中容有我見與「我執」，卻同時存在著「法執」；亦即是執著蘊處界入中的各種法之微細相或別相，以如是諸法全部或局部或其中之一，當作眞實常住不壞之自我，即是「**法執**」。今此論中所議，屆此之際即應論議「**法執**」之內涵。唯有斷盡「**法執**」者方能成佛，此論說的既是成佛之道，於此便應就「**法執**」加以論議。

法執函蓋面很廣，舉凡一切法之執著莫不函蓋在內；「**我執**」函蓋面較窄，僅以有情對自我五蘊的執著爲限。又「**法執**」所言「**法**」者，非僅限第八識所生的一切法，亦謂能生他法、能持他法者——即是阿賴耶識心體，是謂爲「**法**」；是故悟解此「**法**」之後執著此「**法**」者，亦名「**法執**」。由此一能生能持之「**法**」來含攝一切所生諸法，合名一法，此一法名爲如來藏識，亦名阿賴耶識；此識雖然是一切法的根源，自性即是「**眞如**」，亦是無我性之勝妙法，然而悟後若是執著如是「**法**」，或是執著祂所生的一切法者亦名「**法執**」。但一切法是由能生能持之「**法**」所生，是故五陰人我亦是「**法**」所生，如是說「**法執**」函蓋「**我執**」。而「**我執**」不攝「**法執**」，唯執五陰故，說「**我見**」與「**我執**」都攝在「**法執**」等所生法內，亦攝屬所生法之局部故，而「**我執**」亦不含攝心不相應行法及所顯法故。

問：「**爲何有我執的人必定帶有法執，而有法執的人不一定帶有我執？**」答：能領受或執著自己五陰身心的心，不外七轉識心，亦皆名之爲「**法**」，以攝歸能生的「**法**」故，此「**法**」即是第八識阿賴耶；這也顯示「**法**」一定能執持自體所生身心，但不執持他體，則因果悉皆不亂。如是，「**法**」也必能生陰界入我，所生之陰界入我則於出生之後執著陰界入自我爲眞實，是故未斷「**我執**」者當然也尚未觸及「**法執**」，所以有「**我執**」的人必定帶有「**法執**」。而「**法執**」的範圍含攝「**我執**」，因爲陰界入等自我都從「**法**」中出生故，第八識「**法**」含攝陰界入「**我**」故。然而「**我執**」只執著於陰界入等自我身心，不了知六塵是「**法**」第八識所變生，故從表相上觀之，對第八識心都無執著，以「**我執**」等凡夫之所知不能觸及「**法**」，是故「**我執**」不含攝「**法執**」。然而有情無始以來凡有受生者，自從有生以來恆內執阿賴耶識爲自內我，卻對此從無所知，始終落入我執之中而未曾觸及「**法執**」，本論中說爲「**恆內執我**」。

又，一切有情各自都有自己所屬的「**法**」——第八識如來藏阿賴耶識，並非一切有情共有一個如來藏而成爲一個大我，如前所破外道執有一個一切有情共有的大我，或如藏密外道及香港故月溪法師《大乘絕對論》所說。而且一切有情各自的如來藏阿賴耶識，也都各自出生自己所擁有的陰界入，並且受持之，於一期生死之中都無改變如是執持，使這個五陰於一生之中前後如一而成爲世間法中的主體，方有世間法中的因果可言。所以「法執」函蓋了「我執」，但眾生不知，是故《勝鬘經》中說「心不相應無始無明住地」，因爲無始無明全都是「法執」中的事，所以眾生未曾斷除我見之時不會與「法執」相應，唯除菩薩探究實相法界。這「法執」也與阿羅漢、辟支佛的斷「我執」無關，故說斷「法執」所斷的無始無明，《成唯識論述記》說是「二乘智（阿羅漢、辟支佛智）所不能斷，唯如來智之所能斷。」或如《勝鬘經》〈一乘章第五〉說：「阿羅漢、辟支佛智所不能斷，唯如來菩提智之所能斷。」以下先明「俱生法執」，後明「分別法執」：

第二節　先論俱生法執種類

論文：「俱生法執無始時來，虛妄熏習內因力故，恒與身俱，不待邪教及邪分別，任運而轉，故名俱生。此復二種：一、常相續，在第七識；緣第八識起自心相，執爲實法。二、有間斷，在第六識；緣識所變蘊處界相，或總或別，起自心相執爲實法。」

語譯：【俱生法執是由於無始時來，虛妄熏習於內心中作爲**引生因**之力的緣故，恆常都與五陰身心同在，不需等待別人的邪教導及自己的邪分別，就已經任運而自行執著起來，所以名爲俱生法執。這個俱生法執又分爲二種：第一種、常時存在而相續不斷，是在第七識上面運作的；就是第七識意根緣於第八識的功能而生起自心的法相，執著爲意根自己的眞實法。第二種、有間斷的法執，是在第六意識上面運轉的；這是緣於第八識如來藏所變生的五蘊、十二處、十八界等法相爲自內我，有時緣於總相、有時緣於別相，生起了自心運行時的法相而執著爲意識自己的眞實法。】

釋義：「俱生法執無始時來，虛妄熏習內因力故，恒與身俱，不待邪教及邪分別，任運而轉，故名俱生。」「俱生法執」是由於無始時來，虛妄熏習於內心中作爲**引生因**之力的緣故，恒恒時、常常時都與五陰身心同在，不需等待別人的邪教導及自己的邪分別，就已經把八識心王相應的各種法，任運地自行執著起來，誤認爲是意根自己所有的各種眞實法；只要有意根、意識存在，這「法執」就會與五陰或五蘊俱生，並且始終內執阿賴耶識的種種功德爲自己的功德，所以名爲「俱生法執」。這種恆相續內執的「俱生法執」，要到佛地開始才不會再生起，而這「俱生法執」會與六、七識相應。

雖然「俱生法執」是與六、七識相應，但《成唯識論述記》卷二有說：「法執亦通第八識有，今此但舉正義所取。」爲何亦通第八識有？因爲第八識於未成佛前仍含藏七轉識相應的「法執」種子，要到成佛時方才滅盡如是「俱生法執」的種子，是故說「亦通第八識有」。

「此復二種：一、常相續，在第七識；緣第八識起自心相，執爲實法。」這個「俱生法執」可以區分爲二種：第一種「俱生法執」是常時存在而相續不斷，是在第七識的心行上不斷運作著；也就是第七識意根不間斷地緣於第八識的功能，把第八識的行相當作是意根自己運作時的行相，落在第八識見分的行相中；再將第八識的相分（將第八識如來藏的各種行相）連同意根自己的行相執著爲意根自己所有，並且認定是眞實法、常住法，如是名爲「俱生法執」。復因意根無始以來相續不斷，乃至死亡、悶絕等五位之中悉皆運行不斷，是故恆有此執與意根俱生，故此「法執」亦名「俱生相續法執」。

「二、有間斷，在第六識；緣識所變蘊處界相，或總或別，起自心相執爲實法。」第二種「俱生法執」，是與意識俱生而有間斷的。這是在第六識上面運轉，是意識緣於第八識如來藏所變生的五陰、十二處、十八界等法相執爲自我，也會緣於蘊處界等無量無邊極微細法的行相執爲自我，認定是常住不壞的眞實我，是故有時緣於此等所生諸法的總相爲眞我，有時緣於此等諸法的別相爲眞我，在意識心中對自己五蘊運行時的各種法相，即是對蘊處界中的意識自己的行相，生起錯誤認知而執著自我所有的知覺等見分的行相爲眞實法，故名「**法執**」。

這種「**法執**」只在意識心現行，與意根的「**相續法執**」恆內執阿賴耶識相關的諸法爲自內我不同，是外緣於前六識等諸法的總相，有時緣於意根或意識的別相，例如認定人間可以來往自如的覺知心意識爲眞實我，或是由意識認定能處處作主的意根自我是眞實我，或是認定靜坐時的離念靈知心是眞實我；每當意識中斷時，這種與意識俱生的「**法執**」便告中斷，所以名爲俱生的「**有間斷**」法執。各種「**有間斷**」的「**法執**」林林總總不一而足，名爲「**或總或別，起自心相執爲實法**」。

第二種「**有間斷**」的「**法執**」，有時緣於五蘊總相或別相，有時緣於十二處的總相或別相，有時緣於十八界、六入的總相或別相，有時總緣五蘊、十二處、十八界、六入等的總相，或是緣於蘊、處、界、入的各別自相爲自內我，當作是常住的自我，但不緣於第八識的總相別相，以此緣故說爲「**或總或別，起自心相執爲實法**」。

由於這種「法執」與意識心的分別性俱生，故名「俱生法執」；但因意識常有間斷，這個「法執」便跟著間斷了；例如意識五位斷滅的緣故，如是「法執」也會跟著意識斷滅不存，直到意識重新生起才又復起，所以這個法執即名爲「俱生斷續法執」。

《成唯識論述記》卷二說：「然《涅槃經》，外道以佛性爲我。此不相似，非我相故，無作用故，但名緣蘊。法可與同，佛性不失法自體故，故於『我』中唯言緣蘊，雖無作用，緣有少功能故。法體不然，故通界、處。」因爲外道所緣「佛性」並非眞正的佛性，只是識陰六識之功能，仍墮五陰之中，是故窺基說「唯言緣蘊」。如是之理應知。然而基師說「佛性不失法自體故」，因爲佛性是第八識如來藏的另一個面向的總相，當知眼見佛性時屬於眞見道之另一層面，詳如某經所說，於此不公開闡釋，唯於增上班中隱覆密意而說之，以增上班中諸同修絕大多數仍未見性故。

第三節　法執斷位

論文：「此二法執，細故難斷，後十地中數數修習勝法空觀，方能除滅。

分別法執，亦由現在外緣力故，非與身俱；要待邪教及邪分別，然後方起，故名分別，唯在第六意識中有。

此亦二種：一、緣邪教所說蘊處界相，起自心相，分別計度執爲實法。二、緣邪教所說自性等相，起自心相，分別計度執爲實法。

此二法執，粗故易斷，入初地時，觀一切法法空眞如，即能除滅。

語譯：【這二種法執，因爲微細的緣故難以斷除，要在後面十地之道的修行過程中，不斷地熏修及學習殊勝的法空觀，方有可能修除斷滅。

分別法執，也是由於現在外緣力的緣故而出生，並非與五蘊身俱生的；要相待於邪教導及邪分別，然後方能生起，所以名爲分別法執，這種法執只有在第六意識中才有。

這種分別法執也有二種：第一種、緣於邪教導所說不正確的諸蘊、諸處、諸界的法相，生起意識自心運行的法相，然後加以分別而產生錯誤的推論與認知，隨即執著爲眞實法，故名法執。第二種、緣於惡知識的邪教導中所說的五蘊、十二處、六識的自性等行相，生起了對蘊處界中的六識自心運行法相的認知，依於錯誤的分別而誤以爲正確，便對意識自己相應的種種行相執著爲眞實法。

這二種分別所生法執，由於粗糙的緣故容易斷除，進入初地之時，現觀一切法中的法空眞如，即能加以除滅。】

釋義：「此二法執，細故難斷，」七轉識是心，是精神而非物，是故心不能觸物，則無法觸知外六塵；然而現見七轉識可以觸知六塵，當然所觸知的六塵必屬自心如來藏所變生的內相分六塵，故知七轉識（主要爲意根與意識）所執著的六塵中種種法，當然是自己的如來藏所變生的；非唯如此，更在如來藏所變生的內相分六塵境界中，把覺知心自己的各種行相執著爲眞實法時，同時也會將內六塵當作是外六塵，再把第八識的行相納作覺知心自己的行相，便具足「**常相續**」法執及「**有間斷**」法執；於此二種法出生了執著的緣故，因此名爲「**法執**」。

「後十地中數數修習勝法空觀，方能除滅。」這二種「**法執**」與凡夫眾生及二乘聖者所面對的五蘊、十八界總相而偏於見分的執著，有著極大的差別，所以不屬於「**我執**」的內涵，「**我執**」是偏在見分上生起執著的。也由於這二種「**法執**」很微細的緣故，不容易斷除，要在入地後的十地修行道中，才能開始逐漸斷除。

意識相應的「**俱生斷續法執**」，要在七地滿心位斷盡，以是意識相應之「**法執**」故，與我執習氣種子亦有相關故，我執習氣種子即是蘊處界等諸微細法故。意根相應的「俱生相續法執」，則要從初地開始修斷，是要進修到第十地之十個位次中漸次修學斷除，直到金剛喻定現前，並且眼見佛性發起成所作智之後方能斷盡；其中地前的安立諦修習斷盡意識相應的「我執」現行，只要修習「生空觀」即可斷盡；但若是入地後想要斷除習氣種子隨眠時，就得串習「勝生空觀」及「勝法空觀」，方能在七地滿心位斷盡意根相應的「相續我執」，將第八識改名異熟識。始從八地心起，唯餘意根相應之無記性異熟法種之變異性待斷，無關三界諸法中之「我執」習氣種子故，要待「後十地中數數修習**勝法空觀**，方能除滅」；這與意識相應的「我執」可在入初地前串習「生空觀」後除滅不同，也與意根相應的「相續我執」要在入地後串習「勝生空觀」方能除滅不同。

《成唯識論述記》卷二：「述曰：第六識中俱生法執，於其十地，道數數備，地地別斷，以障地故。第七識者，於十地中，道數數備，要至金剛方能除斷。此中合說若道、若斷，故言數數方能除斷。此唯菩薩，非二乘者，若數數斷，習、種俱然。又除滅有二：一伏，二斷；六識伏亦斷，第七伏不斷故，皆言數數。此中言細，以品而論；說爲難斷，約道而說，勝道方除，非劣道故。」如是正理，爲簡篇幅，於增上班說之。

此段論文中說「**後十地中**」，是顯示俱生法執唯菩薩之所修斷故，非聲聞、緣覺之所修。而此十地之中，各有入地心、住地心、滿地心之差別，顯示十地之中各有所應斷法及所應修之道，即是十度波羅蜜多，於後論文中自說，此勿先贅。又說「**勝法空觀**」，顯示此十地中之觀行皆有「**法**」第八識微細諸法之觀行，函蓋七地滿心位前兼有蘊處界入等微細法之觀行及斷除，方名「**勝法空觀**」，所觀殊勝故，與第八識法相關故。

「**分別法執，亦由現在外緣力故，非與身俱；**」「**俱生法執**」的生起，是往昔無始來錯誤熏習的宿因引生的，是與第七識及第六識俱生的，屬於內因力；「**分別法執**」則是由現在世的外緣熏習所引生的，純屬外緣力，無關宿因。「**分別法執**」同樣要有引生之力，方能生起，所以玄奘說：「**分別法執，也是由於現在外緣力的緣故而出生，並非與五蘊身俱生的。**」

這意思是說，「**分別法執**」並非純由內因力而引生，還要有外緣力才會引生；但並非單由外緣力，有時也要有內因力才能引生，所以說「**亦由**」。換言之，要先有內因力所生的「**俱生法執**」，這內因力自身也能引生「**分別法執**」，非必要有外緣力；然而若遇外緣力，也能引生「**分別法執**」。但分別所生的法執，並非與生俱來，要有外緣力，才能藉內因力而引生出來。

又因每一世的意識都是一世有，不通三世，所以「**分別法執**」只存在於現在世。往世及來世的「**分別法執**」，屬於過去世、未來世意識所有，不屬於現在世，是故論主玄奘說「**由現在外緣力故**」生起。

例如末法時代所有凡夫大法師們異口同聲教導：「**離念靈知即是眞如，覺知心靜坐至離念時即是證悟。**」名爲邪教導；學人聽聞之後，自身亦作了錯誤的分別而認同其說，成爲邪分別，於是對錯誤認知的假佛法產生執著，終其一生絕不改變，甚至還要誣謗寫書救他們的眞善知識爲邪魔外道，即是「**分別法執**」中的一種。但在過去世或未來世，接受其他善知識教導、或其他惡知識的教導，這個「**分別法執**」所引生的主張就會有所不同，故說「**由現在外緣力故**」生起。

「**分別法執**」又名分別斷續法執，因爲二種「**分別法執**」都只是意識才會相應，而意識於五位間斷，不是恆住法，所以意識相應的「**分別法執**」也不是常相續的執著，故名斷續法執。又，「**分別法執**」既是藉「**外緣力**」方得生起，「**外緣力**」亦是時時間斷而非前後同一相續常住，是故此二種「**分別法執**」便成爲斷續性的存在，不是猶如「**俱生法執**」一般相續存在。

「要待邪教及邪分別，然後方起，故名分別，唯在第六意識中有。」「分別法執」雖是意識相應的執著，卻要相待於惡知識所作的「邪教導」，以及後時自己所作的「邪分別」之後才能生起，這便是藉「外緣力」而引生出來；因爲惡知識及此世所接觸到的思想，或是此世意識接觸到的人事外境，全都是「外緣力」，然後領納「邪教導」及生起「邪分別」，所以名爲「分別法執」。這種「法執」只有在第六意識中才有，因爲分別法塵是意識的事，無關其他七識。此處所說「邪教」者，謂小乘部派佛教諸聲聞僧等人的「邪教導」，或如外道數論、勝論、大梵天信仰等之「邪教導」，由後天的意識熏習而相應，故名「分別法執」。

「此亦二種：一、緣邪教所說蘊處界相，起自心相，分別計度執爲實法。」這種「分別法執」也有二種：第一種、緣於「邪教導」所說不正確的諸蘊、諸處、諸界等法相的認知，生起意識自心運行的法相，然後加以分別而產生錯誤的推論與認知，隨即執著爲眞實法，故名「法執」。

舉凡將五陰、十二處、十八界、六入等法，或將其心所法等，誤認爲眞實常住之不壞法，皆屬「分別法執」，所執皆爲此世之現前可知法故，例如誤執有念靈知或離念靈知爲眞如心之外道，或如現代佛門常見外道大師們，誤將六識覺知心計為常住不壞我，或如有人誤將六識的知覺性認定為佛性等；如是終生不改其志，亦是「**分別法執**」。古時之部派佛教等聲聞僧及其遺緒應成派、自續派中觀等學術界人士，皆不外於此；是故窺基於《述記》中說為「小乘等所執」。

「**二、緣邪教所說『自性』等相，起自心相，分別計度執為實法。**」第二種「**分別法執**」，是緣於惡知識的「**邪教導**」中所說的五蘊、十二處、十八界或六識等自性的行相，生起了對六識自心運行時的自性常住的認知，依於錯誤的思惟分別，誤將六識心的自性認作眞實法，說為「佛性」，便對意識或六識自己相應的種種行相執著為眞實法。

例如末法時代佛弟子眾無有正確之知見，隨順惡知識諸大凡夫法師所說，自己亦隨後執為正說，隨順諸大法師共認六識心之覺知性即是佛性，落入凡夫眾生所知的佛性中，計執為眞實常住之不壞法性；或如順受虛空外道、冥性外道、創世主（大梵天、造物主）、勝論、數論等外道之所說，將虛空、冥性、勝性、上帝認作常住不壞法，自身亦無正知見，於是分別計度而執著為眞實法，都屬「**分別法執**」。

「**此二法執，粗故易斷，入初地時，觀一切法法空眞如，即能除滅。**」這二種分別所生法執，都在意識境界中有，亦非無始以來俱生，而是現在世的意識接受惡知識的「邪教導」以後，再由自己的不如理作意「邪分別」所生，依於地前的下士道專修非安立諦三品心，到了即將進入初地的十迴向滿心位時，現觀「一切法」中的「法空眞如」，即能除滅這二種「分別法執」；此時已有第一阿僧祇劫修來的廣大福德，也將地前應有加行的安立諦十六品心及九品心解脫道修成，已得慧解脫果，此時只要發起無盡十大願的增上意樂，而這意樂也清淨了，便可入地，所以說「入初地時……即能除滅」。這是因爲這二種「分別法執」粗糙的緣故，不必等到修完初地至七地滿心的中士道，也不必等候八地到十地滿心的上士道修完，便可以滅除。

第四節　法執亦應歸結於唯識

論文：「如是所說一切法執，自心外法或有或無，自心內法一切皆有；是故法執皆緣自心所現似法，執爲實有。然似法相從緣生故，是如幻有；所執實法妄計度故，決定非有。故世尊說：『慈氏當知，諸識所緣，唯識所現；依他起性，如幻事等。』」

語譯：【如是所說一切的法執，所執著自心如來藏以外的法或者有或者無，自心如來藏之內的法一切都是確實存在的；由於這個緣故，法執都是緣於自心八識心王所變現出來的相似法，執著爲眞實有。然而這些相似眞實的諸法相貌，是從各種藉緣幫助才出生的緣故，是猶如幻化一般的存在；而法執所執著的眞實不壞法，是虛妄認知而執著的緣故，決定不是眞實的存在。所以世尊開示說：「彌勒啊！你應當知道，意根、意識的所緣，唯是阿賴耶識所變現的法；依於他法才能生起的六識和貪等心所的自性，則是猶如幻化一樣的不實事相，不可執著。」】

釋義：「如是所說一切法執，自心外法或有或無，自心內法一切皆有；」這是說，上來所說對於一切諸法的「法執」，所執著的自心以外諸法，或者是有、或者是無；例如未悟學人於法上所執著的五陰身心的創造者，不論講的是阿賴耶識、上帝、大梵天王、造物主、四大、冥性、自然性……等，實際上若是存在的，名爲眞如心阿賴耶識，然而尚未證得，所以說爲「或有」；或如有的人認定是大梵天王或上帝出生一切有情，這大梵天王及上帝雖然不能出生一切有情，然而在三界中確實是存在這樣的有情，亦名「或有」；又如初機學佛人或是外道等人所執著的、空中有能量或虛空或細意識或是自然性、冥性等，說其中的一法能出生吾人的五陰身心，這個法執的對象是能量、或虛空、或細意識、或冥性、或自然等，實際上並不存在，名爲「或無」。

至於自心如來藏之內的各種法，是由如來藏阿賴耶識所出生的，於現象界中一切都是存在的；例如意根、意識、前五識、心所法、五色根及內六塵等十一個色法等，都是眞如心如來藏心中之內的法，全部都是存在的，不屬於想像虛構之法，因爲全都可以親自體驗其自性。總說法執之內涵以後，論主作了一個結論：

「是故法執皆緣自心所現似法，執爲實有。」意思是說，對宇宙及萬物的起源所作的種種揣測臆想，在未能親自證實的情況下，便信受不疑而加以執著；下至對於世間的法相不如實知，而虛妄想像加以建立的，都屬於「法執」，所執著的全部都是自心第八識所出生或所顯現之法。然而追究這些「法執」所攝的種種法，全都是從自心眞如阿賴耶識所變現出來的像似實有法，其實都是如來藏識所變生的有生有滅之法，似有而非眞，並無常住不壞性；由於不知不證常住不壞的實相故，對這些依他而起的似眞之法產生了「法執」，誤認爲實有不壞，即成爲「遍計執性」。由於這個緣故，論主玄奘說：法執都是緣於自心八識心王所變現出來的相似法，執著爲眞實有。

「然似法相從緣生故，是如幻有；所執實法妄計度故，決定非有。」然而相似於眞實常住的諸法相貌，其實是隨從於各種藉緣的幫助，才能從眞實法如來藏中出生的緣故，本質上是猶如幻化一般的存在，未來終究要壞滅，絕無可能是眞實的常住法；以此緣故，一切學人於實證眞實不壞的第八識眞如心之前，「法執」中所執著的眞實不壞法，全都是對於依他起性的所生法或所顯法，加以虛妄認知而執著爲眞的緣故，決定不是眞實存在的常住法，當然不能作爲生命及宇宙的本源。然後引證《解深密經》的 世尊聖教說：

「故世尊說：『慈氏當知，諸識所緣，唯識所現；依他起性，如幻事等。』」所以 世尊於《解深密經》中開示說：「彌勒啊！你應當知道，意根、意識的所緣，全部都是阿賴耶識所變現出來的。意根與意識都是依於他法才能從眞如心阿賴耶識中生起，這意根與六識和貪等自性，都是猶如幻化一樣的不眞實。」意謂都是不可執著的虛妄法。

上述論中所舉 世尊之說，詳如《解深密經》卷三〈分別瑜伽品第六〉的原文所說：【佛告慈氏菩薩曰：「善男子！當言無異；何以故？由彼影像唯是識故。善男子！我說識所緣，唯識所現故。」】意謂第八識所緣的五色根與外六塵及山河大地，七轉識所緣的器世間、五色根及內六塵等影像，不論如是所緣的諸法影像本身，或是修行後意識所住的奢摩他及毗缽舍那境界等影像，或是意根所住的滅盡定境界影像，同樣都唯是阿賴耶識所變生、所變現的——皆是第八阿賴耶識之所生或所顯現者，差別只是其中由各自的阿賴耶識所變生，或是由共業有情的所有阿賴耶識所共生；既然都是由第八識所生所顯者，這些所生法或所顯法當然是依他起性，猶如虛幻變化之事一般，都非實有，不可能說是萬法的根源。

又如《解深密經》卷二〈一切法相品第四〉所說：「云何諸法依他起相？謂一切法緣生自性，則此有故彼有，此生故彼生，謂無明緣行乃至招集純大苦蘊。」意謂依他起性的諸緣生法，都是依於他法而從阿賴耶識中生起的，不能自生自起，也不是本然即已存在之自在法，當然不能視為常住法。

阿賴耶識所生所顯的一切諸法既非常住法，即無能生、能顯的功能，不可認定是生命的本源，更非萬法的實相，不得名為「眞如」，例如張志成說「三無性才是眞如，第八識不是眞如」，他所說的眞如卻是不能生也不能顯示一切法的想像眞如，也違背　佛在第二、第三轉法輪諸經中所說的第八識眞如；但是眞如能生能顯一切法，這樣的法才是眞如，即是第八識心體，例如《大般若波羅蜜多經》卷五六九〈法性品第六〉說：「**天王當知！真如名爲無異、無變、無生、無滅，自性眞實，以無諍故說名眞如；如實知見諸法不生，諸法雖生，眞如不動；真如雖生諸法而眞如不生，是名法身。**」至於第三轉法輪唯識諸經所說就更多更明確了，恐厭繁文，就不再舉例。是故乃至依於其他諸法爲緣而展轉生起的諸法，始從五色根、意根、法塵、意識、五塵、五識，末至諸煩惱心所及純大苦蘊諸因緣法，全都是依他起性的法相；而「**法執**」便是在這些依他起性的有生有滅諸法、或對諸法的自性誤認實有等行相之中，生起了執著，即是「**法執**」的由來；由如是理，說「**法執**」中的能執與所執亦是依於八識心王而有，並非眞實法。

第五節　破外道及二乘所執離識實我實法

論文：「如是外道、餘乘所執，離識我法，皆非實有；故心心所，決定不用外色等法爲所緣緣，緣用必依實有體故。現在彼聚心心所法，非此聚識親所緣緣；如非所緣，他聚攝故。同聚心所，亦非親所緣，自體異故，如餘非所取。由此應知：實無外境，唯有內識似外境生。是故契經伽他中說：『如愚所分別，外境實皆無；習氣擾濁心，故似彼而轉。』」

語譯：【如同前面所說的正理，外道以及小乘部派佛教其餘各派所執著的，外於阿賴耶識而有的我與法，全都是生滅法而不是眞實有；所以六識心與心所法，決定不會用外色等法作爲所緣緣，因爲六識心的所緣與作用，都必定要依眞實有的如來藏心體才能運作的緣故。而且現前存在的那一聚心與心所法，並非這一聚識的親所緣緣；猶如非所緣的法一樣，是其他各聚識與心所之所含攝的緣故。同一聚識的心所法，也不是他聚識的親所緣緣，因爲不同識的自體互有差異的緣故，猶如其他的識所取的諸法，對這一聚識的所取而言，這並不是祂所能攝取的。由此應該知道：其實沒有外六塵境被能取的六識心所取，只有內識如來藏變化出來，被六識心所取的類似外六塵境界被出生了。由於這個緣故，契經的偈中有這麼說：「猶如愚癡人所分別的，心外的境界其實都不存在；由於虛妄熏習的宿習擾亂成爲污濁的心，所以看起來覺知心好像是依於那些外境而運轉著。」】

釋義：「如是外道、餘乘所執，離識我法，皆非實有；」此因部派佛教諸凡夫聲聞僧，以及諸多外道修行人等，他們都不知不證第八識，乃至亦有認定識只有六，沒有第七、第八識存在；所以他們主張說：外境實有（心外有境），故有外六塵能被覺知心所緣，成爲覺知心的疏所緣緣。古天竺的部派佛教諸聲聞論師們都是落入此一邪見中，例如佛護、清辨、安惠等論師們；近代的佛學學術界與釋印順及其門人，包括琅琊閣、張志成等人都是一樣落入其中，所以張志成在網路上公開宣稱六識心所觸及分別的六塵是外六塵，並沒有內六塵的存在，內六塵是蕭平實所創造的新說。但內六塵的存在，平實固然是依現觀而說，並且早在本書出版的十七年前《阿含正義》中舉述《阿含經》中的聖教所說「外六入、內六入」而證明解說過了，但張志成依舊不信聖教，因爲他們都只是古時玄奘所破的部派佛教諸聲聞論師們的遺緒罷了。現在《成唯識論》中的這一段論文，也等於是專門破斥後代的釋印順、張志成等人；平實今將其義解說令大眾易懂，則將使其所說全部不能立足於現代及後代。

菩薩們從悟後的現量觀察都說，實無外相分六塵境界被覺知心所緣，覺知心所緣之六塵境界，純屬內心如來藏阿賴耶識依於所觸的外六塵而變現出來的內相分六塵。於是菩薩們主張有情眾生覺知心所執取、所分別的六塵境界，都是自己內識阿賴耶識心中變現出來的六塵相分。當六識心攝受第八藏識所變生的內六塵時，眾生感覺好似眞的有外境被六識心所攝取，而其實都只是阿賴耶識變生的內相分六塵，故說「心外無境」。

一切有情的見分覺知心等六識，與其所觸知、所了別的相分六塵，都只是從各自的內識如來藏中所變現出來而被六識心所覺知，此時六識覺知心分別內六塵時就好似眞的在覺知外六塵一樣；其實覺知心六識與所了別的六塵，全都只在內識阿賴耶心中運行及生滅，因爲六識覺知心從來不曾觸及外境六塵相分，所以眾生有生以來不論生活多久多老了，整個一生都是活在內六塵境界中，終其一生不曾外於內識阿賴耶心中而生活，所以說「心外無境」。

意思是說，三界世間中的眞相就是：有情都是由內識阿賴耶藉著五扶塵根來接觸外六塵，於五勝義根中如實變現好似外六塵的內六塵境界給六識心覺知，但凡夫眾生的六識心都不知道這個眞相，誤以爲是在接觸及分別外六塵，如是矇騙有情無量劫中持續貪著外六塵而不能醒轉，於是生死流轉永不斷絕。菩薩隨諸佛修學，則能證知及現觀如是正理，故說「離識我法，皆非實有。」以上是提出宗旨，然後就以比量而從四緣中的所緣緣，來證明所建立的宗旨：

「故心心所，決定不用外色等法爲所緣緣，緣用必依實有體故。」論主玄奘即依如是現量觀察及聖教量、比量而有此段文字唱說：如同前面這樣宣說的正理，外道及小乘部派佛教中的其餘各派所執著的，外於阿賴耶識而有的我與法——心外之法，全都不是真實有（這當然也同時於現代破斥了釋印順及其門徒與琅琊閣、張志成等人）；所以六識心與諸心所法，決定不會用外色—外六塵—等法作為所緣緣，因為所緣與作用都必定要依真實有的第八識心體才能運作的緣故。

意謂：若無真實存在的內識如來藏心阿賴耶識，能緣的見分覺知心與所緣的內相分六塵都不可能現前，何況能有部派佛教諸聲聞凡夫論師對於「**心外有境**、**心外無境**」的論辯？而且六識能覺能知的見分是心，是精神，不是物，不能觸及色法，焉能接觸屬於色法的外六塵？不能接觸外六塵等色法即不能加以了別。當然得要由內心阿賴耶識變生出來的六識心，來接觸及領受內心阿賴耶識依外六塵變現出來的內六塵，同屬自心所變生故，才能接觸及了別。這是從比量上為聲聞凡夫僧證明，見分覺知心中所了知的相分六塵境界，從來都不是外相分六塵，他們當然不能主張說「**心**（第八識）**外有境**」。

當時有外道與聲聞凡夫論師聽聞菩薩說法以後又質疑說：「**心外的六塵色法確實不存在於有情的覺知心中，可以說外相分六塵並非內識的境界，但別人的心難道不是有情的內識所緣？而且佛的他心智真的能夠攝取別人的心想呀！**」聲聞僧這裡說的「內識」是相對於所取的外六塵而說爲內，指的是六識心，並非指第八識。假使這個質疑成立了，菩薩所說正理就被他們推翻了。

但他們是誤會〈唯識二十頌〉中說的「除佛他心智」的意思，不曾了知佛地的他心智所行境界，不知道這其實也不是「如實智」，於是取著心外六塵境界諸法有被覺知心六識所取，質疑說：「你們菩薩怎能主張見分覺知心所取的六塵境界，全都屬於不離內識阿賴耶的境界？因爲佛智可以攝取他人的心與心所呀！」提出這類質疑的聲聞論師，主要爲上座部與法藏部；其他例如化地部、大眾部也有類似的質疑。因此論主玄奘提出了論證說：

「現在彼聚心心所法，非此聚識親所緣緣；如非所緣，他聚攝故。」這是說，現前存在的那一聚心與心所法，例如眼識聚的心與心所，並非這另一聚識的親所緣緣，不可能成爲耳識聚的心與心所的所緣緣；猶如非所緣的法一樣，是其他各聚識與心所之所含攝，才能成爲所緣緣，而非此一聚識之所緣的緣故。例如眼識的所緣緣爲內色塵，只能成爲眼識的疏所緣緣，內色塵不能成爲耳識的疏所緣緣；同理，耳識的疏所緣緣是內聲塵，不能成爲此聚眼識的疏所緣緣，因爲是他聚的耳識所攝的緣故。

「同聚心所，亦非親所緣，自體異故，如餘非所取。」然後論主又從比量上立論說：同一聚識的心所法，也不是他聚識的親所緣緣，因為不同識的自體互有差異的緣故，諸識的心所攝屬諸識自體故。以上是說親所緣緣，至於疏所緣緣是指六識相對於外所緣的境界，猶如其他識的疏所緣緣所取的內六塵諸法之一，對這一聚識的疏所緣緣所取而言，也並不是祂所能取的。親所緣緣則是指八識心王各自的遍行與別境心所法，帶己相故名親；是故眼識的親所緣緣即是眼識的心所法，當然不是耳識之親所緣緣，乃至不是意識之親所緣緣，因為眼識的心所法不是耳識乃至意識的心所法。前六識莫不如是，因為眼識自體不是耳識自體，乃至不是意識自體，所以對他識的心所法都不能成為自己的親所緣緣，故說「**自體異故，如餘非所取**」。然後玄奘作結論說：

「由此應知：實無外境，唯有內識似外境生。」由此應該知道：其實沒有外六塵境界被能取的覺知心所取，只有內識如來藏變化出來的內六塵境界，好似有所取的外六塵境界被出生了，然後由內識如來藏變生能取的覺知心，來執取如來藏變生的內相分六塵境界，看來好似有外六塵境界被見分覺知心所執取了。

同屬一個有情身心的眼識這一聚，其根、塵、識三法以及遍行與別境心所法，都無法被耳識這一聚的根、塵、識及心所法所緣；親所緣緣尚且如此，更何況外相分六塵境界非屬有情身心自體，連疏所緣緣都算不上，因爲是內識以外之法，全部都是外色法，怎能被純屬精神性的覺知心見分所緣？這是從比量上證明聲聞論師與外道所說，有外六塵能被覺知心所緣的事，根本是不能成立的。

至於佛地的他心智，是唯有佛地才有的；未到佛地之前，並不能具足了知有情心中的全部種子；更何況現前凡夫眾生與部派佛教凡夫聲聞論師們的心地，連意根與內識如來藏都還不知道，他們的覺知心又如何能觸及並了知唯有內識如來藏才能接觸外六塵相分？由此證明，他們以佛地的他心智想要證明覺知心能觸及和了知外六塵相分，其說法是不能成立的；因爲佛地的他心智仍然是見分覺知心，並沒有轉變成物質的色法，如何能觸知色法外六塵？依舊是要由佛地的無垢識來觸知外六塵轉生內六塵時，才能由佛地六識心所了知。這也進一步證明，眾生覺知心中所分別、所了知的六塵，全都是內識如來藏所變現的內六塵相分境界，實無外相分六塵被眾生的覺知心所接觸與了知。

「**是故契經伽他中說：『如愚所分別，外境實皆無；習氣擾濁心，故似彼而轉。』**」最後論主玄奘結論說，由於這個緣故，契經的偈中有這麼說：「猶如愚癡人所分別的，如來藏心外的境界其實都不存在；由於虛妄熏習的宿習擾亂成爲污濁的心，看起來覺知心好像依於那些外境而運轉。」就這樣把部派佛教中的上座部、法藏部眾僧的妄說破盡，同時也破除了外道閱讀佛經以後所作的妄說。（註：到玄奘菩薩住世的年代，上座部聲聞僧中已無證果者，盡屬凡夫僧，針對唯識妙義加以妄說的現象，便開始出現在上座部中，然後擴及諸部派聲聞論師中。）

第六節　會釋外人所難

論文：「有作是難：『若無離識實我法者，假亦應無；謂假必依眞事似事共法而立，如有眞火，有似火人，有猛赤法，乃可假說此人爲火。假說牛等應知亦然，我法若無，依何假說？無假說故，似亦不成，如何說心似外境轉？』彼難非理。離識我法，前已破故；依類依實假說火等，俱不成故。依類假說，理且不成；猛赤等德，非類有故。若無共德而假說彼，應亦於水等，假說火等名。」

語譯：【有人作出這樣的質難：「如果沒有離第八識而存在的眞實我、眞實法的話，假法也應當不存在；這是說假有的法必定要依止眞實存在的事相上、好像是事相上的共法而建立，譬如有眞實存在的火，也有好像火一般的人，這個人也有雄猛與赤色的法相，才可以假說這個人是火人。假說牛人、水人等事應當知道也是同樣的道理，而你們佛教所說離第八識的眞實我、眞實法如果是不存在的，又是依什麼眞實的我與人而可以假說爲火人等？既沒有假說可以成立的緣故，相似說的水人、牛人也就同樣不能成立，你們唯識家又如何可以說六識心好像是緣於外境一般地運轉而純屬內境？」答：他們的質難沒有道理。離開阿賴耶識而眞實存在的我與法，在前面已經破斥過了的緣故；所以勝論外道依種類、依實有而假說火人、牛人等，同樣都不能成立的緣故。依種類而假說爲眞實有的事，在道理上尚且不能成立；因爲雄猛赤色等功德是那個人自有的，不能說那個人與火同類而有的緣故。如果沒有同類的共德而假說那個人爲火人，應該也要於不同類的水等事情上，假名說爲火人、牛人等名稱。】

釋義：「有作是難：『若無離識實我法者，假亦應無；謂假必依眞事似事共法而立，如有眞火，有似火人，有猛赤法，乃可假說此人爲火。』」這是古印度吠世師提出的質疑問難。吠世師即是勝論外道，古時的四大外道之一，於卷一已有詳說及辨正了，不再贅述。

他們認爲一定是有另一個離阿賴耶識存在的眞實我、眞實法，才能有各種假法可以被施設而存在人間，所以證得解脫或成佛時不一定要證得第八識。他們是主張假有的法必定要依止眞實存在的事相法——依於外六塵才能實有，而外六塵是常住不滅的，就好像是與事相諸法共同存在一般，假法才能被建立起來的。這正是現代哲學界常常提出來的道理：假必依實。但哲學界這個說法其實是在古印度就被提出過了，只是哲學界近代被佛法影響以後把自己的層次拉高，然後卻繼續認爲五陰的我、人是眞實法，或是求證陰界入以外的眞實法而不可得，才會再提出這個主張。西方哲學界有時就把想像中的上帝當作眞實法，來認定五陰我、人爲實有；但又被另一派質疑：「**創造有情的上帝在哪裡？**」上帝並非一切有因緣的人都可以現前互相證明眞實存在的，當上帝不存在時，他們所說的「**假必依實**」的「**實**」又在哪裡？但他們至今依舊無法提出正解。

勝論外道認爲五陰我、人，是眞實存在的，不必一定要有阿賴耶識才能生起及存在，否則依五陰我、人而施設的其他各種假法即無存在的可能。他們舉例說：譬如有眞實存在的火（實火），有好像火一般的人（似火法），這個人也有雄猛與赤色的法相（似火法），才可以假說這個人是火人。

「『假說牛等應知亦然，我法若無，依何假說？無假說故，似亦不成，如何說

心似外境轉？』」吠世師隨即提出解釋說：「牛人、水人等事應當知道也是同樣的道理，所以眞實我、眞實法如果不存在，又是依什麼眞實的我、人而假說有火人、牛人、水人？因爲沒有假說可以成立火人、牛人、水人的緣故，與火相似而說的火人，或者牛人、水人也就不能成立。」吠世師就以這樣的主張，質疑證悟的菩薩們說：「那你們唯識家又如何可以說『六識心好像是緣於外六塵境界一般地運轉、其實所緣純屬內六塵境』？」

「彼難非理。離識我法，前已破故；」此處論主玄奘先破外道，後破小乘。吠世師所謂的眞實我、眞實法等主張，是離於內識阿賴耶而有，其眞我、眞法不離蘊處界入等範圍，這在前面已被菩薩們破斥過了，全都是暫時假有的生滅法，不該繼續依著生滅性的五陰等我、法作爲依止，來主張依五陰而施設的其他各種假法是依五陰而有，便反過來主張五陰我、法也可以外於阿賴耶識而生起及存在，所以玄奘說：「彼難非理。」又解釋說：「離識我法，前已破故；」因爲五陰等我與法，都是必須依於內識阿賴耶方得生起故，是有生有滅之法故。

「依類依實假說火等，俱不成故。」勝論外道主張「同類有同德、異類無同德」，這是他們在「同異類」的作用上所說的，論主就以他們的矛來攻他們的盾：

「**依類依實假說火等，俱不成故。**」依勝論外道提出的道理，必須所說的假法與所依的眞實法是同類，而且所依的法必須是眞實存在的才能成立；但火與人不同類，而火與人的五陰，以及人所有的諸法也不是眞實法，所以勝論外道所說依種類、依眞實而說火人的譬喻，想要證明人的五陰是眞實法的主張，也是不能成立的。然後結論說：

「**依類假說，理且不成；猛赤等德，非類有故。**」勝論外道「依類假說」的道理，尚且不能成立；而大火燒得雄猛及赤色的功能，這與某人雄猛赤色的功能，並非同一類的功能，不該拿來作爲譬喻而認定五陰爲眞實法，因爲人與火不同類，而那個人身上也並沒有火的猛與赤，只是健壯與血紅。這是從德（功能）與類的不同，來破外道吠世師，證明他們所主張的所生法五陰不是常住法，並非實有法。

「**若無共德而假說彼，應亦於水等，假說火等名。**」假使人與火沒有共同的火燒與火的赤色，而可以假說爲火人與火，那麼也應該如同對於水相及牛力等事情上，對沒有水相與大力的人假說「水人」、「水牛」，或者假說「牛水」、「牛火」等名詞。這是論主玄奘依勝論外道的六德，來破斥他們主張的五蘊外於阿賴耶識而能眞實有的錯謬道理。

論文：「若謂猛等雖非類德，而不相離，故可假說。此亦不然！人類猛等，現見亦有互相離故；類既無德，又互相離，然有於人假說火等，故知假說不依類成。」

語譯：【如果他們改說：火猛、赤色雖然不是「同異」法中說的同類的功能，然而兩者與人並不相離，所以能夠假說火人。這個道理也不通！因為人類身上的火猛、赤色等法相，現前可以看見、也有與人身互相疏離的緣故；在類上既然沒有同樣的作用，又可以互相疏離，然而也有於人身上假說火人、牛人等說法，所以也能證知假說的事情並不是依同一種類來成立的。】

釋義：「若謂猛等雖非類德，而不相離，故可假說。此亦不然！人類猛等，現見亦有互相離故；」這是論主再從人們平常所用譬喻的事相上，破斥勝論外道「依類假說」的謬理；所以上面從類與德的相合上破已，這裡再從類與德相離上來破斥之，故說：如果勝論外道說：「火猛、赤色雖然不是『同異』法中說的同類的作用，然而火、猛與人身不相離，所以能夠假說某人是火人。」

但外道這道理也不通！因為人類身上所謂的火猛與赤色等法相，現前可以看見與人身互相疏離的緣故；例如有人雄猛而沒有火的赤色，有人具有火的赤色而沒有火的雄猛；也有似火的牛身，雖有火色，但沒有火的雄猛；或是牛身雖有雄猛，但沒有火的紅色。如是牛身的猛與火色相離，即不成其火牛之理，人亦如是。

「類既無德，又互相離，然有於人假說火等，故知假說不依類成。」這是說，從「種類」來說時，火猛及赤色，與人身不是同一種類；而且火猛、赤色二法也不是同一種類，在人身上的火猛與赤色，又與在火中的火猛及赤色的功能，也並非同樣的種類與作用；而火猛與赤色的外相，在人們身上又是可以互相疏離而不存在的，例如有人身上具有赤色猶如火，但卻不猛；有的人身上顯示猛性，卻沒有火的赤色，證明人身、火猛、赤色等三法是可以相離的，由此證明勝論外道依「同異」的種類說有火人、牛人，用來證明離第八識的五陰爲眞實我、眞實法的主張，依然不能成立。然而回到世間法中來看，常常有人依於人身而假說火人、牛人，這也能證知假說的事情並不是勝論外道講的一定要依同一種類才能成立。

論文：「依實假說，理亦不成，猛赤等德，非共有故。謂猛赤等，在火在人，其體各別，所依異故；『無』共假說，『有』過同前。

若謂人、火，德相似故可假說者，理亦不然；說火在人，非在德故；由此假說，不依實成。」

語譯：【勝論外道的『依實假說』，在道理上也不能成立，因爲火燒的雄猛、赤色等作用，並非火與人所共同都有的緣故。是說火猛、赤色等二件事，在火自身以及在人身上，他們的體性各自有別，不是同有，因爲其一的所依是火而另一的所依是人，二者所依不同的緣故；說爲「無」時就同樣都是假說，說爲「有」時的過失如同前面所破一樣。

若是改說人與火，由於功能（德）相似的緣故而可以如此假說的話，道理上也不能成立；因爲等於是說火在人身上，不是在功能上的緣故；由此道理證明勝論外道這樣的假說，不是依能生諸法的眞實（假必依實的實）理體來成立，在道理上便講不通。**】**

釋義：「依實假說，理亦不成，猛赤等德，非共有故。謂猛赤等，在火在人，其體各別，所依異故；」前面所論的「依類假說」的道理不能成立，現在繼續辯論外道「依實假說」的道理。勝論外道的「依實假說」，在道理上同樣決定不能成立，例如雄猛、赤色等功能，並非火與人所共同都有的緣故，而火與人也都不是眞實法的緣故；因爲火也有小火，其勢不是很紅也並不雄猛；紅色也不一定就會雄猛，例如紅花；所以有的人身體紅通通的，卻沒有大力；有的人有大力，卻沒有紅通通的火色，所以說火猛與紅色的功能（德），並不能在人身上的火猛與赤色上面互相共有。

這是說雄猛、赤色二件事，在火上的自體功能，以及在人身上的自體功能，是各自不同的；並不是火人身上同樣有火強燒的猛性與赤性，也不是火中同樣有人身上的強猛與血液通暢顯示出來的赤色功能，所以火與人在火猛與赤色的自性上並非共有，這就不能成就外道的「依實假說」了。否則人身將因為有火與火的強猛而自行燒成灰燼，而火也應該能夠雄猛地扛起重物和顯示人身上的血紅色，這已經證明雄猛與火色的主體各有別異。「非共有故」是說，既然紅色與雄猛大力不是火與火人所能共有的緣故，就不能混同而假說為實，因為「實」必定遍一切處故，那麼勝論外道「依實假說」的道理便不能成立。

「『無』共假說，『有』過同前。」 而且火人所依的所謂眞實法是猶如火的強熱與赤色，牛人所依的所謂眞實法是猶如牛的大力，但這個火人、牛人的眞實法是人而非火勢與牛力，所以這個火人、牛人所依的火與牛，種類不同，一是人，另二是火與牛。依他們的道理來看事實時，當他們說火人時，那火人身中「無」大火的赤色，或者火人身中「無」火的強猛熱氣時，牛人亦同此道理，所以外道這兩種譬喻就同樣都成爲假說，完全沒有「實」的本質存在；是故牛人的道理也是一樣，因爲同樣都無牛的氣色與大力，所以「無共假說」，都一樣是無而共有的假說。反過來，當勝論外道把火與人這兩種都說爲「有」的時候，其實並非眞的有，他們主張的「依實假說」的「實」就不存在了，過失就如同前面所破的「無」一樣，仍然不能成立。

「若謂人、火，德相似故可假說者，理亦不然；說火在人，非在德故；由此假說，不依實成。」勝論外道聽到菩薩們的破斥，於是反救說：「水沒有火紅功能的緣故，與火不相似；而大火燒得很猛赤時，所依的『實』與『德』不同於水，所以能燒；但火人身上有血紅的赤色與強猛的身力，與大火相似，可以假說爲火人。」因此論主玄奘提出「人非德」來破他說：

如果是說人與火，由於功能（德）相似的緣故而可以如此假說的話，這在道理上也不能成立；因爲這等於是說有火在人身上，而不是在火能燒的功能上說的緣故，這樣從「實」上來說也就不相符了，因爲這樣的「德」是假有的譬喻施設而非眞實有；這個譬喻既然無理，所說的勝法冥性等也同樣不實，應該回歸於眞實法第八識阿賴耶。

然後結論說「**由此假說，不依實成**」：由此道理證明勝論外道這樣的假說，不是依能生諸法的「實」來成立，而強行解釋為「依『實』假說」，在道理上便講不通了。如是顯示勝論外道說的世間諸法中的「假依實有」的「實」都不是正理，那麼勝論外道所說的「實、德、業」也就不能成立；依此而主張離阿賴耶識而有可以眞實存在的五陰等我、法，自然也不能成立，依第八識來說「實」才能成立。

第七節　破能詮所詮眞實有

論文：「又假必依眞事立者，亦不應理；眞謂自相，假智及詮俱非境故。謂假智詮，不得自相，唯於諸法共相而轉，亦非離此有別方便施設自相為假所依。然假智詮，必依聲起；聲不及處，此便不轉；能詮所詮，俱非自相；故知假說，不依眞事，由此但依似事而轉。」

語譯：【「此外，外道們關於假法必須依於『眞實』事來建立的說法，也不能相應於正理；『眞實』是說能生萬法者的自相，然而虛假的智慧連同言詮，並不是『眞實』法自身境界的緣故。這是說假藉智慧與言詮表現出來時，那些智慧與言詮之中並沒有眞實存在的自相，都只是在諸法的共相上面一起運轉，也不是離開這個假藉智慧的言詮，而另外有其他方便施設的眞實法自相，可以作爲各種假法的所依。然而假藉智慧而有所言詮時，必定要依止音聲來生起；凡是音聲所不及的處所，這些假藉智慧而作的言詮便不能運轉了；因此說能詮與所詮，全都沒有眞實存在不滅的自體相；所以由此可知依於假藉智慧而作的言說，都不是依止眞實存在的常住事上而說，由這道理便知假說只是依於似有而無之事相運轉。」】

釋義：「又假必依眞事立者，亦不應理；眞謂自相，假智及詮俱非境故。」由於佛門內的部派佛教諸聲聞凡夫僧，與外道們共同認爲五陰是外於阿賴耶識而眞實有，不需堅持一定要有阿賴耶識來出生五陰，只要有根與塵相觸的藉緣就能出生六識了，不需要有根本因阿賴耶識。末法時代二十世紀末的釋印順及其門人，以及主動繼承釋印順思想的琅琊閣、張志成等人皆是此類人。他們主張，五陰不必在出生以後時時依止阿賴耶識，所謂阿賴耶識只是緣起性空的異名，是假名施設法，其實就是離念靈知或直覺。因爲他們認爲阿賴耶識是假名施設的生滅法，只有名言而實際上並不存在，只是各類種子聚集而成，所以假名爲阿賴耶識；猶如河流中的水泡漩渦，只是由水泡合集所成，並無實法；所以他們主張各種假法都有五陰諸法作爲所依，五陰便是眞實法，才會主張「假必依實」的道理。

他們「假必依實」的主張雖然理論上不錯，但他們對「實」的認知卻是完全錯誤的；所以論主玄奘繼續論辯說：「此外，外道們關於假法必須依於『眞實』一事來建立的說法，也不能相應於正理；『眞實』是說能生萬法者的自相，即是第八識如來藏，然而假藉智慧而作的言詮，並不是眞實法自身境界的緣故。」只有親證了能生五陰萬法的阿賴耶識時，能現觀及推論萬法皆從阿賴耶識中漸次出生的事實，所說才能指涉「眞實」法的境界故，因爲實相的智慧是依能生萬法的阿賴耶識而有的緣故。然而對於阿賴耶識的自住境界而言，實相智慧也是虛假的。接著論主又繼續破斥外道及聲聞部派佛教諸僧的邪見：

「謂假智詮，不得『自相』，唯於諸法『共相』而轉，亦非離此有別方便施設『自相』爲假所依。」換句話說，外道與聲聞凡夫僧們依似有法而假藉智慧與言詮解說現行時，那些智慧與言詮中都不可能直接顯示出智慧與言詮所示意的「自相」，也無法顯示諸法背後有能生的眞實法的「自相」；全都只是在被生的諸法（色陰、七轉識、心所法）的「共相」上面運轉，也不是離開這個假有的智慧與言詮，而另外有其他的方便施設的眞實法「自相」，可以作爲各種假法的所依。

例如他們認爲火實有，依他們對火的認知而產生的世間智慧，所作出來的言詮即是眞實；那麼當他們口中說「火」時，應該口中便有火出現，然而實際上並沒有火出現。而他們口中說「火」時，外境存在的火既是虛妄，口中所說的「火」也是虛妄，並沒有眞實不壞的火可以作爲他們額外方便的施設而成爲眞實法，全都是依生滅不住的外火與假名言說的火聲作爲所依，並非眞實法。

菩薩們所說的「自相」，則是說眞實法，與一切諸法無有「共相」故，只有唯一眞實如如之法故，也是絕待法故，是能生一切諸法故；心行處滅，言語道斷，一切世間法中無可比擬。亦是一切世間法之所共依，而且如是能生諸法的阿賴耶識自體迥無所依，絕然獨立，亦能捨離所生諸法而獨自存在，故名「自相」。

言「共相」者，謂所生的一切諸法，同有生滅不住的共相；亦皆同樣不能獨存，沒有能夠自己獨自存在的主體性，必須有所依才能存在，亦說爲「共相」。如是所生的蘊、處、界、入及一切心所法等，也全部都得攝歸同一個眞實法，此眞實法名之爲心，又名阿賴耶識、異熟識，或名第八識如來藏，方是「自相」。其餘如是諸法皆同攝於這一個眞實法「自相」中，如是所生諸法則是「共相」，必與其他有情同共所生必滅故。

聲聞僧及外道們假藉言詮所說的「自相」，其實皆不得「自相」，所說的所謂眞實法，連實證者假智而詮的功德都沒有，全都是在有生有滅的所生諸法等「共相」中臆想分別，自行施設某一生滅法爲常住不壞而說有「自相」；其實皆非眞實法，當然沒有「自相」可言，所以論主玄奘說：「謂假智詮，不得自相，唯於諸法共相而轉。」說那些聲聞僧及外道們，全都落入言詮假說之中，都只能在有生有滅的諸法「共相」之中轉來轉去，不得眞實法。

如是「共相」之法繁多，亦皆同具無常、空、無有眞實之「共相」，於世間法多可觀察而見，思而可知，不勝枚舉；然而「自相」之法唯有其一，謂所生諸法運行時「無常、無我、空」之中所顯示之第八識眞如，離諸言詮，離見聞覺知，十方三世之中迥無其匹。聲聞僧及諸外道輩，皆因知見偏邪而不曾證得如是第八識「自相」故，落入諸法「共相」之中，於生滅性的「共相」諸法之中施設某法爲眞實不壞之「自相」，自名爲眞如佛性；或是外於所生的諸法而求覓眞實法自相，墮入虛空外道或自然外道中，成爲施設建立之法而非眞實法，唯名無實，凡所施設或主張皆不得「自相」，所有主張皆不得成立，是故玄奘立量說：「亦非離此有別方便施設『自相』爲假所依。」

因爲眞實法「**自相**」，必與其所生的生滅有爲諸法同時同處，才能成爲所生諸多假法的「**所依**」，是故不可外於所生的諸法而另立眞實法「**自相**」；由此證明「**自相**」一定是能出生蘊、處、界、入的常住法，這個常住法必定是時時刻刻都與所生的蘊處界入等法同時同處，方能是所生諸法的「**所依**」；若外於所生諸法而向虛空或他法別求眞實法「**自相**」，則該所謂的「**自相**」即不可能成爲所生諸法的「**所依**」，即成爲外於眞實法而求「**自相**」，名爲心外求法者。

例如近代的釋印順、宗喀巴等人，及其追隨者（函蓋琅琊閣、張志成等人）所說諸法，都不得眞實法的「**自相**」，全都落入玄奘所說「**離此有別方便施設『自相』爲假所依**」，他們全都把阿賴耶識以外的某一種想像法，或是從意識的細相分析出來，自行定義爲眞實我或眞實法的「**自相**」，名爲「**眞如**」或「**佛性**」，其實仍然是將他們方便施設的虛妄「**共相**」當作「**自相**」，誤認爲蘊處界入等假我的所依，其實那個自己方便施設的「**自相**」依舊是蘊處界入所攝，落入「**共相**」中，外於眞實心而求正法，所以他們和外道一樣都成爲心外求法者。

「**然假智詮，必依聲起；聲不及處，此便不轉；能詮所詮，俱非自相；故知假說，不依眞事，由此但依似事而轉。**」接著論主玄奘又辨正說：然而所有假藉思惟所得的智慧而作的能詮，必定要依語聲才能生起；當語聲所不能到達的地方，這假藉的智慧與能詮以及所要詮釋的主體「自相」便都不能運轉，也就消失了；既然離聲即不能繼續存在，所以說他們的「智」與「詮」都不是眞實法。

例如有人口說花、河等事，聞者心中便生起花、河等想；若言說者的音聲所不能到達之處，例如獨有意根或獨有阿賴耶識的境界中，或是眼、鼻、舌、身識的境界中，都是言語到不了的處所，是沒有意識、耳識同處的地方，那時別人心中便沒有花、河這些假智存在，言說者的智慧以及所詮的花、河也跟著不存在了，所以說「聲不及處，此便不轉」，「此」是指「聲」與「詮」。因此而說部派佛教聲聞僧及外道虛假能詮的假智與所詮之虛假的物或心，全都沒有「自相」，都只能緣於世人所知約定俗成的「共相」，來認知或者指涉生滅性的虛妄法的「共相」，不能觸及所認知、所言詮的花、河的自相，更不能觸及眞實「法」的「自相」。

由此可以了知，他們假藉語聲及名言來詮釋及解說所指涉的物或思想時，都不是依於「眞實法」的「自相」來說，「所依」全都是虛妄分別所得的虛假事相，並沒有「自相」，因爲實際上都落入諸法的「共相」中。所以當他們口中說火時，並沒有火出現；當他們口中說眞實法時，也並沒有眞實法出現，都只是假名言說，只是思想而非實義，即是戲論，正好判之爲性空唯名。

以此緣故，部派佛教聲聞凡夫僧及諸外道等人，所說的眞實法都只是依於假智與假詮而說出來的，只能定義爲假說而非眞說，全部言不及義而名之爲戲論；因爲他們諸多所說的內涵中，不論是應成派或自續派所說的中觀，所指涉的所謂眞實法之標的都不是「**眞事**」，只是假名施設的思想；其「**智**」既然如是虛假，則其所「**詮**」的眞實法自然也是虛假，由是正理，玄奘說：「**故知假說，不依眞事。**」因爲他們所說的「**自相**」或「**共相**」全都是假說，不是依眞實存在的事情來說的。

最後論主玄奘作了結論：「**由此但依似事而轉。**」意謂部派佛教聲聞僧及外道等人所說的道理，由於所緣不是眞實的法，都無「**自相**」而全部落入所生法的「**共相**」中，只能緣於自己的臆想所得相似的所謂眞實法，其實仍是依於虛假的法而運轉，故說「**由此但依似事而轉**」，當然只是思想而非義學。

第八節　實我實法皆應結歸第八識

論文：「似謂增益，非實有相；聲依增益，似相而轉，故不可說假必依眞，是故彼難不應正理。然依識變，對遣妄執眞實我法，說假、似言；由此契經伽他中說：『爲對遣愚夫，所執實我法，故於識所變，假說我法名。』」

語譯：【「似事」的「似」字，是說他們因爲增益假有的事情而言說出來，所說並非眞實有諸法的「自相」；當語聲依於增益之目的而說出世間某些虛妄法時，聽聞者的心中就有說者所指涉某法的「相似」法在聽聞者的心中運轉著，所以不可說假法必需要依止眞實法，由這個緣故說勝論外道與聲聞部派凡夫僧等人的質難，不能相應於眞實義的理趣。然而依於阿賴耶識所變現，相對的遣除虛妄執著爲眞實的五陰我與法，才說爲「假、似」的名言；由於這個道理，在相契應的經典中有偈這麼說：「爲了相對遣除愚癡凡夫們，所執著爲眞實有的我與法，所以於阿賴耶識所變生的五陰，假藉語聲說爲我與法的名稱。」】

釋義：「似謂增益，非實有相；」這兩句是上承前一段最末句的「由此但依似事而轉」來說的，由於部派佛教諸聲聞凡夫僧，及外道等人所說的這些所謂眞實法，就只是依於被眞實法所生的相似於眞實法的「共相」等事相上而運轉，都沒有依於眞實的法來說明，當然就不是實有法。

「似事」的「似」字，是因爲他們「增益」了假有的事情而言說出來的，言說之中並非眞實就有所說諸法的「自相」出現或表示，所以這個「似」字表示他們的所說都是一種「增益」之說，於不存在的虛假想像中加以「增益」而說為眞實法，所說之一切眞實法中都只是「似事」，並無實有法的「自相」，全都落入諸多所生法的「共相」中，正是佛所說的「增益執」的行為。

「聲依增益，似相而轉，故不可說假必依眞，是故彼難不應正理。」當語聲依於「增益」之行為而說出來時，目的只是為了表示意思，所說並非實有法；例如某甲指稱一輛車子時，某甲所說的「車子」語聲並非即是車子，但某乙聽聞之後心中便產生了「共相」而有車子的影像或意涵，好似眞的有車子在他心中顯現一般；但這終究不是車子的「自相」，而只是一個相似於車子的印象或認知的「共相」，所以說為「似」；這時「似」有某甲所說某一個法的「自相」——車子，在說者與聞者的心中存在，但其實只是車子的「共相」；而某甲所說的「車子」只是名言，並非眞實的車子，故無車子的「自相」，這樣成為假法依於生滅性的假法而建立，不等於聲聞或外道所說的「假必依眞」的道理，因為他們所說並無眞實法。

所以說，外道們不該說假法必需要依眞實法才能建立，因為他們所說的眞實法並非眞實法，而他們所說的假法只是依於「所依」的另一個假法而建立；只有所說的「眞」是眞正的眞實法時，才可以說「假必依眞」。由這個緣故說，勝論外道與聲聞部派凡夫僧等人的質難，都不能相應於眞實的理趣。

這樣辨正以後，部派佛教大部分派別的聲聞僧共許的「假必依眞」的說法便破盡了，因爲這證明他們的說法其實只是「假依於假」而建立的。例如薩婆多部或古代的應成派中觀師佛護，或如近代的應成派中觀師寂天、宗喀巴、釋印順及其門人，都主張五陰是「自相」、是眞實，他們同樣把離念靈知建立爲眞實法而說爲阿賴耶識或如來藏，所以才說「如來藏是施設法，其實沒有第八識如來藏存在」；但他們不知五陰的苦、空、無我、無常等法，是一切有情的「共相」，證明他們都不知「自相」是眞、「共相」是假，因此他們當然不能主張「假必依眞」，而他們對八識論正法所作的質難也都不能成立，因爲與正理不相應故。

玄奘就此「自相」與「似相」以及「增益執」的說明，等於是針對聲聞部派佛教以及勝論外道們的邪謬說法，全都一併破盡，證明他們沒資格主張「假必依實」，因爲他們的言詮中所說的「實」仍然是假法。以下則是建立正法之現量，遣除部派佛教聲聞凡夫僧及外道所說「假必依眞」的說法：

「然依識變，對遣妄執眞實我法，說『假、似』言；由此契經伽他中說：」

然而從實相境界來看，依於阿賴耶識如來藏所變現，相對遣除虛妄執著爲眞實的五陰我與五陰諸法，論中才說五陰等諸法爲「假、似」等名言；這是因爲被生的五陰假我及相似於五陰的種種法，都不是眞實法，全都是由眞實心如來藏阿賴耶識所變生，而相似於眞實法。

這是由於眞實法如來藏阿賴耶識，無始以來本自存在，無始以來不曾有生，法爾如是本來無生；而且是盡未來際永無終止，是無始無終之法，所以常住不變而不斷不壞故，其常住及堅固不壞的自性猶如金剛，又於所生的三界諸法各類行相中顯現出來，如是具有「所依」及常住不壞性，亦能離於所生的蘊處界等諸法而單獨存在，名爲無餘涅槃，方可名爲「自相」。而祂所生的五陰等諸法都是假法，因爲有生必滅而無眞我之常住不壞性，與其他有情同共生滅性，所以只有「共相」而無「自相」。

同理，五陰衍生的種種法也因爲有常住不滅的「自相」作爲「所依」，才能成爲「似法」而有與諸有情同共的「共相」；如是基於第八識常住而能生諸法的「自相」，三界一切有情才能依於眞實法「自相」，而使「共相」的五陰等法世世生滅輪迴無窮，或是經由實修而得佛地常樂我淨的究竟離生離死的境界。

必須依此能生與所生、能依與所依的具足圓滿，而且二者同時同處的正理，才能說「**假必依眞**」的道理，因爲這時所說的是「**自相**」是眞實法，不是假法、似法，否則便成爲虛妄套用「**假必依眞**」正理的愚人，所說即成爲「**假亦依假**」的謬論。正因爲這個道理，相契應的經典中有偈頌這麼說：

「『爲對遣愚夫，所執實我法，故於識所變，假說我法名。』」正是爲了相對遣除愚癡凡夫有情的妄想與邪見，也是相對遣除凡夫們所執著爲眞實有的五陰我與五陰相應的相似諸法，所以於阿賴耶識所變生的五陰我與諸法中，假藉語聲說五陰等法爲假我與似我的名稱，才會有三乘菩提等「**所詮**」而爲眾生解說。至於這部「**契經**」的經名，玄奘隱之，平實註釋之時亦依同理而隱之不言，以其並非所有人都可聽聞及閱讀之故。以下第五章綜說三種能變識，解釋上偈所標示之能變識與所變諸法。

第五章　一切法唯識的能變與所變

第一節　三種能變識總說

論文：「識所變相雖無量種，而能變識，類別唯三：一謂異熟，即第八識，多異熟性故。二謂思量，即第七識，恒、審、思量故。三謂了境，即前六識，了境相粗故；『及』言，顯六合爲一種。」

語譯：【識共有八，這八識所變生出來的諸法相貌雖然無量無數，然而能變的識，依類別來說就只有三種：第一種是說異熟識，即是第八識如來藏，因爲祂運行時多偏在異熟性上的緣故而名爲異熟識。第二種能變識是說思量識，即是第七識意根，恆時都不中斷而且有審度及思量的自性故。第三種是說了別境界的識，即是意識等前六識，這六識了別境界的行相粗糙易知的緣故；頌中的「及[8]」這個字，是顯示前六識合爲一種能變識來說。】

釋義：「識所變相雖無量種，而能變識，類別唯三：」能變識總共有八個，這

8 「謂異熟思量，『及』了別境識。」

八識心王所變現出來的諸法「自相」與「共相」的樣貌，雖然其功能無量無數，函蓋十方三界一切諸法，佛子要修習到佛地方能究竟了知，然而能變生諸法的識，依類別來說就只有三種：異熟識、思量識、了境識。

「**一謂異熟，即第八識，多異熟性故。**」三種能變識的第一種是異熟識，即是唯識學中說的第八識如來藏，亦名阿賴耶識等無量名；但因爲此第八識運行時的自性，大多偏在異熟性上的緣故，便稱爲異熟識。這是因爲祂能生及能持一切善、惡、無記性的所有異熟種子而不檢擇故，能使一切有情各依所造善惡及無記業種，成爲異熟性的種子而收存於此第八識心中；但善惡種子都是無記性，要成爲現行時方是有記性，而且現行而有善惡性時只會與七轉識相應，不與第八識相應，故名異熟識。如是異熟性的種子可以使有情造因受果絲毫不爽，便能成就異熟果而在三界六道中來去不絕，成就因果律。亦如異熟識於有情五陰運行之時，能作種種配合及維持的工作，然而始終都不分別六塵而無好惡喜厭，完全聽令於意根的思量而行，所以第八識縱有無量諸行時亦是無記的異熟性，故名異熟識。

異熟識之名，始從凡夫位，末至妙覺位，皆如是名，含攝有情之位次極廣，唯除十法界中之佛法界。異熟者謂異時而熟、異地而熟、異類而熟、變異而熟，異熟本身是無記性故，無善惡性，故名無記；要依種子而成熟其善惡果報而受生時，由其正報的苦樂等流果現行時，方可說爲有記。

此第八識如來藏又名阿賴耶識[9]，因爲仍具有我愛種子，具有執藏分段生死種子的現行功能（初地入地心及阿羅漢位方斷阿賴耶識的功能），故名阿賴耶識。或仍有執藏三界愛之習氣異熟種子，要待七地滿心位方斷，故七地前皆名阿賴耶識；始從凡夫位，末至阿羅漢位或七地菩薩滿心位之前，皆如是名。

此異熟識又名爲心，能生意根與五色根，處於母胎的中期也開始能出生內五塵及識陰六識覺知心，並作爲如是七轉識乃至佛地七識之「**俱有依**」，以能了知七轉識心行故，從凡夫位至妙覺位皆名異熟識。又名阿陀那識，以能出生五色根與各類種子並加以執受故。如是心名及阿陀那識名，函蓋凡夫地至如來地。

此第八識又名「**如來**」，或名爲「**佛**」，是諸佛如來之實際理地故，即是諸佛與一切有情之法性身。「**俱有依**」謂此識現行於人間時必有所依之法，例如七轉識或意根，以及有色根、器世間等，作爲第八識於三界中現行時的「**俱有依**」。反之，

9《入楞伽經》卷八〈剎那品十四〉：「大慧！言剎尼迦者，名之爲空。阿梨耶識名如來藏，無共意、轉識熏習故名之爲空。具足無漏熏習法故，名爲不空。」

此第八識亦是七轉識、六塵及五色根之「俱有依」，若無此識，或此識捨壽而去時，五色根即壞，六塵不復現前，六識隨滅，意根亦不得繼續駐於五色根中，隨即轉入中陰身而生起中陰六識。中陰身一旦入胎，中陰六識俱滅，只餘意根與此第八識住於母胎中，持受精卵而住，猶如眠熟無夢。

異熟的意思有四：一、異時而熟：是說有情所造的業行果報，並不是造業完成時立即受報，要待捨壽之時方能結算一生功過，依其所有善惡業行中之大者決定後世的果報，受正報時已在來世而不同在一世，故名異時成熟。二、異地而熟：未來世受報之時並非同在一地，而是轉到其他家庭、其他地域或其他世界受報，故名異地成熟。三、異類而熟：未來世受報時不一定是同一類有情，可能繼續生而為人，可能生為不同種類的人，也可能受生成為人類以外的其他五趣有情，故名異類成熟。四、變異而熟：未來世所受果報的身心，不同於此世造業的身心，彼時的色身與覺知心已是另一個有情，除非生在天中而有報得五通，否則未來世不能知曉此世五陰身心及所造業行。如是由前後世五陰身心迥然不同而受果報故，名為變異成熟。

但一切有情依此四種異熟道理而造因受果時，都由此第八識來捨離此世五陰身心，以及入胎或受生而創造來世變異而熟的另一個全新的五陰身心，領受未來世的苦樂果報，由此證明第八異熟識才是有情流轉生死的主體識，故名此識為異熟識，禪宗名為「父母未生前的本來面目」。

「**二謂思量，即第七識，恒、審、思量故。**」第二種能變識是說思量識，即是第七末那識，《阿含經》中說為意根，是第六意識的所依根，故名為意根。此第七識的自性具有三種特色：恆、審、思量。

此第七識是六根之一，六根中的前五根為有色根，有色根又分為二種：扶塵根、勝義根；此第七識意根為無色根。釋印順為了想要維持其六識論的主張，於書中指稱此第七識意根為有色根，說為腦神經，刻意不依經教所說為無色根，以免顯示其對於佛法或唯識學之無知。之所以如此主張，乃因為他是部派佛教聲聞凡夫論師的遺緒，繼承了部派佛教的聲聞凡夫僧之法，所以認定意根是腦神經而成為有色根，即無第七識而可令其繼續認同六識論的相似佛法。然而意根是心，是意識的俱有依根，是無色根，與意識俱轉，《阿含經》中處處具說分明。

意根有三個自性：恆、審、思量。「恆」是指此第七識無始以來恆而不斷，是由第八異熟識剎那剎那流注意根種子而現行，於一切位都不中斷，無始以來始終如是，方能成爲意識現行時的所依根而與意識俱轉，也因此而成爲阿賴耶識與意識的「俱有依」。此第七識唯於阿羅漢入無餘涅槃後，永遠斷滅而不再現行，餘位皆不斷滅。「審」是說此第七識意根若與意識俱時，能藉意識等六識的功能，時時刻刻審度一切法，是故名「審」；以此緣故，意識不現行時祂只審度少量法塵及六塵外的其餘諸法，意識現行時亦同時審度意識所了別的六塵諸法。「思量」即是作決斷，能依意識的所知而據爲自己的所知，裁決一切身口意行；乃至意識作了決斷以後仍不算數，最後仍由此第七識加以自己的熏習所成習氣勢力而作決斷，執行了與意識的決定相違背的身口意行，故名「思量」。由此三性故，第七末那識名爲「恆、審、思量識」。由此第七識恆時不斷而有審度及思量的自性故，說之爲「恆、審、思量」，特指對於分段生死種子的隨順自性，要在阿羅漢位方能滅之。

此第七識亦名意根，或名末那識，是意識之所依根，以是意識生起及現行時的「俱有依」故。此識無始劫來恆不間斷，與異熟識所含藏的我執及大部分種子相應，是故此第七識如是我執與我所執的功能，促使異熟識持續流注分段生死種子，令眾生世世死後復又受生而有無數五陰繼續現行，世世輪轉不絕，亦能令諸法種持續現行，以此緣故《楞伽阿跋多羅寶經》名之爲「現識」。此說眾生流轉生死的根本即是此第七識，因此又名「**我執識**」。

然而眾生對此第七識與意識的分際通常都不能知悉，總是將意根與意識混合為同一個心；其實眾生在三界凡夫位中的自我正是意根，以意識作為意根之所用，但意識無知的緣故欺騙了意根，意根便帶著眾生輪轉生死。現實生活中，意識夜夜眠熟即告中斷而消失，但意根不會消失，仍在領受法塵，直到天亮醒來時意識又長時間的出現，半夜只是暫時出現而已，可證眾生的我執是以意根為中心、為主要；直到開始實修眞正無謬誤的三乘菩提時，意根才有可能滅失而得解脫，故說解脫生死及成佛的根本，亦在此第七識意根；皆由此識藉意識的如理作意熏習及修學，而令我見、我所執、我執、分段生死或異熟種子變異性得以滅盡，方得成為阿羅漢或成佛，因為此第七識意根是最後作決斷、作裁量的「**思量識**」。

「**三謂了境，即前六識，了境相粗故；**」第三種能變識是了別六塵境界的六識，即是意識等前六識：眼耳鼻舌身意。此六識稱之為「**了境**」之識，是因為這六識具足別境等五個心所，能了別內六塵中的一切境界（不能接觸及了知外六塵，外六塵是色法，六識覺知心不觸物質色法故）；而這六識了別境界時的運行法相很粗糙、很明顯，人們於善知識稍加說明之後，都易能了知六識各自互異的了別六塵境界等功能差別，故名「了境」識。

「**『及』言，顯六合爲一種。**」「及」這個字是〈唯識三十頌〉的第二頌中「謂異熟思量，及了別境識」中的「及」字[10]；這個字是解說第一能變識與第二能變識之後，用來表明還有第三能變的識陰前六識，這是把前六識合爲另一種能變識來加以說明，因爲這六識的自性都同樣是了境的功能，所以歸爲同一類。

不可因爲第二頌的後半頌開始宣講阿賴耶識、以及第七識意根的許多自性以後，就把第一頌說的「謂異熟、思量，及了別境識」給忘了；意謂宣講很多異熟識的自性行相之後，不但還有思量識意根末那識，之後還有了別境界的意識等六識，在後面將會繼續宣說，所以頌中就有一個「及」字，表示後面還有待說的了別境界的六識。

「**了境相『粗』故**」一句，除了上來所說六識各自所了別的境界有很大的差別不同，易於區別其差異性以外，亦因爲這六識在人間所了別的六塵境界相，都是比較粗糙的境界相，所以說爲「了境」識。又因爲學人尚未修定及證得神通之

10 〈唯識三十頌〉第一、第二頌說：「由假說我法，有種種相轉，彼依識所變；此能變唯三，謂異熟思量，**及**了別境識。初阿賴耶識，異熟一切種；」

前，都不能了別天界細相及遠方世界的細相，故說人間六識了別六塵的境界時名為「粗」相。《成唯識論述記》卷二說：「以前六識同了粗境，異七、八故，合為一名。問：『此前六識亦緣細境，如佛六識等，何故但名粗？』答：一、多分故，二、易知故，三、諸有情共可悉故，四、內外道皆許有故，五、大小乘所極成故，六、不共義故，七、八二識不粗了故。」如是之理亦應知之。

這三種能變識很明顯的自性差異如下：第一能變的阿賴耶識，恆而不審；第二能變的末那識意根，「恆、審、思量」；第三能變的前六識，審而不恆。

第七識意根末那識的自性是「恆、審、思量」，其中「審」的意思是意根與意識同俱之時，即以意識的所知作為自己的所知，能了別六塵中的各種粗相與細相，乃至能了別出世間法，亦能了別世出世間法的總相與別相等，猶如了知第三能變識六識各自的細相一般，一一能審。隨後論文中自會繼續闡釋，勿勞先說。但第七識意根的「審」，於意識等六識俱的情況下，與眠熟等五位中六識心中斷的情況下，成為獨頭意根時的差異甚大，不得一概而論；如是正理，詳後論文中將會繼續說明，此處容略。

第八識的「不審」，是說第八識於六塵境界中都不加以了別，雖然接觸了外六塵而變生了內六塵，但對內外六入都不加以分別，故說「恆而不審」，即與「六塵境界中的所有名相」都不相應，故名「無分別心、無名相法」，即是禪宗開悟之所求證，亦是大乘眞見道所證的無分別心；《佛藏經》中說爲「無分別法、無名相法」。證得此心之後，即有「根本無分別智」。

此三類識的自性差別，顯示於八識心王的行相之中；是故求大乘見道的所有學人，於四加行位中，必須先修學如是「唯識性」之正理，然後於一切行中求證之，求證的過程即是禪宗的參禪。證得之後，始能令「般若波羅蜜正觀現在前」，生起「根本無分別智」；故說「唯識性」是一切唯識學者首先必須認知，也是一切修學唯識學者的根本法義，即是一切大乘佛法中的入門弟子所應證者。

先說第一能變識阿賴耶，又名異熟識；祂是諸法之因緣，萬法之生因，也是一切有情及器世間的根本。且舉聖教中單就有情五陰相關的聖教，以其中的因緣來說，如《瑜伽師地論》卷五十一說：

「復次，此中云何名諸行因？何等名緣？謂薄伽梵說：『諸行生緣略有四種：一、因緣，二、等無間緣，三、所緣緣，四、增上緣。』因緣一種，亦因亦緣；餘之三種，唯緣非因。云何因緣？謂諸色根根依及識，此二略說能持一切諸法種子隨逐色根，有諸色根種子，及餘色法種子、一切心心法等種子。若隨逐識，有一切識種子及餘無色法種子、諸色根種子、所餘色法種子。當知所餘色法自性，唯自種子之所隨逐，除大種色。由大種色，二種種子所隨逐故，謂大種種子及造色種子；即此所立隨逐差別種子相續，隨其所應望所生法，是名因緣。」

此段論文略意是說，有情的諸色根種子、諸六塵色法種子、七識心種子、心所及煩惱種子，以及一切異熟法種，全部都由此第八異熟識所執持，故說此識是一切有情異熟生死的因緣，有情色心等一切諸法都由此第八識而出生故。除此第八識以外，別無有情生死諸法的因緣。關於此第八識的「亦因亦緣」，以及此識同時也是器世間的因緣等，其詳細內容，隨後論文中即將宣說，勿須先解。至於此段《根本論》的詳細意思，容於增上班課程中再重新加以詳解，不於此書中加以解釋，以免唐增篇幅而令讀者見樹不見林。至於《楞伽經》及其餘諸經中所說的器世間等因緣，此處且不舉述，容由讀者自行請閱拙著《楞伽經詳解》而知其義。

前解頌中後三句，明能變之體，然未解釋第七識意根能變之義，故下解釋能變之理，以成能變識之義，方得圓滿第七識的「唯識性」表義：

第二節　因能變與果能變

論文：「此三皆名能變識者，能變有二種：一、因能變，謂第八識中等流、異熟二因習氣。等流習氣，由七識中善惡無記，熏令生長；異熟習氣，由六識中有漏善惡，熏令生長。二、果能變，謂前二種習氣力故，有八識生，現種種相。」

語譯：【這三大類八識心王，全部名爲能變識的意思是說，能變的功能有二個種類：第一、因能變，是說第八識心中含藏著等流因、異熟因等二種習氣種子；等流習氣種子，以第七識中的善、惡、無記性爲因，經由熏習而使三性的等流習氣種子得以出生及增長；異熟果的習氣種子，則由六識中的有漏善、惡性爲因，經由熏習而使善、惡性得以出生及增長。第二、果能變，是說前二種習氣因的勢力故，而有八識心王在三界中示現與出生，變現出種種的法相。】

釋義：「此三皆名能變識者，」這三大類心全部都名之爲能變識，是由於這三個種類的心，都能變現出三界中的某些法相。例如第一類能變識的第八識，又名如來，又名異熟識、阿賴耶識、無垢識、阿陀那識、心、內識、眞如、如來藏，或如《阿含經》中單名爲「識」；其名義繁多，不能盡舉。外道所說的造物主，例如上帝、大梵天王、大自在天、勝性、冥性、虛空、自然、祖父等，所謂能出生有情的造物者，其實皆指此第八識；因爲只有此識能出生有情五陰身心及器世間，只是外道不懂而生起妄想，謬稱爲大梵天王、大自在天、上帝、造物主等名。

若由修習成佛之道的分位來說，此識總共不過三位：阿賴耶識位、異熟識位、無垢識位。異熟識位函蓋阿賴耶識位，是故阿賴耶識位之第八識亦名異熟識，此名函蓋妙覺位以下乃至一切凡夫，以及所有三惡道的異生。

一切有情無始以來都在阿賴耶識位，直到成爲阿羅漢、辟支佛或即將入地前的十迴向滿心位，已捨阿賴耶集藏分段生死的識性時，稱爲捨阿賴耶識或滅阿賴耶識，開始單稱爲異熟識，不再名爲阿賴耶識，此前則可同稱爲阿賴耶識或異熟識。然菩薩入地之時由無盡的十大願故起惑潤生，以如是最後一分思惑故意生起而潤未來世再受生故，現有分段生死，所以復回阿賴耶識位，方能繼續接受分段生死而得進入初地，如是繼續修行而成爲諸地的聖位菩薩故。

繼續修學第二大阿僧祇劫，直到七地滿心位，七地該有的無生法忍已經具足，並已滅盡煩惱障所攝三界愛習氣種子隨眠，此時煩惱障已經滅盡故，滅阿賴耶識名，獨名爲異熟識。然欲入八地心時必須再起最後一分煩惱障，方能繼續受生於三界中，至佛地時滅盡故意所留的最後一分煩惱障，並已滅盡純異熟的變易生死種子，所含藏之種子悉皆清淨與究竟而永遠不再變異了，已無絲毫染污了，故名無垢識，即是最後身菩薩位成佛之時，所知障已經滅盡故。

此第八識能變現出五陰身心，如阿含部《大生義經》說：「**復次，此名色法，以何爲緣？所謂識法爲緣。由識法故，即有名色；識法若無，名色何有？此識法者，最初受生居母胎藏依羯邏藍，識法具已，無所增減。識因緣故而生諸蘊，如是名色圓滿具足；當知此識與彼名色，互相爲緣而得生起。**」如是《阿含經》中明言有識能生名色，即是一切有情的根源，佛法的見道即是證得此識，現觀父母未生前的本來面目。然而「名」中已有七轉識，故知此能生名色之識即是第八識，並非宗喀巴與釋印順所說的粗意識或細意識；琅琊閣、張志成等人隨其胡言亂語，妄行誤導追隨其學法的學人，是以盲引盲，相將入火坑。

至於第二類能變的第七識意根，《阿含經》中說之爲意，於大乘法中又名末那識，謂我執識也。此第七識能變現出法執、我執等煩惱心行，促使第八識變生諸法以及變現出五陰、十二處、十八界、六入等身心。以有如是促使第八識變生五色根及意根與六塵、六識及諸心所的功能故，《楞伽經》中 佛說之爲「現識」，具有促使第八識現起諸法的功能故。

第三類「能變」的心是前六識覺知心，《阿含經》中說之爲識，於此六識現行時，能使有情領受六塵境界及各種善、惡、無記性的三界境界相，是故此六識具有顯境名言；由顯境名言故，令六塵境界顯現於六識心中而有領受；如是緣故，六識心即能領受順心境、違心境、無順無違境的境界受，方得取捨而成就異熟果。因爲這六識有五種別境心所法而能了別六塵境界，便能領受苦樂等異熟果。

然而有情五陰身心能被變生出來，「能變」的原因則要歸類爲「等流因」的習氣，以及「異熟因」的習氣等二種，是故論文說：

「能變有二種：一、因能變，謂第八識中等流、異熟二因習氣。等流習氣，由七識中善惡無記，熏令生長；」八識心王之所以能變生諸法，歸納起來有二個種類，即是「因能變」與「果能變」。第一種「因能變」，是說第八識心中含藏著「等流因」及「異熟因」等二種習氣種子。「等流」是說第八識含藏的八識心王種子，可以前後平等流注出來而成就有情的一切身口意行，例如色法種子、七識心種子、五遍行及五別境心所法種子，都屬於等流性的種子，與善惡煩惱心所等三性無關，名爲「因能變」。

「等流」的「等」字，意謂平等，亦有同類之意涵，是故眼識種子不會流注於眼根以外的其餘諸色根中，所有七轉識相應的各類種子都不會流注於七識所依根或所依法以外的其餘諸根，是故意根依第八識心，六根中的七識種子則是並行流注不斷於自己的所依根與所緣法之中。「等」字之意也是說明，八識心王各自的種子流注，同樣都是前後各一種子平等流注，不會某識的種子流注較多而另一識的種子流注較少；也不會某識的這一剎那流注三個種子，而下一剎那沒有流注一個種子而空過，是名「等流」。並且這七識相應的各類種子，也都會平等性的流注，第八識不會檢擇哪一識較不重要而不流注其種子，都是由意根來決定；所以都由有情的意識與意根抉擇，當境界現前時，七轉識或多或少或一現行，都能依境界而互相之間、前後之間同樣平等流注於六根中，第八識絕對不會在境界現前時，刻意不流注某一類種子，由是亦名「等流」。

「等流習氣」種子，是由第七識意根相應的我見、我執煩惱爲因，在生死過程中持續熏習，使意根的我見、我執習氣種子得以串習而出生及增長，積存了五遍行、五別境心所種子之後，成爲後世生死中的「等流習氣因」；這「等流習氣因」

不斷流注種子而世世受熏，於是即有世世的色陰、心、心所現行，接觸六塵境界而作取捨之後，不斷造作善、惡及無記性的業行，積存了煩惱種子與善十一等種子之後，便成就了「**異熟習氣因**」，於是有了世世的色陰、七識心及異熟果不斷輪轉。必須有這二種習氣因與意根相應作爲藉緣，第八識方能持續性的流注各類種子而無偏黨，名爲「**等流習氣因**」；亦是因此而有三界中的四聖六凡十種有情的異熟現象現前，名爲「**異熟習氣因**」。必須「**意根**」如是具有促使第八識現行各類種子的功能而名爲「**現識**」，方有三種能變識的不同「**自性相**」產生，成爲一個有情；集合眾多同類有情與異類有情共同生活時，即有全部或局部「**共相**」產生。

這是因爲含藏一切種子的第八異熟識，無始以來一向都是被動性的心，**恆而不審**。祂只含藏一切種子而不對六塵作了別及審決，時時配合意根而作回應，卻是要由意根藉這二類習氣種子爲「**因緣**」，方能促使第八異熟識平等流注一切種子而無所選擇，來導致第二能變識的意根功能而有第八識變生諸法；而這個「**因能變**」所含攝的兩種習氣因中的「**等流習氣因**」，是與第七識意根相應，不與第八異熟識相應，是由意根促使第八識持續流注種子以令五色根及七轉識現行及運轉故，即以此故說第七末那識爲「**現識**」，以致有情世世受生不斷。

由此說有情輪轉生死的二種習氣因，都直接與意根相應，由意根不能捨離這二種習氣因，使第八識持續平等流注各類種子，現起有情的五陰身心而成就有情的六識心，然後造作諸業及受果等事相，成為「異熟習氣」。

「**異熟習氣，由六識中有漏善惡，熏令生長。**」上說「等流習氣因」，是由第七識相應而促使第八異熟識平等流注各類種子出來，所以會有五色根及六塵等色法種子持續不斷流注出來，引生隨後的六識種子及相關的心所種子流注出來了別六塵成為有情，所以「等流習氣因」運作後的所生果，即通八識心王而有異熟果。

然而成為欲界有情之後，異熟果的習氣種子，是由前六識相應的有漏善惡性種子為因，經由意根處在生死過程中的熏習乃至串習，使善惡性習氣種子得以積存、出生及增長，成為凡夫有情必然輪轉生死的「異熟習氣因」，這屬於因「業」而流轉生死的「異熟果」；由「異熟習氣因」的緣故，後世的異熟果方得現前，也令「等流習氣因」的種子現行時的同一世「異熟習氣因」的種子現行。但是地後菩薩的世世受生並不是由「異熟習氣因」的現行，而是由「等流習氣因」的現行來成就，因為入地前的最後剎那已證阿羅漢果故，地後皆是起惑潤生故，故說地後菩薩是因「願」而受生的「非異熟果」。

此說「**由六識中有漏善惡，熏令生長**」，謂異熟習氣之所成因，是由六識有間斷法的串習所成就；而第七識自性是有覆無記，是被意識誤導之後所作決定方成有覆有記，是故「業」屬於意識而非意根；然因是由意根的思心所於最後所作的決定，成就異熟果種子之後便能往生後世六道，有業亦有道，故名「業道」；此業之道，則由意根率領後世之色陰及六識而承受，是意根的思心所所作的決定故。若純意根，於獨頭意根位即不成就「業道」；意根自身雖是有覆，然不能自己成就思惟決擇故，非於六塵境界中有具足的思心所故，不得成就「業」與「道」。是故此「異熟習氣因」，要由意識等六識造作了有漏性的善惡業以後方能成就，非單由意根之所成就；如此異熟，名爲「持業釋」，依業立名故。

若依造業及受異熟果而言，異熟習氣是因，異熟果是異熟報之果，習氣因與異熟果之造作及領受有所差別；謂造業者爲前世六識，受果者爲後世六識，造業與受果者有異，方能成就異熟果，如是異熟，名爲「依士釋」。

「**二、果能變，謂前二種習氣力故，有八識生，現種種相。**」異熟識的第二種能變爲「果能變」，是說八識心王有「等流習氣」及「異熟習氣」熏習的勢力故，而有第八識所含藏的「等流習氣因、異熟習氣因」二類種子。若是藉第七識的「等流習氣因」種子，促使第八識不斷前後平等或等類流注各類色與心、心所的種子；再依第八識含藏的前七識「**異熟習氣因**」的種子，由第八識等流出「**異熟習氣**」種子，出生了「**名色**」而出現在人間、天界或三惡道等，便能成就三界六道各種各類的異熟果，而有三界有情的輪轉生死受報，成就因果律。

以人類爲例，當「**名色**」具足而出胎時，「**異熟習氣因**」的「**果能變**」就完成了。當八識心王於「**名色**」中具足而開始運作及顯現「**等流習氣因**」，這個最後的結果顯示出一個人類的具足圓滿功能時，就是「**等流習氣因**」的「**果能變**」完成了。這二種習氣因的「**果能變**」完成了，於是生而爲人的八識心王具足出現在人間，跟著就變現出種種善、惡、無記的法相來，所以說「**果能變**」中的「**等流習氣**」與「**異熟習氣**」都通八識心王，非唯七轉識中的某一識或多識相應。

簡言之，「**果能變**」即是八識心王的自證分，由二種習氣因的功能，能變生「**見分**」七轉識與「**相分**」五色根及內六塵，成爲有情所受之等流果與異熟果，故說一一識皆有自證分。然而相分、見分、自證分、證自證分等四分之說，諸家所說各有不同，容後論文中述及時再行詳解；以要言之，八識心王既有「**見分**」而成爲能變，勢必要有「**自證分**」故。

以是緣故，「**果能變**」要依「**因能變**」，「**因能變**」即是有情持續流轉生死的根本因，成就生死流轉的煩惱種子都收藏於第八識中，此因即是持業者，如是解釋生死流轉時即名「**持業釋**」。「**果能變**」即是「**因能變**」的果，是由異熟識所含藏的「**等流習氣因**」與「**異熟習氣因**」所產生的結果，是故來世皆有人能受其果，前後世的五陰雖非相同，但是同樣都依各自的第八識與第七識意根、伴隨著新生的後世五陰領受異熟果，前世造業的五陰與後世領受異熟果的五陰非一亦非異，名為「**依士釋**」，是依於前後世的士夫不同一人而解釋其業道時，即名「**依士釋**」。

由是故說，有情的第八識持續變生無量世的五陰與相應諸法，不是無因無緣而變，要須「**有因有緣**」而變生器世間及一切有情，此理早在四阿含諸經中明說多次了。若如部派佛教聲聞僧遺緒的宗喀巴、釋印順、琅琊閣、張志成等人所說，則是由根觸塵而生六識，不必有阿賴耶識為「**因**」來出生六識，即是外道所說的「**共生**」；若如宗喀巴、釋印順、張志成等人所說，不必由阿賴耶識為「**因**」來出生六識，同時又成為外道「**無因論**」的主張，都是龍樹《中論》所破的「**共生**、**無因生**」外道法。所以絕對不是無因唯緣而變生有情及諸法，故說「**果能變**」是有情基於第八識的「**因能變**」，導致世世都能變生五陰身心，而有八識心王具足「**名**

色」，然後流注出各類種子配合運作的異熟果，令前後世五陰的出生、現行、造業、受果，二者之間有從不錯亂的因果關係，成就「因能變」與「果能變」的現象。

由是正理，說有異熟果現行時，方能有境界受來報償前世善、惡、無記業的因果。例如受生於色界天、三惡道，以及來世生於人間或欲界天中，在某一道中有著樂受或者苦受的果報；或如在人間或欲界天中，擁有在某一種無記性的法上有特別好的表現，凡此皆是「果能變」。

第三節　異熟性之因

論文：「等流習氣爲因緣故，八識體相差別而生，名等流果，果似因故。異熟習氣爲增上緣，感第八識酬引業力，恒相續故，立異熟名。」

語譯：【以第八識中的等流習氣作爲因緣故，八識心王自體運作過程中，便隨著八識體性的差別而有各自不同的見分、相分出生了，名之爲等流果，八識心王現行時的果很像等流習氣因之故。由於第七識意根與意識等前六識，造作善惡業的異熟習氣作爲增上緣，感應第八識酬報而引生了善惡業種的力量，於是有未來世的受生；而持種的第八識恆相續的緣故，就能世世酬報業果，因此建立了異熟

識的名稱。】

釋義：「等流習氣爲因緣故，八識體相差別而生，名等流果，果似因故。」「等」是同等品類，「流」是流注；「等流」是說，流注因與流注果是同一個品類，是故同等而前後相類，稱爲「等流」。例如眼識現行時的見分，以及運作時顯現出來的眼識行相的相分，要以眼識習氣種子的流注爲因，不能以第七識習氣種子的流注爲因，或以第八識自身種子爲因，方名「等流」。又如第八識的見分與運作過程中顯示出來的眞如相分，也要以第八識自身的「等流習氣」種子爲因，不能以眼識習氣種子的流注爲因；是前後都以同一識的種子爲因，如是名爲「等流因」。

但八識心王所有習氣種子全部含藏於第八識心中，雖然八識習氣各自不同，然而同以第八識心中的「等流習氣」種子作爲因緣故，八識心王自體運作過程中顯示出來的見分與相分，便隨著八識心王體性的互相差別而有各自不同的見分、相分出生，如是名之爲「等流果」；這是因爲八識心王各以自識的習氣種子流注爲因，不與其他七識的種子互相混濫，於是八識心王現行時的果德，永遠都相似於自識的「等流習氣因」。

至於見分與相分的出生，背後一定有自證分的運作，否則即無可能現行。一般所說的相分即是五色根、內六塵等境界，至於廣義的相分內涵，容後論文中再加敘述。至於八識心王有無見分、自證分、證自證分等三分的內涵，亦容後面論文中再作解釋而勿先述，免增困惑；因爲三賢位中求證第八識前所說的相分與見分，依求證者的所須，所說八識心王的三分互有不同，所以依三賢位的實證，唯說意識具有三分，餘識皆無自證分及證自證分，乃至說第八識亦無見分，這是爲了幫助學人求證般若、發起眞見道所作的方便說；如是解說，異於悟後爲求入地而修學增上慧學時所說的一一識都容有見分等三分，如是所說的立義及內涵都有所不同，然無矛盾牴觸之處，但非未悟之人所能修學，聞之亦不能如實得解故。

「異熟習氣爲增上緣，感第八識酬引業力，恒相續故，立異熟名。」勝妙強力之業種**先作酬報**，其餘非勝非強之業種**於後引報**，名爲「酬引業力」。例如有人持五戒又造作十善業，又兼造作小惡業而無人知悉，死後先由強勝的善業種子酬報而生於欲界天中，名爲酬報正業；然其天身非勝妙，依報亦有缺損，名之爲引業，是名花報。如是名爲「酬引業力」。

由於異熟習氣會導致捨壽後來世受生果報的差別，有業道差別故；因爲異熟習氣種子會與善性、惡性相應，造作了善業、惡業之後便會有未來世異於此世五陰身心的不同果報，非必仍如此世生於同一道中的五陰身心；現世造因與來世受果時變異而熟、異時而熟、異類而熟、異地而熟故，因此這類善惡性的習氣種子名爲「異熟習氣因」。

第七識意根偏與「等流習氣因」相應，有覆無記性故；意識偏與「異熟習氣因」相應，有覆有記性故；是故意根以及意識等前六識，造作善惡業後的「異熟習氣」種子作爲增上緣，感應第八識的酬報而引生了業力，於是有未來世上升或下墜的受生，於「異熟果」現前時即有「異熟習氣因」的種子現行，報在來世全新的五陰身心而成就後世的「異熟果」；這些種子都收藏於第八識心體中，而持種的第八識恆相續及無覆無記性的緣故，就能世世產生變異而熟的酬報業果現象，因此將第八識建立「異熟識」的名稱，也如是建立有情異熟生死的現象。

意謂單有「等流習氣因」時，仍不能產生異熟果，因爲此時只有因緣；還得有「異熟習氣因」作爲增上緣，方能「感第八識酬引業力」，才會有來世的異熟酬報受生及引果，所以有情在三界中的流轉，一定都有「等流習氣因」及「異熟習氣因」二類種子的現行來成就；如是二因引發第八識感生來世的「異熟果」，有其前後的因果關係，名爲「酬引業力」。

此如一般有情由往世的「等流習氣」配合「異熟習氣」的造作，於捨身後依「異熟習氣因」而受生於來世受報後，其「等流習氣因」一定會遇緣現行；是故往世熏習經商或歌唱、藝術……等種種事，未來世受生後仍會傾向經商、歌唱……等世間法事項之路繼續進行。又如學佛之人，往世常受熏邪見者，常與破法者同聚及熏習，雖捨壽前懺悔滅罪；然因罪業尚未滅盡故，破法種子仍然有所殘餘，未來世學佛時才一遇到邪見時又立即相應，重新再走上破法或抵制正法之路，也是「等流習氣因」。如是皆屬於「引業」。

第四節　異熟之因果

論文：「感前六識酬滿業者，從異熟起，名異熟生；不名異熟，有間斷故。即前異熟及異熟生，名異熟果，果異因故。此中且說我愛執藏、持雜染種、能變果識，名爲異熟，非謂一切。」

語譯：【感應前六識所造的一切業行種子，酬報具足一生全部業行的事，是從異熟識中的異熟種子生起的，這個過程與現象名爲「異熟生」；但不能名爲「異熟」，因爲意識有間斷的緣故。就依最前面說的「異熟」，以及隨後出現的「異熟生」，有了後世五陰出現而領受苦樂果報了，名爲「異熟果」，「異熟果」不同於「異熟因」的緣故。在這「異熟、異熟生、異熟果」之中，就說我愛種子的執藏、執持雜染的業種、以及能變生異熟果的第八識，合名爲「異熟」，這不是說「異熟生、異熟果」可以函蓋一切異熟的內容。】

釋義：「感前六識酬滿業者，從異熟起，名異熟生；」由於「異熟習氣因」是前六識於異熟識變生的六根與六塵境界中所造作及串習，成就了異熟果的種子以後才會積累於阿賴耶識中，所以說爲「感前六識」；「酬滿業者」則是由第八識來作，因此前世死後異熟識便依異熟種子而能出生下一世應該感生於某一道的中陰身，然後才受生於該道中。這顯示前世六識所造業種的後世報酬，是由第八識阿賴耶異熟識所爲，是故說「從異熟起」，一定是由異熟識中積存的「異熟因」種子現行時，出生來世應該感果受報的中陰身，然後受生於來世酬償。

第八異熟識（阿賴耶識）在有情死後，感應前世六識所造的一切善、惡業行的種子，圓滿酬報這一生全部業行的事，是從第八異熟識中收存的異熟種子生起的，這個過程與現象名爲「異熟生」，說的是前後世間異熟性的感生；至於「異熟」的主體則是第八阿賴耶識，因爲只有第八識具有異熟性，能感生異熟果，故名異熟識。至於無記業種子，例如技藝或技術等，要待來世五陰出生之後才會現行，屬於引業，不在「異熟生」所含攝的範圍中；如是引業，不會改變來世所生之五趣六道的業果，故不名異熟，不會影響異熟果，只會與所從事的事業有關故。

「不名異熟，有間斷故；即前異熟及異熟生，名異熟果，果異因故。」「異熟」是指第八識如來藏有變異成熟諸法的功能，「異熟生」則是說異熟的過程、現象的出生，例如五色根、六塵、前六識出生了，於尚未領受善惡果報之前，即名「異熟生」，是有間斷的生滅法故。所以這個「異熟生」不等於「異熟」，因爲「異熟生」有間斷而「異熟」沒有間斷的緣故；「異熟生」是前六識等有間斷法的變異成熟受生的過程，而「異熟」函蓋前後無量世的變異成熟之法性，於第八識無間斷法故。所以「異熟」是函蓋「異熟生」與「異熟果」，是指第八「異熟識」心體及所執藏的異熟性種子而說的，當然函蓋「等流習氣因、異熟習氣因」在內。

「異熟果」則是依最前面說的第八識由於執持業種而有的「異熟」功能，以及隨後所說的「異熟生」上面，顯示有此世五陰出現而領受前世善惡業種所應領納的苦樂果報了，方才稱之爲「異熟果」；這時才會與意識相應而領受苦樂果報，已經是造業之後的下一世受報的事相了；也是由於「異熟果」不同於「異熟因」

的緣故（「異熟因」其實即是「異熟習氣因」，是因意根的有覆無記性，由識陰六識造業熏習而有）。

「此中且說我愛執藏、持雜染種、能變果識，名爲異熟，非謂一切。」所以在「異熟、異熟生、異熟果」三法之中，說的是第八識心對我愛種子的執藏，也執持善惡業行等雜染的業種，以及能變生「異熟果」的第八識等三者，所以「異熟」具有「等流習氣因」與「異熟習氣因」，可以具足實現因緣果報，才能名之爲「異熟」或「異熟識」。

並不是單單「異熟生」或「異熟果」之一，或是這二者具足，便能函蓋「異熟」；因爲「異熟生」是變異而熟的現象與過程，「異熟果」則是變異承受來世不同善惡果報的事實，並非互相成爲「異熟生」及「異熟果」的原因，所以「異熟生與果」的原因是「異熟」，即是第八識的「等流習氣因」與「異熟習氣因」；但此二因，要修到佛地的成佛位時，方才滅盡，因爲這是第八識的「異熟性」故。

所以《成唯識論述記》卷二說：「今應義釋。若法異熟，從異熟起，無間斷、遍者名爲異熟，名異熟生。若法異熟，從異熟起，有間不遍者名異熟生，不名異熟。若法非異熟，有間不遍，雖從異熟起，不名異熟，不名異熟生。若法有漏，依異熟者，可名異熟生，不名異熟。有漏種子皆名異熟生，由是無漏種子不名異熟生；非有漏，不同性故。若法有爲，依異熟有，不名異熟，名異熟生。因中無漏，並名異熟生，故五十七云：二十二根，一切皆有異熟種子，由是佛果諸無漏法非異熟生。若法緣合，與本性別，變異而熟果始能生，名異熟生，即一切有爲皆異熟生。」如是說理眞悟入者亦難理解，容於增上班中解之，義繁且細，不便一般讀者聽聞，亦不便文字解釋以廣流通。

由有如是異熟性故，能變生「異熟生」及「異熟果」，如是「異熟」的現象具足顯示此第八異熟識具有執持分段生死種子的功能，亦能執持變易生死的異熟法種功能，即是能執持業種及異熟種子，具足「酬引」業果或異熟果而得重新受生，名爲「異熟生」，此爲第八識之「持業釋」。由有「異熟生」故，得有世間法中的苦樂及無記果，就名爲「異熟果」，此爲「依士釋」。

由如是「異熟生」及「異熟果」的特性顯示第八識是執持分段生死種子者，當然亦由第八識的識性來完成分段生死的過程，是故此第八識又名阿賴耶識，以其具備我愛種子及執藏生死種子的功能而具有阿賴耶性故。如是能藏、所藏、我愛執藏的功能於入地前或阿羅漢位滅盡，名爲滅阿賴耶識而唯名異熟識，不名彼爲阿賴耶識。若是起惑潤生進入初地，又復發起受生種子時仍復名阿賴耶識，進修到七地滿心位時，滅盡三界愛的習氣種子，煩惱障斷盡而故意保留最後一分煩惱障，轉入八地心中繼續受生於三界中，則第八識易名爲異熟識，名爲滅阿賴耶識，仍是第八識心體，只改其名不改其體；是故此時起不名阿賴耶識，雖諸論中方便說爲「**滅阿賴耶識**」，仍是第八識心體常住，此時開始直到妙覺位即將成佛前的最後剎那爲止，皆只名爲異熟識。

以上釋義三種能變識，七轉識依第八識無相眞如而住，是「眞見道」，通於「**依士釋**、**持業釋**」，建立對於三種能變識的不同自性的概念，屬於修學「**唯識性**」。以下廣陳三種能變識運行時顯現出來的法相，依如是行相所顯的法相而演繹，即是說明「**唯識相**」，是依第八識無相眞如在所生五陰等諸法中運行時的行相而住，是「相見道」之範疇。

演繹「**唯識相**」之目的，也是讓未悟之佛弟子眾都能明了八識心王的各種功德與自性的行相，藉以轉入般若波羅蜜的正觀智慧境界中；才不會繼續落入五陰、十八界、十二處、六入等生滅法中，未來庶有希望遠離薩迦耶見，進而實證第八異熟識，現觀異熟識的眞如法性，得入實相境界生起般若實智，進入「**唯識性**」

中；或是幫助已悟菩薩轉進「**唯識相**」位中觀行，發起後得無分別智及無生法忍，可於實證及聞法之後自行觀察，具足證得解脫果與無生法忍。

依於「**唯識性**」之聞熏，乃至將來證得八識心王的「**唯識性**」之後，可以藉由八識心王的行相來觀察，由現量及聖教量上面證明自己的所證是否正確，得能證解「**唯識相**」，此即是《成唯識論》卷第二以下繼續說明「**唯識相**」的目的所在。

能從各類「**唯識相**」上而作現觀時，即可以爲之說明「**唯識五位**」的次第與內容，可以從現前所證的「**唯識位**」中，觀察自己所住的「**唯識位**」於佛法修行過程中的地位，然後依於現在所證的「**唯識位**」現量爲基礎，在「**唯識性**、**唯識相**」方面次第往上進修，三大阿僧祇劫完成後，方可完成唯識五位的所有進程而成佛，如是即是具足「**唯識性**、**唯識相**、**唯識位**」，名爲成就一切種智。

第二篇　唯識相

第六章　廣陳能變識三相

第一節　初能變識行相等

第一目　舉頌總說

論文：「雖已略說能變三名，而未廣辨能變三相。且初能變，其相云何？頌曰：初阿賴耶識，異熟一切種；不可知執受，處了常與觸、作意受想思，相應唯捨受（二）。是無覆無記，觸等亦如是，恒轉如暴流，阿羅漢位捨（三）。」

語譯：【雖然已經概略說明能變識的三個名稱，然而尚未廣泛辨析能變識的三種法相。如今且先說明第一種能變識，祂運行時的法相究竟如何呢？〈唯識三十頌〉於第二及第三頌中這麼說：

第一種能變識是阿賴耶識，祂具有異熟性而含藏著一切功能差別；祂還有世人所不可知的執受，對於器世間及十二處能有不可知的了知、而祂的自性恆常、也能給與人們觸，以及作意、受、想、思等五個遍行心所法；祂在苦樂憂喜捨等五受之中，能相應的就只是一個捨受（第二頌）。祂是無覆又無記性的心，觸等五個遍行心所法也像是這樣的無覆無記性，而祂恆時不中斷地運轉並流注種子猶如暴流一樣不曾停歇，這種阿賴耶識的識性是在阿羅漢位時才會捨棄（第三頌）。】

釋義：這十句頌區分為十六門，來解釋第一能變識的各種法相：一、自相門，即是阿賴耶識心體。二、果相門，即是第八識的異熟性。三、因相門，是指異熟識所持的一切種子。四、自性門，指異熟識具有不可知執受。五、所緣門，即所生的十二處。六、行相門，謂異熟識外於六塵之了別過程及持種持身的行相。七、常住門，謂此異熟識心體常住，永遠不斷不壞，不曾剎那生滅。八、諸法所依門，謂恆時作蘊處界之所依，供給各類種子，令蘊處界入等可以運行不壞，故言「與」。九、心所門，第八識自心有五心所：觸、作意、受、想、思，亦流注七識心王如是五遍行與五別境及其他善惡等心所，令七轉識得以運行。十、三受相應門，唯與捨受相應，不受苦樂故無取捨。十一、自體三性門，是無覆無記性，故無愛厭。十二、心所三性門，亦是無覆無記性，故無取捨。十三、相續門，心體恆住，非斷滅、非剎那滅，故說「恆」。十四、作用門，謂心體自身恆時運行不輟，非假名施設，故言「轉」。十五、流注門，謂無始來恆時流注一切種子，令有情造業受果，故言「如暴流」。十六、滅藏識門，謂第八識於阿羅漢位捨離執藏分段生死種子之自性，其行相不再有能藏、所藏及我愛執藏之自性，是故唯名異熟識，不復名為阿賴耶識，故言「捨阿賴耶識」；或言「滅阿賴耶識」，唯滅其阿賴耶之識性而非滅其心體，第八識心體及異熟性仍然常住，仍無一法可以壞滅其異熟性。

「雖已略說能變三名，而未廣辨能變三相。且初能變，其相云何？」前面已經說過能變識的自性與三種名稱，顯示能變識的識性總共有三個種類，雖然已說明過三類識的不同自性，令眞修行的學人了知八識心王各自不同的「唯識性」，然而尚未廣泛分辨這三種能變識在人間運行時的三種不同法相，所以隨後便應該加以解說，顯示這三種能變識的行相名為「唯識相」，說明三種能變識都眞實存在。

這是具體說明三種能變識的八識心王，各有不同的自性與運行時顯示出來的不同法相，明示這八識心王全都是眞實存在於人間，並非單純是想像或思惟下的施設建立，並非應成派中觀師所說的唯名無實。於是先說明第一種能變識的行相，第二、三種能變識的行相，於後也將一一解說，即是「唯識相」所將演繹的內涵。

這第一能變識在人間運行時的法相究竟如何呢？先舉出世親菩薩所造的〈唯識三十頌〉中的第二頌與第三頌等十句來說，首先從三門來說：一、自相門，二、果相門，三、因相門：

「頌曰：初阿賴耶識，異熟一切種；不可知執受，處了常與觸、作意受想思，相應唯捨受（二）。」此頌中的前二句，是講阿賴耶識的自相、果相、因相等三相。頌中「**阿賴耶識**」四字，是指祂能執藏分段生死種子的功能，即是能藏、所藏、我愛執藏等識性的自相，故名「**阿賴耶識**」；異熟所函蓋的異熟生與異熟果即是果相，故名「**異熟**」；祂所藏的一切等流種子及異熟種子即是因相，說爲「**一切種**」；其中「**我愛執藏**」種子的執藏性，即是異熟果之自性與報因。

在「**阿賴耶識**」運作過程中顯示出祂有集藏分段生死種子的這三種功能——自相、果相、因相，即是「**阿賴耶識、異熟、一切種**」，故能攜帶業種及等流種，去至後世酬業及引業；這些功能無關於七轉識的運作，全部是由「**阿賴耶識**」心體自行運作，所以都是祂的「**自相**」。

至於第八識心體顯示出來的「**異熟**」性，分明顯現有情在此世領受前世造業的果報，如是成就「**異熟果**」，即是第八識的「**果相**」。但這果相不是有情的一切粗細意識或意根末那識所能實行或干預的，因此說「**異熟**」的現象是「**阿賴耶識**」心體獨自運行後顯現出來的「**果相**」，這過程名爲「**異熟生**」，令有情領受果報而無法逃避或干預、改變，不是七轉識之所能。密宗或一神教對因果加以干預及改變的說法，只是昧於三界中存在的事實而作的謊言。

頌中的「**一切種**」三字，則是指阿賴耶識的因相，藉著第八識心體所執藏的「**一切種**」子中的「**等流**」功能，來實現往世所造作的有記性異熟業果，名爲酬業及引業，是故「**阿賴耶識**」能成爲有情此世受報的根本因。

綜而言之，第一種能變識是「**阿賴耶識**」，是三界中一切有情諸法之本源，亦是器世間之所以不斷生住異滅的根本因，得令共業有情繼續住於其中受報及造新業；因爲祂具有「**能藏、所藏、我愛執藏**」分段生死中的諸法種子的行相，故說「**阿賴耶識**」一名是指稱祂的自相，即是第一「**自相門**」。

第八識又具有異熟性而含藏著一切等流法種及異熟法種，由有異熟因與異熟果的體性，方能有後世的等流果、士用果、增上果、離繫果可言，然而此四果的主體仍是第八「**阿賴耶識**」心體，這就是第二「**果相門**」。祂還有執持「**一切種**」的等流法種與異熟法種等功能差別流注出來，令萬法得以運作或顯現，是三界六道有情萬法及器世間的生因，即是第三「**因相門**」。

第四、自性門。指阿賴耶識心體具有「**不可知執受**」。頌中說的「**不可知執受**」，是指「阿賴耶識」心體還有世間凡夫與二乘不迴心的聖者所不可知的執受，即是祂對器世間、過去世十二處的局部，以及對此世的十二處全部，都有著世人與阿羅漢所無法理解的執受；這些功能皆非世人及阿羅漢們之所能知，名爲「不可知」之「處」，唯有已證「唯識性」之菩薩摩訶薩之所能知，進修至佛地時方能具足了知。如是功能名爲第八識之自性，即是「自性門」。

第五、所緣門。所緣即是器世間與十二處。阿賴耶識心體既有如是執受的自性，眞悟之人藉此即知此世十二處即是阿賴耶識之所緣，亦非其他七識心體之所能緣。但阿賴耶識亦緣於往世十二處之局部，以及未來世部分法種之局部，即是「所緣門」；例如緣於往世的骨骸，或如緣於即將受生於極樂世界中的蓮花，也是阿賴耶識的「不可知執受」之所緣「處」。

第六、行相門。謂阿賴耶識外於六塵之了別過程。祂能出生十二處而作爲十二處的所依，便能對十二處及七識心王有所了知，此即是「不可知」之「了」。由於這個凡、愚所不可知的「了」不停地運作著，但如是「了」的行相極爲微細，不能對六塵生起分別，而對六塵外等法的極微細了別不停運作，即說此了別是阿賴耶識的「行相門」，亦名「了相門」，即是阿賴耶識的見分。

第七、**常住門**。謂此阿賴耶識心體常住，永遠不斷不壞，是故謂之爲「**常**」；「**常**」是恆而不間斷之意，無一法可以間斷或毀壞之，故名金剛心，《金剛經》依此而命名。

第八、**諸法所依門**。阿賴耶識有五個心所法，名爲五遍行；謂爲遍行者，乃因此五心所遍行於八識心王故。是故第八識也同樣給「**與**」七轉識這五個心所法，即是「**觸**、**作意**、**受**、**想**、**思**」，「**與**」是給與的意思，意謂第八識心體恆常而給與所生有情各類心所法的種子，以及所變生的器世間的四大種子。謂恆時作爲所生的蘊處界與器世間之所依，也供給七識心種子及蘊處界與六入運行時所必須的各類種子，令蘊處界入等，得能運行不壞，故言「**與**」。是故頌中說「**常**、**與**、**觸**、**作意**、**受**、**想**、**思**」。

第九、**心所門**。第八識自心只有五遍行心所，即是「**觸**、**作意**、**受**、**想**、**思**」，但也會同時流注七識心王如是五遍行心所法，令七轉識得以運行。由於祂自己是離六塵見聞覺知的，無始以來都不了別六塵境界，卻能給與這五個能夠遍行於八識心王的心所法，而且是經常性的相應不斷，方能表顯出第六的「**行相門**」。換句話說，祂有自己相應的心所法，表示第八識是眞實存在的心，不是應成派中觀師如佛護、安惠、宗喀巴、釋印順等人所謂的假名施設有的種子聚集體，否則第八識就不該與這五個遍行心所法相應而能被證悟者所現觀。第八識若不能與這五個遍行心所相應，祂又如何能與七轉識有等無間緣，而供給七轉識的五遍行及五別境心所種子，又如何能與七轉識隨時相應而配合之。當祂平等流注給七轉識五個遍行心所法時，人們的七轉識才能生起及正常運轉，也是成就了「等流果」的一部分，所以祂又是七轉識的「等流因」；既是「等流因」，同時也顯示祂是七轉識的「俱有依」，由此二理，也證明祂是眞實存在的心。

第十、三受相應門。第八識唯與捨受相應，永遠都是不受苦樂的捨受，因爲祂沒有五別境心所而不了別六塵境界。至於在六塵中運行時所顯示出來的苦、樂、捨等三受，或是於苦、樂、憂、喜、捨五受之中，由於六塵是祂所生所顯卻又不加以了知，所以祂能相應的就只有一個捨受，不與其餘的苦受、樂受相應，這就是阿賴耶識的「三受相應門」，一切證悟者皆能如是現觀而證明之，由此也證明阿賴耶識心體的眞實存在。

有何聖教依據而說阿賴耶識「相應唯捨受」？例如《瑜伽師地論》卷五十一說：「如是阿賴耶識雖與轉識俱時而轉，亦與客受客善、不善無記心法俱時而轉，

然不應說與彼相應；何以故？由不與彼同緣轉故。」謂阿賴耶識會與七轉識的苦、樂、捨受同時運轉，也會與七轉識的善、惡、無記性同時運轉，但與七轉識所領納的苦樂憂喜受及善惡性都不相應；因爲正當阿賴耶識與七轉識俱轉時，八識心王各有所緣，阿賴耶識只緣於十一色法種子、七識種子、各類業種、器世間種子，是異熟性故不識別內六塵境界，不受苦樂憂喜等受，方能成爲無覆無記性。

亦因阿賴耶識的心所唯有五遍行，並無五別境心所，故不了別六塵境界，因此而離苦樂憂喜等受。是故阿賴耶識不同於七轉識的所緣，當知不與七轉識的苦樂憂喜受相應，以是緣故頌中說「相應唯捨受」。但這些事實都不是凡、愚二類人所能了知的，所以說爲「不可知」的「了」與「受」，只有如實證悟般若的賢聖位菩薩方能現觀而了知，因此說般若甚深極甚深，一切種智倍復甚深。

「是無覆無記，觸等亦如是，恒轉如暴流，阿羅漢位捨（三）。**」**第十一、自體三性門，「是無覆無記」性。由於第八異熟識不了知六塵，只會與捨受相應，因此祂不會對任何六塵境界有所取捨，正是無覆亦是無記性的心；有別於意根末那識的有覆無記性，更不同於前六識的有覆有記性，這是從「三性門」來解說祂的另一種自性。

第十二、**心所三性門**，亦「**是無覆無記**」性。而祂所流注出來的「觸等」五個遍行心所法，即使是在七轉識上運行時，也像阿賴耶識自己一樣是無記性的，不會分別善惡美醜淨染等，所以說「**觸等亦如是**」。

第十三、**相續門**。阿賴耶識是常住心，無始劫來不曾刹那中斷，故名爲「**恆**」；這是第十三**相續門**，表示第八識心體恆住，非斷滅、非刹那滅，故說「**恆**」。

第十四、**作用門**。因阿賴耶識是無始以來恆時不中斷地運轉著，不是假名施設，而是有作用、有自性的心，故名爲「**轉**」，即是實有作用而令有情不能刹那離開的心。由此表顯第八識心體自身恆時運行不輟，不應猶如六識論者誣衊爲**假名施設有**，是故言「**轉**」，因爲有眞實的自性相續不斷運行不輟。這樣的「**轉**」事實上不分任何時間與地點，即使正死位、悶絕位、滅盡定位，也是一樣地運轉著，所以說是「**恆轉**」。

第十五、**流注門**。謂無始來恆時流注一切諸法種子，令有情可以造業受果，故言「**如暴**（讀作瀑）**流**」。阿賴耶識流注六根六塵與識陰前六識等諸法功能差別出來時，亦同時流注不善及善等各類心所；亦流注各類世間技藝等無記法的種子，全都同時流注出來，猶如大河水一樣巨量而不曾停歇，故說第八識運轉時的種子

「如暴流」一般。即使是眠熟、悶絕等五無心位中，也從來不曾中斷地流注自身與意根末那識及十二處等各類種子，故說「恆轉如暴流」，這便是「因果法喻門」。

第十六、滅藏識門。「藏識」謂執藏分段生死種子的染污識性。如是阿賴耶識執受分段生死種子的藏受性，是在斷了我見與我執的阿羅漢位時才會捨棄，這也說為「伏斷位次門」。

此阿賴耶識的識性，於「阿羅漢位捨」，是說「阿賴耶識」的識性可捨、可滅，是指捨離對於分段生死種子的能藏、所藏、我愛的執藏性與識別性；然而捨後滅後的心體仍是第八阿賴耶識心體，所以阿羅漢位的第八識名為異熟識時，不再同時名為阿賴耶識；因為已滅除執藏分段生死種子的自性，其阿賴耶識性已經滅失，只是說明對分段生死種子的能藏、所藏、我愛執藏的自性滅失了。但這時只滅其名、不滅心體，仍是第八識心體，卻常常被凡夫大師們誤會為第八識心體可滅，反說阿賴耶識心體為非常。

末法時代甚至還有身任中華佛學研究所所長的臺灣北部已故聖嚴大法師，在書中公然主張阿賴耶識心體應該滅除才能證悟，卻又宣稱如來藏阿賴耶識心不存在，只是名言施設，所言自律背反，對佛法的誤會可謂極深，所見所說雷同於故香港大法師月溪。後時的釋印順、琅琊閣、張志成等人也一樣主張說，第八阿賴耶識是生滅法，不是佛法開悟的實證標的，同屬此類不懂經文而有文字障的愚人。

第二目　初能變識的自相

論文：「論曰：初能變識，大小乘教名阿賴耶，此識具有能藏、所藏、執藏義故。謂與雜染互爲緣故，有情執爲自內我故；此即顯示初能變識所有自相，攝持因果爲自相故。此識自相分位雖多，藏識過重，是故偏說。」

語譯：【此《成唯識論》這麼說：第一種能變識，在大小乘的經教中都同樣名之爲阿賴耶識，是因爲這個識具有能藏、所藏、執藏之道理的緣故。這是說祂與雜染法互相作爲所緣之故，也是因爲有情執著祂作爲自內我的緣故；這樣就顯示第一種能變識的所有自相，是因爲祂以攝持因果異熟種子作爲自相的緣故。這個識的自相在修道的前後分位上面劃分時，名稱雖然有很多種，但由於執藏識的過失分量特別重，依這樣的緣故而偏說祂是阿賴耶識。】

釋義：「論曰：」《成唯識論》是玄奘在天竺時，由於有了經教可以閱讀而恢復證量後所寫作的，返唐後才由唐太宗下令玄奘譯成中文，所以論首標註爲「唐三藏法師玄奘奉詔譯」。「**論曰**」是指這一部《成唯識論》如是論議，不是指十大論師或某位論師如是論議，否則即應標明「某大論師曰」或「十大論師共曰」；所以「**論曰**」是玄奘自己的論述，不是十大論師的論述。

於「**論曰**」之中提出玄奘個人的正解宗旨，隨後解釋完畢再舉一種或多種「**有義**」的主張，才是十大論師中的某位或多位論師的論議；舉例論辯之後再由玄奘以最後一個「**有義**」的方式加以評述，說明正確的義理。

讀《成唯識論》時有一個好方法提供給讀者：每一段論議的宗旨提出並解說之後，玄奘都會舉例說「**有義**：⋯⋯」等，這些「**有義**」的說法如果前後有違，大部分是當年十大論師所說，最後一個有義通常是玄奘或護法大師的論斷。但有時會有特例，那時就不一定如此了，此時得要有無生法忍才能正確判別。

於每一段論文中所舉的「**有義**」，其法義有正有訛，不一定全都正確；當年名聞諸方的十大論師之中，有些是已證悟或已入地或妙覺位的菩薩，但其中也有許多並未證悟，甚至連我見都還具足存在的部派佛教聲聞凡夫僧，例如安惠、德慧、難陀，以及**後時的**清辨、護月、佛護⋯⋯等聲聞凡夫論師，更別說是入地了。

玄奘在天竺寫出《成唯識論》，揭露一切法唯識所變的佛法正義，離開天竺時攜回大唐；後時奉詔譯出來的原文中，十大論師的姓名是清楚標示出來的，因爲在天竺寫成的原文就是如此明文標記出來的。但譯成中文時，其徒窺基法師認爲如此會影響大唐佛教界的和諧，堅請玄奘都改爲「有義」，不標記爲某位論師所說；也正因此而使《成唯識論》「摧邪」功能不彰，「顯正」的功效跟著無法發揮，只能以所譯經典成爲支持南宗惠能的力量，此論並沒有發揮摧邪顯正的功能；後來便無法使佛教繼續保持玄奘年代的整體佛法狀態，呈現禪宗一支獨秀的局面。而玄奘創立的教團也就被人命名爲「法相唯識宗」，轉成人們所認知的一個宗派而不是整體的佛法。如是經歷三代之後，因後繼無人，玄奘所弘的深妙法義也隨即失去弘護正法的能力與勢力。

正因爲此一緣故，窺基法師於後來註解此論而寫作《成唯識論述記》時，一反以前強力請求玄奘隱覆十大論師姓名而說的作意，直接在《述記》中指名道姓，一一標記十大論師的主張。然因《述記》之文同樣簡略而艱深難解，無法廣爲流通，以致破邪之功效難彰，間接導致唯識增上慧學不能顯正而無法廣大利益學人，佛教義學也就只能停留於禪宗證悟般若的階位，難以提升。至於十大論師的姓名及層次差別，已於此部《釋》第一輯的內文中略說了，於此不再贅述。

此外，十大論師的見解只是此論中的局部而非全部——是被玄奘舉述及辨正其正訛的對象，並非舉述後全部加以認可，大部分是被玄奘所評判者，故說十大論師並非此論的造論者；亦因十大論師並非全部生在同一時代，當然不可能與玄奘共同造論；其中更有許多人都是未斷我見的凡夫，臆想演說唯識正義，例如安惠、德惠（即德慧）、難陀……等人；但其中也有實證的大菩薩，例如護法菩薩。

然而後人不解論中的正義，只見論的開始處寫著「**護法等菩薩造**」，及「**唐三藏法師玄奘奉詔譯**」時，便依文解義指爲十大論師所造，不知這只是玄奘謙沖爲懷不自炫耀，於是大眾普皆以訛傳訛，轉變爲「**《成唯識論》是十大論師所造**，由**玄奘揉譯爲同一論**」，便將玄奘的演繹及論辯後所作的結論，全都歸屬於聖、凡等前後不同時代的十大論師共同所說。由此事實證明此論是玄奘所造，並非十大論師共造或獨造，應如是理解「**論曰**」二字的眞正意義。

「**初能變識，大小乘教名阿賴耶，此識具有能藏、所藏、執藏義故。**」第一種能變識即是第八識，由於祂出生七轉識，而祂自己打從無始以來未曾出生過，是本來而有的無生法；而且是由祂變生器世間、五色根、內六塵及七轉識，是能生諸法者，所以列在第一位，說爲「初能變識」。

在大小乘的經教中都同樣稱呼這個第八識爲阿賴耶識，古時的南傳佛法中甚至也有說到「愛阿賴耶、樂阿賴耶、欣阿賴耶、喜阿賴耶」等道理，如今該部經典在北傳大乘教中已經失傳。這是因爲這個識具有能藏、所藏、執藏分段生死種子之道理故，名爲阿賴耶識，阿賴耶識名即是收藏分段生死種子之義；而眾生對這第八識總是愛、樂、欣、喜，都願這個第八識永遠伴隨自己，只是眾生自己不知道罷了，所以古時的南傳佛經中才會有這四個名詞，現在已有人加以譯出，詳見南傳《相應部經典》卷六等記載。

「能藏」是說此第八識能收藏有情三世所造、所學、所修的一切善、惡、無記業種子（種子又名功能差別，又名界）的功能。「所藏」是指此第八識所收藏的有情三世所造、所學、所修的一切善、惡、無記業種子。「執藏」是說，還在阿賴耶識位的一切有情，都將此第八識及其功能「執藏」爲自己的內我，成就「我愛」的現行而名爲「我愛執藏」，但未證得此識以前終究不能自知「我愛執藏」之義；此是唯證乃知之事，不得公開言宣。

這三種功能與現象都是自我執著和流轉生死的源頭，全都含藏在此第八識之中，而這種執藏分段生死種子的過失，比起其他的煩惱顯得特別深重，所以一般情況下都把這第八識命名爲「**阿賴耶識**」，大多不在此識的其他功能上面來稱呼，因此通常都不稱呼爲異熟識、阿陀那識、無垢識、心、非心心、無住心、不念心、無心相心、實相心、眞如等，一般情況下都稱爲阿賴耶識。

這第八「**阿賴耶識**」在漢譯《阿含經》中省略了「**阿賴耶**」三個字，只簡稱爲「**識**」，異於意根之單譯爲「**意**」，亦異於意識等六識各有所依六根之冠名——意識乃至眼識。但此阿賴耶識在南傳佛教的《阿含經》（《尼柯耶》）中，則是明文稱之爲阿賴耶識，所以論主玄奘說「**大小乘教名阿賴耶**」，是有根據而說的。這顯示末法之時諸方大法師依據學術界錯誤取材而作的考證，所說「**只有後來興起的大乘經典中才開始說到阿賴耶識、如來藏**」，其主張是錯誤的，因爲「**阿賴耶識**」這個正理並非只有大乘經中才演述的；而且二乘解脫道法理只是含攝在大乘佛法中的極少分，卻也同樣有說到各種名稱的「**阿賴耶識**」。不但如此，於北傳的《阿含經》中也有許多地方說到第八識是名色之因、名色之本、名色所緣……等聖教，平實寫作《阿含正義》時，已將如是聖教及道理引證並加以解釋，證明大小乘的經教中都同樣說有阿賴耶識，證明六識論的部派佛教遺緒的學術界所說屬於謬誤。

一切證悟不退的菩薩們開始探究成佛之道的次第與內涵時，全都同樣如是知、如是見、如是說、如是修、如是證、如是行，了知一切佛道修行都要依止此第八識如來藏；隨後則要如是證、如是得、如是轉依、如是行，再次第進修直至成佛之時亦復如此，永遠不變。唯除部派佛教遺緒的現代六識論凡夫妄想，例如宗喀巴、達賴、釋印順、釋證嚴、釋聖嚴、釋星雲、釋惟覺……等人，才會說不必實證第八識的眞如法性便可成佛。有智佛弟子都知道想要進入大乘見道位中就得證眞如，而眞如就是阿賴耶識的行相所顯示出來的眞實如如的法性，外於此第一能變識即無眞如可證故，都屬心外求法故。

「謂與雜染互為緣故，有情執為自內我故；」「阿賴耶識」與雜染法互相作為所緣，才能世世運作祂所執藏的異熟種子，來流注意根種子，以及出生五色根與六塵，乃至出生眼等六識，然後才能有「等流習氣種子」的流注，使有情在人間的五陰身心得以正常運作，由此領受往世所造善惡業的異熟果，以及無記業種的引業之果，第八識即因此而得在三界中持續示現有情身，圓滿因果律，這便是第八識與雜染諸法互相作為所緣的道理。

玄奘接著說：然而此第八識之所以被稱為「阿賴耶識」，也是因為有情的六識覺知心向內執著祂為自己的內我、眞我的緣故。這便是「我愛執藏」。人間一切有情眾生都把各自的「**阿賴耶識**」如來藏，執著為覺知心自己的功德，成為「**我愛**」之下所執藏的自己的內我；這便是凡夫有情把如來藏「**執為自內我**」的道理，卻是同樣不知有這個「**阿賴耶識**」迥異於覺知心假我的存在，因為都不知道自己的六根、六塵、六識都是「**阿賴耶識**」所變生出來的。這正是佛菩提道中的最大祕密，世尊於諸經中都隱覆密意而演說之，並訓示菩薩們演說之時必須隱覆密意而說，所以是唯證乃知的事。

甚至還有人學佛出家以後自稱是大乘法師，被臺灣諸大法師公推為佛法導師的釋印順，卻把自己與眾人同樣都有的**阿賴耶識**如來藏徹底否認，公然誣指三乘菩提的根本所依第八識為外道神我，卻反過來指稱外道神我所認定的粗、細意識為常住真我，違背　如來在三乘聖教中的明文開示，公然與外道神我同流，卻反過來指責瑜伽行派的證悟菩薩們與外道神我合流，顛倒特甚。但從實證的菩薩們眼裡所見，證實這類人依舊對自己的「**阿賴耶識**」功德，永遠剎那剎那貪著地「**執為自內我**」，從現量上證明玄奘菩薩所說真實無訛。

「此即顯示初能變識所有自相，攝持因果為自相故。」從玄奘菩薩所說「**有情**（將第八識）**執為自內我**」的事實，便已顯示第一種能變識阿賴耶的所有「**自**

相」，是因爲祂以攝持因果異熟種子，又能依業種變生六根、六塵、六識，又能配合七轉識的作意與思量而完成諸行等功德作爲「自相」的緣故。

這個「自相」才是眞實的法性，除此阿賴耶識所變生的諸法以外，若有人指出任何一法，不論如何勝妙，都沒有「自相」，也就是沒有自己能獨存而產生行相的主體性，也沒能生萬法、能生器世間的自體性，亦無「無覆無記」的眞如法性，所以說祂能「攝持因果」，餘法皆無，故說「自相」唯有第八識方有。這便是「唯識相」中的第一能變識之相。

如來藏「阿賴耶識」會自動執持善、惡業種子（當然也含藏世間技藝等無記性的種子，成爲未來世一期生死中的引業），令眾生因此而輪轉不絕，即以這種執持分段生死種子的特性，名之爲「阿賴耶識」，即是此識名稱之由來。

各類善惡業的種子都有異熟性，會導致未來世的異熟果報，使有情不會永遠都在六道中的同一道受生，才會有六道輪迴的事實與因果律的存在；但「阿賴耶識」所含藏有情造業後留下的異熟果種子，都是由有情在世造作的一切善惡業所成就，捨壽時就由「阿賴耶識」依業種自動變生下一世該有的某一道有情的中陰身——該中陰身顯示彼有情未來世將受生去某一趣中，然後依其天、人、畜生等中陰身去與該趣有情的身心相應，受生到未來世，成就與此世不同時地種類的有情身心，顯示來世不同的「異熟果」。「阿賴耶識」如來藏自身，有此自動實行業種異熟因果的功能，玄奘菩薩因此說祂是「攝持因果爲自相故」。

「此識自相分位雖多，藏識過重，是故偏說。」依這個「阿賴耶識」執持異熟種子，而能實現異熟果的「自相」，從修行佛菩提道的前後分位上面來劃分時，祂的名稱雖然有很多種（例如阿賴耶識、阿陀那識、異熟識、無垢識、如來藏、藏識、心、識，又如流轉眞如、相眞如、了別眞如、安立眞如、邪行眞如、清淨眞如、正行眞如），但由於這「執藏識」對分段生死的種子，具有「能藏、所藏、執藏」的功能，這些執藏分段生死的種子導致異熟生、異熟果，其執藏分段生死功能的過失特別重，依這樣的緣故偏在這方面說祂是「阿賴耶識」——執藏識。

雖然從學佛三大阿僧祇劫的分位來說，此第八識的主要分位有三：阿賴耶識、異熟識、無垢識；若從唯識五位來區分，此識亦有資糧位、加行位、通達位、修習位、究竟位之分；然不論何種分位，「阿賴耶識」位都是最初位，遍於一切初學佛者與異生位，是故〈唯識三十頌〉偏說「阿賴耶識」。

亦因「阿賴耶識」心體的行相能顯示眞如法性，一切菩薩眞見道時應證眞如，所證眞如即是「阿賴耶識」的行相所顯示出來的相分，此外絕無其他的所證而可名爲證眞如，此容後面論文說到時再作解說；而眞見道是轉入內門實修佛法的最初位，此時的第八識仍有執藏分段生死種子的特性，是故「偏說」爲「阿賴耶識」。

也因「阿賴耶識」的我愛種子，「能藏、所藏、執藏」的識性過失偏重，是一切見道的佛弟子悟後所應努力修除者，是故「偏說阿賴耶識」。又因「阿賴耶識」位的「自相」遍及十方三界五趣六道一切凡夫有情故，所攝範圍極廣，是故偏說爲「阿賴耶識」，不先說爲「異熟識」。

第三目　初能變識是命根等之所依

論文：「此是能引諸界趣生善不善業異熟果故，說名異熟；離此，命根、衆同分等，恒時相續、勝異熟果不可得故，此即顯示初能變識所有果相。此識果相，雖多位多種，異熟寬、不共，故偏說之。」

語譯：【第八識這個執藏異熟果種子的功能，是能夠引生三界六道往趣受生善不善業異熟果的緣故，就說這種現象名爲變異成熟；離開了第八識這個異熟性時，有情身心的命根、衆同分、異生性……等，想要證實其能使有情恆時相續不斷流轉世世受生，以及世世如實受報的勝妙異熟果就不可得的緣故，這樣即是顯示第一種能變識如來藏的所有受果之行相。這個如來藏阿賴耶識的受果法相，雖然在許多分位中會有很多種狀況，然而其中異熟果的酬業法性寬廣，不共於另外二種能變識等七識唯與引業相應，所以也偏在異熟這方面來指說祂而名爲異熟識。】

釋義：「此是能引諸界趣生善不善業異熟果故，說名異熟；」此前是從第八識執藏分段生死種子的阿賴耶識自相加以解說，此處再從第八識的異熟性來說明祂爲何又名爲異熟識。這個第八識獨有的執藏異熟果種的功能，是前七識等二種能變識所沒有的；而且前七識的出生、存在乃至運行的「流轉」過程中，全都不能離開第八識心體運轉的配合，也不能離開第八識流注各類種子的配合；再從有情的生死流轉來說，只有異熟識能引生三界有情在五趣六道中往趣受生，依憑各自生前所造下的善、不善業，去各自領受未來世異熟果的酬業功能故，就說這種現象的主體識名爲異熟識。

也就是造業時的善惡業因，不會立即成熟受報；只會在捨壽後變異成熟，由第八異熟識持種變生來世的五陰身心，而在未來世領受與此世不同身心、不同時地、不同五趣的苦樂果報，酬償此世所造的業行，所以特別在這方面指稱這個現象爲「異熟」，即是變異成熟：異時而熟、異地而熟、異類而熟、變異而熟故。

「離此，命根、衆同分等，恒時相續、勝異熟果不可得故，此即顯示初能變識所有果相。」「命根」是有情生存於三界中的壽命依憑，是說一般有情的一世窮通壽夭，不外於「命根」已定的壽算，這是前世死後受生到此世時已經確定的。然而命根的確定，其年數或劫數，仍然不外於如來藏的異熟種子之所限制，此說是「數」。是由第八識執持異熟果種子而轉生到下一世時，才確定其「命根」應存在多久而說其「數」已定，所以「命根」並無實體，是施設法，不得作爲有情生命的本源，更非萬法背後的實相。

「衆同分」依大類而言有六種：人同分、天同分、旁生同分、地獄同分、餓鬼同分、阿修羅同分；都是依六道不同有情的同類身心，區分爲六種。「衆同分等」的「等」字，謂相應、定異、勢速、次第、方、時、數、和合性、不和合性等不相應行法，都要依第八異熟識所變生的五陰身心方得生起及存在，是故不能外於八識心王及其所變生的五色根與心所而有。

假使恆而不斷的如來藏，沒有這種執持一切異熟種子的體性；假使沒有這個第八異熟識於現世中的存在與配合運行，有情五陰身心的「命根」和五趣六道有情的「眾同分」等，全都不可能存在，而諸菩薩也不能在各種「唯識相」中親見「唯識性」的存在。

外於此第八識而想要別尋其他的心識能顯示異熟性的功能，永不可得；外於此第八識而想要證實有另一個心，能使有情的身心恆時相續不斷、世世受生而流轉，或是想要證明有情世世如實受報的不可思議的異熟果，絲毫都不可得；就依第八識這個異熟性「自相」的緣故，來顯示第一種能變識如來藏的所有「果相」，因爲阿陀那識、阿賴耶識、無垢識、如來藏、識、內識、心、非心心、無住心、金剛心、本來面目……等第八識的行相，以及七眞如等第八識心的行相，全都不外於第八異熟識的異熟性才能成就；因此應該信受第八識的變生功能爲眞實，因爲一切親證「自心現量」的菩薩們都能如是現觀。

這一段論文是破斥聲聞部派佛教的薩婆多等部的邪謬主張。薩婆多部將心不相應行法的「命根、眾同分」認定爲有情三世異熟的依據，但「命根、眾同分」卻是異熟識出生了五色根及識陰六識，並且流注心所運行以後才能存在而顯現的後法，所以「命根、眾同分」並不是在五陰出生之前本已存在的前法，不該主張「命根、眾同分」是有情身心之所從來。

化地部主張，離此異熟識以外，別有「窮生死蘊」，能生有情三世的五陰身心。大眾部則主張外於此異熟識，另有一個根本識能生有情的三世身心。後時上座部中的分別論者主張，六識心外另有一個「有分識」，才是擁有這種勝妙異熟性的異熟果識。但他們都無法證實自己所說的心為眞實存在的心識，自然不能主張那些是眞正的異熟識，於是這些部派佛教聲聞僧的主張，都成為一種思想而非眞實可修證之法，所說即非佛法。

外道及諸佛門古今凡夫僧所說的眞我、眞法，求證之後都不可得，唯是落入識陰的境界中罷了。只有這個又名阿賴耶識的異熟識，是可以被證實為眞實存在；也因為祂具有眞如法性，無覆無記，才能被諸佛菩薩證實具有這種勝妙的異熟性，才是眞實可修、可證之法。就由上述所說的第八識行相，所表顯出來的異熟性等正理，顯示了第一能變識阿賴耶識，亦名異熟識的所有「果相」。

然有外人質問曰：「阿賴耶識名、阿陀那識名，亦皆是果相，今獨言異熟識名，有何用意呢？」答：

「**此識果相，雖多位多種，異熟寬、不共，故偏說之。**」這個如來藏阿賴耶識的「果相」，雖然由於在許多分位中會有很多種不同，例如等流果、士用果、增上果、離繫果、異熟果等五種，然而其中的異熟果法性極寬又廣，此果不共於另外二種能變識，也不共於其他的一切諸法，所以偏在「異熟」這方面來指說祂是異熟識，才不會使人誤會。

「多位」是指種子平等流注位、士用果起用位、增上果運作位、離繫果顯示位，在這四種分位中，如來藏阿賴耶識顯示了等流果、士用果、增上果、離繫果等四種「果相」；但這四種受果報相，全都是由於祂的異熟法性而產生或顯現出來；其他的二種能變識等七識心王都沒有這個異熟功德，於是因爲祂這個異熟法性所涉及的諸法很寬廣的緣故，便指稱祂是「異熟識」。

因祂能在無量世中變生有情爲三界五趣六道之不同身心，能成爲五趣六道有情生死流轉的主體，也能遍及十方三界一切趣生；由於其餘七轉識都沒有這種功德，所以將祂單獨命名爲第一種能變識，就從異熟識所產生或所顯示的「果相」，偏說祂是「異熟識」。

這「異熟識」名稱的體性，不但遍及五種「果相」，從世間相來說，又因這五種「果相」遍及一切凡夫、阿羅漢、菩薩乃至妙覺位，函蓋三界六道有情的分位極爲寬廣，所以從這方面將此第八識命名爲「異熟識」。

等流果等五種果相，後面論文自有表述，此處即不必先行演繹。既然此第八識心有此五果能被所有證悟實相者現量觀察，當知此識眞實不虛；佛菩提道的一切修行，依此方能於未來三大阿僧祇劫中成就；二乘解脫道的涅槃解脫，也是要依此第八識的眞如法性而證得；下至三界六道一切凡夫有情的生死流轉，也都是要依此第八「異熟識」方能成就，表此「異熟識」並非名言假施設有。

第四目　攝持一切種子故名阿賴耶識

論文：「此能執持諸法種子令不失故，名一切種；離此餘法，能遍執持諸法種子不可得故，此即顯示初能變識所有因相。此識因相，雖有多種，持種不共，是故偏說。初能變識體相雖多，略說唯有如是三相。」

語譯：【這阿賴耶識能執持各類法性的功能，並使這些功能不散失的緣故，所以名之爲**一切種子識**；離開了這個**一切種子識**後的其餘諸法，這種能普遍執持諸法功能的法性都不可得的緣故，這便顯示了第一種能變識變生諸法的所有因相。這第一能變識如來藏的因相，說起來雖然有很多種，然而祂能夠執持各類種子的功能不共於其他七個心識，以這個緣故而偏說祂是**一切種子識**。第一種能變識的

體性法相雖然很多，大略而說就只有像這樣的自相、果相、因相等三種行相。】

釋義：前來所說第一能變識阿賴耶識的「自相、果相」，都已經解釋完了，接下來要再解說「因相」。

「此能執持諸法種子令不失故，名一切種；」「諸法種子」又名諸法的功能差別。有情各自的如來藏阿賴耶識，變生了有情各自的色身與七識心以後，一切有情七識心都生活在各自的如來藏所變生之色身與內相分六塵境界中，永遠與如來藏同時同處而運作、而生活，始終運行於第八阿賴耶識所變生的六塵境界中，因此一切有情所造作的善業、惡業種子，都必然落謝在各自的如來藏中；世世所熏習的世間技藝等無數無記業種子，同樣也是如此，都不外於各自的如來藏心阿賴耶識，絕對不會散失；然而阿賴耶識正因爲具有能夠執持有情各類熏習所得功能的能力，而且使這些功能都不散失地收存在祂心中的緣故，所以名之爲「一切種子識」，或者簡稱爲「一切種識」。

「離此餘法，能遍執持諸法種子不可得故，此即顯示初能變識所有因相。」「因相」是一切法出生之因的行相。謂第八識能執持一切諸法的種子，故能流注異熟種子及等流種子，含藏著「等流習氣因」與「異熟習氣因」等二類種子，自然能憑著有記業及無記業種出生一切諸法，故說第八識是第一能變識，名爲一切法之「因相」。

聲聞部派佛教等十八個部派中的經部師、譬喻師等部，誤計五色根中有六識心與心所法等，都是以五色根作爲此等一切法之「因相」；又有部派誤計五色根中有四大極微種子尚存，極微亦成爲五陰身心的「因相」；然而四大極微是色法，色法不能生心，不能作爲七識心之根源而說爲「因相」。

聲聞部派佛教等六識論邪見的凡夫僧中，甚至有人誤計六識心與心所法中有五色根種子等，因爲他們認爲有情在有色界乃至無色界中往來輾轉受生時，可以由五色根持種，便認爲五色根是一切法之「因相」，落入物能生心的邪見中。而且無色界中也沒有五色根，是依於何法作爲所依而能流注出五根、五識等各類種子？或是認爲有情生在無色界時，是由意識心與心所法來執持色法種子，而不是由阿賴耶識來執持一切種子，因爲他們否定第八識的存在，這其實正是以六識心作爲一切諸法的「因相」。部派佛教如是所說「因相」繁多且都錯誤，所以論主玄奘立量說：能夠普遍執持一切種子的功能，只有這個第八阿賴耶識。立量而公開宣稱之後，無任一人可以再作破立，名之爲「眞唯識量」。

並且宣示阿賴耶識的這項功能不共其餘諸法，也不共前七識，所以在論中宣稱：離開了這一切種子識的其餘諸法，不論是色陰十一法（五色根與六塵）、五十一心所法，或其餘的眼等六識與末那識，能夠普遍執持諸法功能的法性都不可得，以此緣故便已顯示出第一種能變識成爲一切萬法根本的所有「因相」。

意謂第八識是萬法出生與運行之根本因，表顯有情的受生、轉世、涅槃解脫，乃至成佛後究竟清淨、究竟智慧的一切功能差別，全都由此第八阿賴耶識、無垢識所執持。例如七轉識中，眼識只能見色不能聞聲，耳識只能聞聲不能嗅香，乃至意識只能了知六塵而不能作主（只能了知六塵加以思惟應如是、不應如是，而不能作最後的裁決），要由意根的思量性而處處作主，方能造下「業道」。但意根卻無能力思惟諸法，要依賴五識心生起來觀察五塵，而由意識思惟法塵的功能，決定應該作或不應該作，決定該如何或不該如何，然後意根才能依其思心所而作出最後的決斷。這七識心各有不同的功能，但在這七識的功能差別之中，都沒有執持八識心王種子與色法種子、心所種子、各類種子的功能，所以八識心王的一切種子（功能差別）全都是由第八識如來藏所執持；依證悟者的現量所見亦是如此，而諸佛菩薩的現觀亦復如此，是故所說經與所造論中，亦皆如是說，名爲聖教量。

如是阿賴耶識執持一切種子，包含色法的種子；在八識心王需要各類種子相應或配合時，便同時流注出八識心王的種子來，由八識心王相應以及運行，方能成就現世的等流果及未來世的異熟果；由於第八識如來藏能執持各類種子的緣故，名爲「**一切種子識**」。正因這樣的現量親證所作現觀後的所說，一切未曾實證者聽聞以後都不免誤會，所以 佛在《解深密經》所說「**阿陀那識甚深細，一切種子如瀑流；我於凡愚不開演，恐彼分別執爲我**」的聖偈，是諸佛與七住位以上的不退菩薩們所共同現觀而確認不變的。

但末法時代的凡夫大法師們不能現觀這個事實，往往把這第八識否定，說第八識只是 佛陀爲諸恐怕墮入斷滅空的凡夫們所作的名言施設，並非現量上眞實存在之心，或者猶如學術界將此第八識誣衊爲外道神我；這些凡夫們總是憑著臆想而把經文作了虛妄分別以後，錯會阿賴耶識如來藏爲「五陰我」所含攝的法，誤把能生五陰的第八識如來藏歸攝在所生的五陰中（例如古時的安惠、佛護、清辨、宗喀巴等人，或今時的達賴、釋印順、張志成等人），成爲《解深密經》這首偈中所說「**恐彼分別執爲我**」的「**凡、愚**」之類中的凡夫俗人。「**凡**」是指尚未證得二乘見道的人們，「**愚**」是專指尚未證得此識的二乘聖人——雖不名凡，猶名爲愚。

「此識因相，雖有多種，持種不共，是故偏說。」這個第一能變識成爲諸法之因的法相非常多，因爲祂是萬法生起之因；萬法之所以生起、現行以及存在，始從意根及五色根由如來藏心中生起，然後有內六塵種子藉六根而從如來藏中生起，成爲有情七轉識所領納的相分六塵；接著是六根觸內六塵而從如來藏中生起六識見分，如來藏阿賴耶識便同時流注出七識心的心所法，也同時流注第八識自己的心所法來支援前七識而配合運行，有情才能開始認知諸法及行來去止；已有諸法在覺知心中生起、現行、領受，然後才於覺知心中衍生無量法，所以第八識如來藏心是萬法之生因，名爲「**因相**」。

然而第八識含藏的種子無量無邊，難以一一細數，歸類起來追根究柢，就是如來藏心具有這二種能變：「**因能變**」與「**果能變**」的緣故。第八識這兩種能變功能中的「**因能變**」，就只有「**等流習氣因**」與「**異熟習氣因**」，作爲諸法生起的本因。「**果能變**」則是藉這兩種習氣因，使有情受生於人間而有世世八識心王的現行，於是覺知心中就由顯境名言及表義名言而變生了種種名與相等諸法，領受各種苦樂果報而名爲「**異熟果**」，這種能變生「**異熟果**」而導致隨後變生離繫果等四果的功能，名爲「**果能變**」。又如同類因的自類種子前後引生，或如俱有因的諸法自類種子等，都同屬如來藏阿賴耶識的「因能變」所攝；雖然如來藏說起來有很多種諸法生因的相貌，然而祂能夠執持各類種子的功能卻不共於其他七識心王，便以這個緣故而偏說祂是「一切種子識」。

「初能變識體相雖多，略說唯有如是三相。」第一種能變識如來藏阿賴耶識，在運行過程中顯現出來的體性與法相雖然很多，卻可以隨著各種不同的層面，立名為各種名稱：心、所知依、阿賴耶識、異熟識、無垢識、大梵天王、上帝……。又如阿賴耶識能變現出見分七轉識與相分五色根及六塵境界，再由所變的見分來執取所變的相分，包括器世間等相分。或如阿賴耶識自身是清淨心體而含藏諸多染污種子，或如阿賴耶識是異熟果等五果的主體，或如阿賴耶識即是宇宙間一切法的主體，或如阿賴耶識即是出世間法二乘菩提的主體，或如阿賴耶識即是世出世間法的佛菩提的主體等，說之不盡；然而歸類起來大略說明其法相時，也就只有祂的「自相、果相、因相」這三種，由這三種功德來現觀祂的各種法相，就能逐一瞭解祂的各類種子，乃至未來究竟成佛。

第五目　總說種子義及因果

論文：「一切種相，應更分別，此中何法名爲種子？謂本識中，親生自果功能差別。此與本識及所生果不一不異，體用因果，理應爾故。雖非一異，而是實有；假法如無，非因緣故。」

語譯：【阿賴耶識所含藏一切種子的行相，應該更作分別才能令佛弟子了知，那麼這一切種是指什麼法而名爲種子？是說第八根本識如來藏中，親自出生的自身果報中的功能差別。這種功能差別是與本識不一不異的，也與本識所出生的異熟等五果不一不異，自體與所產生的作用之間的因與果，在正理上本來就應該如是的緣故。本識與自體所生的果報上功能差別雖然不是同一也不是二異，然而都是眞實有的；但是假有的五陰等諸法猶如不存在的空無，因爲假我與假法都不是諸法出生的因緣故。】

釋義：「一切種相，應更分別，此中何法名爲種子？」上來已說初能變識阿賴耶有執持諸法種子的功能，能與諸法作爲種子，然未盡理，仍應繼續解說更多，所以首先自行提問，藉以引生此下所應解說的法義，是故自問：「種子既然又稱爲功能差別，一定有運作過程中顯示出來的行相，否則就成爲虛設的唯名無實法，所說即成爲戲論，那麼所說的一切種子之中，究竟是指什麼法而名爲種子？」

尚未證得如來藏阿賴耶識的人，終究無法瞭解第八識心體與其含藏的各種功能差別，所以這第八識心執藏的一切種子運行時的法相，當然應該作更深入的分別，才能使令有心修學的佛弟子有所了知，確信此「一切種子識」眞的存在，願意求證「**唯識性**」而進入實義菩薩位中，方能共同紹繼 如來正法、廣利後世眾多有情；於是再度宣示說：**阿賴耶識執持一切種子的各類法相，還應該繼續再作更深廣的說明，令諸學人對佛菩提更能起信**。

以下是「**唯識相**」的第一目「**出體**」，各別以十門廣說種子，然後再辨別熏習的行相。如是十門，以出體五門及關係五門，各以五法來作解說。第一門、出體——識自相門，如下三門所說種子之體相。

「**謂本識中，親生自果功能差別**（1）。」這就是說，第八根本識之中，有著能夠親生自體五果上的功能差別。這是先說明種子以何爲體，此即是「立宗」也，然後總以五門分別之，此第一門：出體。「**一切種相**」說的是萬法根本的如來藏識中，親自出生處於世間異熟果報中的自身各類功能差別。一切種子既然說爲「**一切功能差別**」，即表示第八識如來藏有很多種類的功能，而且所有功能有各類不同的差別，不是單一的功能，而這些功能便說爲第八識如來藏所收藏的種子。如來藏阿賴耶識所作用或所顯示的「功能差別」廣有多種，而其行相各都粗細萬端，說之難盡，所以名爲「一切種相」。

「親生自果」指的是異熟因，相對於異熟果而言，仍然不是種子——功能差別；得要是「功能差別」才是種子，因爲已有流注現行故。換言之，「親生自果」是第八識自身有此功能，但卻是相對於有情存在的各種作爲之中，由阿賴耶識自身親生的各種「功能差別」，才能說是祂親生的種子，能生種子的功能即名爲「親生自果」。此中牽涉佛法密教之正義，不應公開，容於增上班課程中說明之。

《成唯識論述記》卷二云：「此出體也。言本識者，顯種所在，簡經部師色、心等持種。親生自果，簡異熟因，望所生果，非種子故；要望自品，能親生故。功能差別，簡現行七轉識等。望所生種雖是因緣，亦親生果；是現法故，非名功能，故以功能顯種子相。」論文如是建立「親生自果」的「功能差別」之宗旨後，隨即說明「一切種識」與種子之間的「一異分別」如下：

「此與本識及所生果不一不異（2）**，」**此第二門分別：不一不異。「**所生果**」即是第八識所出生的器世間、色陰、七轉識、心所等，函蓋異熟果等五果。這些種子「功能差別」，是從第一能變識如來藏阿賴耶識中生出來，由本識阿賴耶藉著

「等流習氣因」，在背後運作及支援著，令五色根及六塵等色陰十一法、七識心及心所法等，可以出生及依止本識而持續不斷運行。

這一句論文顯示阿賴耶識如來藏不是施設法，而是眞實的存在，因爲有其「功能差別」，始從 釋迦如來起始而至現代，可以由師徒藉著教外別傳的宗門傳承而一代又一代驗證故。更有許多「功能差別」是阿賴耶識自身運作所呈現出來的，都是以阿賴耶識爲主體而產生了這些直接或間接等作用；所以第八識如來藏執持一切種子，以此「一切種識」爲主體，各種「功能差別」即由如來藏直接、間接、輾轉的作用出來，令有情可領納「異熟果」等五果而成立因果律及解脫果、佛菩提果。如是被證悟者所體驗及現觀，名爲「種子」，如是「種子」即是「等流習氣因」，此親生自果的功能差別與「一切種識」的關係是「不一不異」。如是說明其宗旨之後，再演繹立宗之原因如下，即是第三體用因果門：

「體用因果，理應爾故（3）。**」**此第三門：體用因果。以如此的「體」與「用」，來顯示如來藏阿賴耶識在世間示現的「因」與「果」；謂種子依附於第八識「心體」而存在，流注出來時能產生作用而顯示第八識的「功能差別」，即是第八識之「用」；「心體」與「作用」之間有其「因、果」關係，在理上本來就應該是如此。而這些種子「**功能差別**」與本識阿賴耶則是不一也不異，自然也與本識如來藏所出生的果報差別「**不一不異**」。例如色陰十一法的功能與本識如來藏「**非一非異**」，七轉識的作用亦與七轉識「**非一非異**」，因爲「**自體**」與所產生的「**作用**」之間的「**因**」與「**果**」，在正理上本來就應該「**不一不異**」的緣故。

《成唯識論述記》卷二再解釋其「不一不異」如下：「**四、出體中，攝相歸性，故皆無記。種從現行望於本識，相用別論故通三性。若即是一，不可說爲有因果法、有體用法；若一向異，應穀麥等能生豆等，以許因果一向異故。不爾，法滅應方有用，以許體、用一向異故。用、體相似，氣勢必同；果、因相似，功能狀貌可相隨順，非一向異。**」理雖如此，然當時清辨等各派諸師，以及譬喻師等人主張：「**如『生』望法非一異，即說『生』爲假。種望於法非是一異，種子應非實。**」（《成唯識論述記》卷二）論主玄奘辨正曰：

「**雖非一異，而是實有**（4）；**假法如無，非因緣故**（5）。」此第四：識實有門。本識與自體所生的果報上「功能差別」，雖然與本識自體「不一不異」，然而這並非只是理論上所建立演說的，而是在實相理上與現象事上都眞實有，即是第四：識實有門。這是說，依於第八識上的功能來證明第八識的實有。若是假名施設的諸法，都只是名言而無實質，就如同不存在的空無，不會有識上所生所顯的功能，即不可能是三界萬法出生之因緣故。意謂第八識心及其種子都是現象上的實有法，也都是萬法出生的因緣，以第八識必有其種子故；第八識若無種子者即成爲非識，如是之識即非實有法，是假名施設，是故《成唯識論述記》卷二如是細說：

「『生』等假法，如龜毛等，體是無法，非因緣故。種子望『法』，即是因緣，故體實有。問：『生等既如無，應非行蘊攝。』答：依法施設故，故是行蘊收。然『法』非果，『生』非是因，即於『法』上假施設故。亦有唯於現行等法或種上立，故例不同；種子非現行，因、果差別故。」此理涉及宗門及教門中的實證祕密，容於增上班中說之，於此勿釋。此第五：識因緣門。以上宗與因共五，以下說明種子與諸法之關係時，同時也說明其因及結論亦有其五：

第二節　諸法的因緣——種子與諸法之關係

第一目　種子實有與原因

論文：「『此與諸法既非一異，應如瓶等是假非實。』若爾，眞如應是假有（6），

許、則便無眞勝義諦（7）。**然諸種子，唯依世俗說爲實有，不同眞如**（8）。**種子雖依第八識體，而是此識相分非餘**（9），**見分恒取此爲境故**（10）。」

語譯：【問：「這種子與已經現行的諸法，既然非一也非異，便應該猶如瓶盆等物都是假有而非眞實不壞。」若是眞的猶如此說，眞如也應該只是假有，若允許如此而說，那麼便無眞勝義諦可實證可解說了。然而各類種子只是依世俗諦而說爲眞實有，不同於眞如遍在眞諦與俗諦中，都同樣可以證實爲有。種子雖然是依止第八識心體自身，卻是這阿賴耶識的相分而不是其餘的有自體法，因爲見分恆時都執取這相分作爲境界的緣故。】

釋義：『**此與諸法既非一異，應如瓶等是假非實。**』**若爾，眞如應是假有**（6），**許、則便無眞勝義諦**（7）。」種子與諸法之間的關係，亦以五門分別之，證明爲實有。部派佛教十大論師中的安惠論師、德惠論師，以及部派佛教中的譬喻師等派別，各自提出質疑說：「種子和所生的現行諸法既然非一非異，就應當猶如瓶盆等物與其他能裝盛的諸物一樣，都是假有而非實有。」

又如安惠論師同樣不懂而提出質疑：「諸法函蓋生、住、異等，然而生、住、異等與諸法並非因果的關係，不可例同種子與諸法的因果關係。」如《成唯識論述記》卷二所載：「**此安惠等難。問：『生』等與法，非因果，不可例同於種子者，此與諸法既非一異，有因果故，應如瓶等是假非實；瓶為假果體，色等為因故。**」

論主玄奘針對他們的質疑而提出第六，假有門反難：若是眞的猶如此等眾人所說，他們認定為實有的眞如，便也應該只是假有。因為眞如是阿賴耶識藉其功能差別現行時的行相所顯的眞如法相，眞如法相與阿賴耶識非一非異，是否因此非一非異就應該說眞如也是假有的了？那麼你們這些聲聞人依舊信有眞如，可就是自違其說了。以下是第七，勝義眞實門：

假使允許聲聞部派佛教清辨、安惠等人及其他部派所說為正確，連眞如都因為與第八識非一亦非異，就可以否定而說沒有眞如存在，便否定眞如為言說上的假施設有，佛法中便無眞勝義諦可以實證、可以演說了，因為眞勝義諦是依第八識行相上所顯示的眞如而建立故，那麼安惠等人又是依憑什麼法的實證，而說有眞如可證、而說有成佛之道？此即是第七：勝義眞實門。

所以說，一切種子及諸法等，都與阿賴耶識非一非異而眞實存在，才是正說；但不可因為「**非一非異**」就說阿賴耶識、眞如、種子都是假有的名言施設。以上是玄奘以此正理回難清辨與安惠……等聲聞僧。以下是第八，二諦分別門：

「**然諸種子，唯依世俗說爲實有，不同眞如**（8）。」然而各類種子只是依世俗諦而說爲眞實有，因爲種子其實是八識心王的功能差別，依第八識心體而存在及現行，離第八識心體即不得存在；故種子是八識心王的功能，不能外於八識心王自體而存在，但不同於眞如遍在眞諦與俗諦中。八識心王的一切種子與眞如都同樣可以證實爲有：前一是阿賴耶識的功能差別——種子，後一眞如是阿賴耶識種子現行時的行相——相分；這是證悟般若而轉入相見道位中的現觀，不是思想。

前六識的種子，大部分學佛人都可以了知，因爲行相粗大而在五陰、十八界等現象界中很容易被了知，卻不屬於實相法界中的實有法，因此不同於眞如，只能說是在現象界中暫時而有的假有，在世俗諦中可以建立爲實有，在勝義諦中則非實有，是生滅法故。但第七識、第八識的種子，卻必須證悟第八識以後，在善知識的指導下才能漸漸了知的；特別是第八識的種子與眞如，都屬於實相法界，雖然也能在現象法界中現行，卻是第一義諦中的事，而且是恆、是常而永不壞滅的；此乃親證者皆知，聖教量亦說爲有，所以是實有。以下是第九，四分分別門：

「**種子雖依第八識體，而是此識相分非餘**（9），」種子雖然是依止第八識心體而存在，卻是這阿賴耶識的行相所顯示的相分，因爲是由第八識的種子（功能）

生起現行故成爲相分，未起現行時方名種子，不是其餘的法可以名爲種子。所以種子不是有自體法，因爲見分等七轉識恆時都執取阿賴耶識種子（功能差別）的行相作爲境界的緣故，並不緣於阿賴耶識尚未現行位的種子。未現行時的種子沒有行相，不能成爲見分的所緣故。這是唯證乃知的事，未證第八識者聞之雖能理解，但皆不能現觀而證實之。

「見分恆取此爲境故（10）。」這是轉述護法菩薩的開示，即是第十見分取境門：阿賴耶識自身種子現行運作時就有了行相，在這行相中顯示了阿賴耶識的眞如性，所以眞如也是阿賴耶識的相分之一；但種子現行運作時的本身也可以是阿賴耶識的相分，才會有「**自相、因相、果相**」等存在；因爲第八識種子在運行時的行相會被七轉識所執取，而七轉識是見分，恆取阿賴耶識的功能差別行相作爲相分故。這些都是唯證乃知，單靠研讀經論或學術研究思惟都無法如實了知。

然而玄奘在後面論文中也說到七轉識是見分，阿賴耶識及所變內六塵、五色根等都是七轉識所執取的相分，卻又說到阿賴耶識其實也是具足四分的：見分、相分、自證分、證自證分。例如阿賴耶識「**不可知執受**」之「**處、了**」，以及凡、愚所「**不可知**」的「了十二處、了七轉識」的功能，由於無明而成爲顛倒想的凡夫七轉識所取的自身相分時，其實也是阿賴耶識自己的見分，只是不在六塵境界中運作而不對初悟者解說這類相分罷了。至於阿賴耶識的自證分及證自證分，容於增上班課程中解說之，此處不作分解。以下是三性分別門：

第二目　種子的三類與三性

論文：「諸有漏種與異熟識，體無別故，無記性攝；因果俱有善等性故，亦名善等。諸無漏種，非異熟識性所攝故，因果俱是善性攝故，唯名為善。」

語譯：【各類有漏性的種子與異熟識之間，同屬一體而不是外於第八識體的別法故，這些有漏種子未現行位，與異熟識一樣同屬無記性所攝；在造因或受果時是同時存在善、惡、無記等三性的緣故，所以也名為善性、惡性、無記性。但若是各類無漏的法種，因為不是異熟識性所含攝的緣故，現行位所顯現出來的因果全部是善性所含攝的緣故，只能名之為善性。】

釋義：「諸有漏種與異熟識，體無別故，無記性攝；」各類有漏性的種子是由往昔所造的業種來成就的，成為後世果報之因，故有善惡等三性；但造業之後收藏於異熟識中成為種子，尚未現行時並不會有任何功能產生，也不會有善、惡、無記等自性現行，因此即使是有漏性的種子，在種子位都與異熟識同屬一體，並不是外於第八識體的其他已現行法，所以這些種子現行前與異熟識心體一樣，同屬無記性所攝。

「因果俱有善等性故，亦名善等。」但在造因或受果時是同時存在善、惡、無記等三性的緣故，所以因果也可以名爲善性、惡性、無記性。當種子現行時已成爲所生的法而有其功能；例如貪、瞋、癡等種子現行時，以及連帶現行的隨煩惱等心所，會如同往昔造業時一樣有善等三性的顯現，才會有善等三性的作爲。

問：「爲何是這樣的呢？」答：因與果並不相違故，種子位的無記性並不違背現行位的善惡品法故。是故諸有漏法的種子若應屬於善，現行時必然亦是善，前後不違，惡性的種子亦復如是。若有漏法的善惡性種子現行時涉及無記法，亦不相違，容與無記法俱行故。

「諸無漏種，非異熟識性所攝故，因果俱是善性攝故，唯名爲善。」已論有漏法種，次論無漏法種。若是各類無漏性的法種，例如眞如無爲、想受滅無爲、虛空無爲，以及無漏有爲法等，因爲不是異熟識自身的無記性所含攝的緣故，所顯現出來的不現行種子因位，以及現行後的功能差別果位中，全部都是善性所含攝的緣故，只能名之爲善性，是解脫果之所依故。

又如一世因果，業種若是以善爲因所成就的，等流果現行時當知即是善性；但尚未流注現行之前的種子位都無善惡性，同於異熟識，屬於異熟識之一部分。換言之，種子若有善惡性現行，就不可能含藏於無記性的異熟識中；正因爲種子位不同於現行位故，種子位必是異熟性方能與異熟識相應而收存在異熟識中。

問：「無漏與阿賴耶識的自性及種類有別，不應該隨著阿賴耶識而名爲無記性；又無漏與阿賴耶識心體不同，應該不能隨於阿賴耶識名爲異熟，阿賴耶識名異熟識故，有異熟性故。」由於有人提出此義，故有如下之問答：

論文：「『若爾，何故〈決擇分〉說二十二根，一切皆有異熟種子、皆異熟生？』雖名異熟，而非無記；依異熟故，名異熟種，異性相依，如眼等識；或無漏種由熏習力，轉變成熟，立異熟名，非無記性所攝異熟。」

語譯：【問：「若眞的如此，是什麼緣故在《根本論》的〈決擇分〉中說到二十二根時，卻說一切都有異熟種子、全部都是異熟生？」答：雖然名之爲異熟，但並非全部都是無記性；依其變異成熟的緣故，名之爲異熟種子，而相異性的諸法種子互相依存於異熟識中，猶如眼等六識種子依存於異熟識一樣；或者無漏性的種子由於熏習的勢力，轉變以後成熟了未來世必有異熟報，因此建立異熟識的名義，這些法現行時並非無記性所含攝的第八識本身的異熟。」】

釋義：「『若爾，何故〈決擇分〉說二十二根，一切皆有異熟種子、皆異熟生？』」二十二根是指眼等六根、男女二根、命根、五受根、信等五根，及未知當知、已知、具知根。此二十二根攝屬四緣中的「增上緣」，一切世間增上緣之法，歸類於所依根時無過於此；建立有情一切善根之增上時，其量亦無過於此二十二根。

二十二根之義如下，《瑜伽師地論》卷九十八：「略由六處增上義故，當知建立二十二根：何等為六？一、能取境界增上義故，二、繼嗣家族增上義故，三、活命因緣、各別事業加行士用增上義故，四、受用先世諸業所作愛不愛果，及造新業增上義故，五、趣向世間離欲增上義故，六、趣向出世離欲增上義故。當知此中，眼根最初，意根為後，如是六根於取境界有增上義；男女二根，於能繼嗣家族子孫有增上義；命根一種，於愛命者活命因緣、各別事業加行士用有增上義。樂最為初，捨為其後，如是五根於其受用先業所作愛不愛果及造新業有增上義。信為最初，慧為其後，如是五根，於能趣向世間、離欲有增上義。未知當知、已知、具知三無漏根，於能趣向出世、離欲最極究竟有增上義。一切世間所現見義，其唯此量，當知是義能究竟者，無出於此二十二根，故一切根二十二攝。」

有人問：「若眞的如此，是什麼緣故在《根本論》的〈決擇分〉中說到二十二根時，卻說**一切都有異熟種子、全部都是異熟生**？」答：

「雖名異熟，而非無記；依異熟故，名異熟種，異性相依，如眼等識；」異熟種子有二類，第一類是有記性的，現行時便有善惡性；第二類是無記性的，現行時同樣是無記性。有記性的異熟種子尚未現行時不分善惡性，也不會是造業之後立即受果，而是潛藏於阿賴耶識中尚未現行，當然不會呈現有記性；留待未來世遇緣時才會變異成熟而現行、受果，所以尚未現行位並無善惡性，當然也是異熟性。直到來世現行時當然就是「異熟生」，那時才有善惡性。所以各類種子尚在異熟心體中保存、處於種子狀態時，當然也名爲異熟而成爲無記性。

各類種子雖然名之爲異熟種子，但並非全部都是無記；因爲有記性的異熟種子在種子位，尚未現行時並無功能，一定是無記性的，一旦現行時就依其自性而造作善惡行，因此變成有記性的了；所以依其變異成熟的過程尚未完成而保存於異熟識中，暫時成爲無記性的種子，由與異熟識非一非異的緣故而名之爲異熟種子，於理並無妨礙。

這是說，若從士夫的自性相以及從士夫的所依根來解釋（依士釋）時，異性的諸法可以互相依存於異熟識中，非現行位故，所依定是無記性故。例如有記性的眼等六識可以依無記性的眼等六根而存在，又如同無記性的根與有記性的六識，二類種子都可以共同合聚於無記性的異熟識中一樣；那麼種子現行造業完成以後的異性各類種子，當然也可以成爲無記性的種子而保存於異熟識中；來世再度現行以後運作時才會成爲有記性的善、惡、無記等三性，如是名爲異熟。

有人質疑說：「**既然異熟種子並非完全屬於無記性，但因爲依於無記性的異熟識而存在，就應該說是無記性的，未來現行時便應該同樣是無記性的，否則無法依存。**」於是論主玄奘解釋說：

「**或無漏種由熏習力，轉變成熟，立異熟名，非無記性所攝異熟。**」答：或者說，無漏性的種子由於熏習的勢力轉變以後增長而成熟了，在聖者身上現行成爲善法，則是有記性，但種子位時仍然是無記性，由此而建立異熟的名義；異生位的善惡法熏習，其理亦同。所以種子實質上並非全屬無記性所含攝的異熟，現行時便有善等三性，但在尚未現行時卻同樣都依存於無記性的異熟識心中保存著，在理上確實可以成立。舉凡第三轉法輪一切甚深唯識增上慧學的經與論中所說的眞實義，已證第八識眞如法性的菩薩們讀之，尚且未能全部如實證解，多屬少分知之而已，猶未能具足知之；至若未證第八識眞如之人，皆無論矣！若諸尚慢之人讀之益增邪思，甚至誤會而墮入五陰我中，廣造邪論流通天下，乃至如安惠等人的著作被收錄《大藏經》中誤導學人者所在多有，古今不絕如縷；如是等人都屬於壞人法身慧命，及以相似像法混淆正法，破法之惡莫此爲甚，其罪大矣！緣於此故，窺基法師於《述記》中說，各種毀謗或謬解唯識的古德書籍，都應毀棄，所以說出這句誠言：「**古昔文抄，皆須毀棄。**」誠信不欺也。以下是種子的新**熏與本有的分別門：**

第三目　種子的新熏本有之分別

論文：「此中有義：一切種子皆本性有，不從熏生；由熏習力，但可增長。如契經說：『一切有情無始時來有種種界，如惡叉聚，法爾而有。』界即種子差別名故。又契經說：『無始時來界，一切法等依。』界是因義。《瑜伽》亦說：『諸種子體，無始時來性雖本有，而由染淨新所熏發。諸有情類無始時來，若般涅槃法者，一切種子皆悉具足；不般涅槃法者，便闕三種菩提種子。』如是等文，誠證非一。

又諸有情既說本有五種性別，故應定有法爾種子，不由熏生。又《瑜伽》說：『地獄成就三無漏根，是種非現。』又從無始展轉傳來，法爾所得本性住姓。由此等證，無漏種子法爾本有，不從熏生。有漏亦應法爾有種，由熏增長，不別熏生。如是建立因果不亂。」

語譯：【上來所論證的這些正法中，有人如此主張：「一切種子都是本性中法爾已有的，都不是從熏習中出生的；由後來熏習所得的勢力，只能將原有的種子加以增長，所以種子不可能是經由熏習而新生的。例如契經中有說：『一切有情無始時以來便有種種功能差別，猶如惡叉毒果落在樹下自然聚集成堆一樣，都是法爾而有。』界就是種子的另一種不同名稱的緣故。又如契經中說：『無始時以來的功能差別界限，是一切法等的所依。』『界』這個功能差別正是諸法生因的道理。在根本論《瑜伽師地論》中也說：『各類種子的體性，無始劫以來的體性雖然是本有的，然而是由染污行或清淨修的緣故，在新造的身口意行中所熏習而發起。諸多有情之類從以前的無始劫以來，若是應該攝屬不生不死涅槃法一類的有情，是一切涅槃種子全部都已具足的；若是屬於不證涅槃的有情一類，便缺乏聲聞、緣覺、佛等三種菩提種子。』在經論中像這樣開示的種種文字，將種子本有與新熏的道理很明確證明出來，並非只有一處而已。

而且，各各有情既然說是本有五種自性差別，所以應該必定都有法爾存在的本有種子，不是經由後天熏習才出生的。此外《瑜伽師地論》中說：『地獄中的極苦有情也是本已成就三種無漏根的，都是種子而不是現行。』又說種子是從無始劫以前展轉受生傳到此世來，依法爾所得的本來體性而安住於自己的種姓中。由這一些聖教中證明，無漏性的種子是法爾本有，不是從後天的熏習中出生的。有漏性的種子也應該是法爾本有，經由後天的熏習來增長，並不是另外熏習才出生的。就像是這樣子來建立因緣果報而不會錯亂。」〕

釋義：「此中有義：一切種子皆本性有，不從熏生；由熏習力，但可增長。如契經說：『一切有情無始時來有種種界，如惡叉聚，法爾而有。』界即種子差別名故。」如來藏阿賴耶識中含藏的一切種子，究竟是本有的？或者是後天熏習以後才出生的？關於這個問題，有三種不同的主張。論文中列舉三個「有義」，「此中」第一個「有義」，是護月論師等人的主張，他們認為全部種子都是本有的，沒有所謂後天熏習而增長的道理。他們提出主張以後還舉出經中的聖教作為根據，證明他們的說法正確，語譯如下：「一切種子都是有情本性中法爾就有的，全都不是由於後天的熏習而出生的；凡是經由後來熏習所得的勢力，只能將原有的種子加以增長，證明種子並不是經由熏習而新生的。例如《無盡意經》有說過：『一切有情打從無始時以來就有種種功能差別，猶如惡叉樹的毒果落在樹下不會有人吃它，自然就會聚集成堆一般，都是法爾而有的。』」因爲「界」就是種子的另一種不同名稱的緣故。護月論師等人又說：

「**又契經說：『無始時來界，一切法等依。』界是因義。**」這是護月等人第二次列舉《阿毗達磨經》中的聖教說：「無始時以來的功能差別，是一切法等的所依。」然後結論說：「『界』這個功能差別正是諸法之因的道理。」種子又名爲界，是因爲功能差別有界限的緣故，所以立名爲「界」。護月等人第三次又列舉《根本論》的聖教並且說：

「**《瑜伽》亦說：『諸種子體，無始時來性雖本有，而由染淨新所熏發。諸有情類無始時來，若般涅槃法者，一切種子皆悉具足；不般涅槃法者，便闕三種菩提種子。』如是等文，誠證非一。**」護月等人列舉了《瑜伽師地論》中的說法來證明自己的主張正確，所以便主張說：「各類不同的種子，從無始劫以來的體性雖然都是本有的，然而由於後天的染污行或清淨修的緣故，就會在新造的身口意行中經由熏習而發起。各種不同種類的諸多有情打從無始劫以來，若是應該攝屬不生不死涅槃法的一類有情，是一切涅槃種子全部都已具足的；若是屬於不證涅槃的有情等類，就會缺乏聲聞、緣覺、佛等三種菩提的種子。」然後作出結論說：「在經論中像這樣開示的種種文字，很明確地證明了一切種子都是本有的說法，並非只有一處而已。」但這樣的說法究竟有沒有問題？於後面值得再作討論，以究明正確的唯識道理。護月等人又解說道：

「又諸有情既說本有五種性別，故應定有法爾種子，不由熏生。又《瑜伽》說：『**地獄成就三無漏根，是種非現。**』又從無始展轉傳來，法爾所得本性住姓。」

護月等人第四次是列舉《楞伽經》的聖教根據，主張說：「而且，各各有情既然在聖教中說爲本有五種自性差別，所以必定都會有法爾存在的本有種子，並非經由後天熏習才出生的。」護月論師所舉的聖教根據是《楞伽經》中說的五類種姓的差別。

隨後又舉出《瑜伽師地論》中的說法來作證明：「地獄中的極苦有情也是本已成就三種無漏根的，這三無漏根都是種子而不是現行。」然後作出結論說：「《根本論》中又說這些種子是從無始劫以前展轉受生而傳遞到此世來，依照法爾所得的本來體性而安住於各自不同的種姓之中。」護月等人最後對此題目作了總結說：**「由此等證，無漏種子法爾本有，不從熏生。有漏亦應法爾有種，由熏增長，不別熏生。如是建立因果不亂。」**所以護月等人的最後結論是：「由這一些聖教中的種種解釋可以證明，無漏性的種子是法爾本有，不是從後天的熏習中所出生的。若是有漏性的種子也應該是法爾本有，經由後天的熏習而漸漸增長，有漏種並不是另外作了什麼別的熏習才出生的。就像是這樣子來建立因緣果報而不會錯亂。」

「如是建立因果不亂」，謂因與果互相對應，此業因種子後時出生此業相應之果報，彼業因種子後時同樣會出生彼業相應之果報，不會互相錯亂。護月論師等人認為，種子若有新熏者，積聚於一處時，會與本有種子同在一處，此時種子就繁多而雜亂；後時果報若生起時，應從哪一個種子感應而生起？此時因果便有雜亂，是故種子新熏所成的立論不能成立，所以說「不別熏生」。意謂不論無漏法性或是有漏法性的種子，都是本有的，熏習只是持續增長而已，都不是新熏而有。

於此必須先岔開主題，先說明以下語譯時所改變的作法：在接下來的語譯中，為了方便讀者一開始閱讀時，就知道每一個「有義」是誰的主張，以免產生被邪見干擾的困擾，將會直接指出論者的姓名，以回復《成唯識論》梵文原文的功德。

言歸正傳，以上護月論師等人的說法，是主張一切種子全都是本有的，沒有所謂熏習之後才新生的。這說法是否全部正確？玄奘菩薩留待稍後再作論證，接著再舉第二家論師的說法，是與護月論師等人的說法完全相反的主張：

論文：「有義：種子皆熏故生，所熏能熏，俱無始有；故諸種子，無始成就。種子既是習氣異名，習氣必由熏習而有；如麻香氣，花熏故生。如契經說：『諸有情心染淨諸法所熏習故，無量種子之所積集。』論說內種定有熏習，外種熏習或有或無。

又名言等三種熏習，總攝一切有漏法種。彼三既由熏習而有，故有漏種必藉熏生。無漏種生，亦由熏習；說聞熏習，聞淨法界等流正法而熏起故，是出世心種子性故。

有情本來種姓差別，不由無漏種子有無，但依有障無障建立。如《瑜伽》說：『於眞如境，若有畢竟二障種者，立爲不般涅槃種姓。若有畢竟所知障種非煩惱者，一分立爲聲聞種姓，一分立爲獨覺種姓；若無畢竟二障種者，即立彼爲如來

種姓。』故知本來種姓差別，依障建立，非無漏種。所說成就無漏種言，依當可生，非已有體。」

語譯：【難陀論師及其弟子勝軍論師的另一種說法是：一切種子都是由於熏習的緣故而產生，所熏與能熏，二類種子都是無始以來本就存在；所以各類種子，都是無始以來便已成就。種子既然是習氣勢力的另一種名稱，習氣勢力必定是由熏習而產生的；猶如芝麻的香氣，是由花的香氣熏習之故而產生。例如契經中說：「諸多有情之心是由於染污與清淨諸法所熏習的緣故，就有無量種子之所積集而稱之為心。」論中也說阿賴耶識心中含藏的內種一定是有熏習的，至於外種的植物等熏習則可以有，也可以是沒有。

而且名言等三種熏習，已含攝一切有漏性的法種。那三種名言既然是由熏習而有，所以有漏法種必須藉著熏習而出生。無漏法種的出生，也是由於熏習而有的；這是說，聽聞熏習之後，由於聽聞了清淨法界，才由「等流習氣因」流注正法種子出來而被熏受而生起的緣故，這也是出世心種子自性的緣故。

因為各類有情各有不同種姓的差別，不是由於無漏種子的有或無來建立，只是依有障礙或無障礙來建立五種種姓差別的。例如《瑜伽師地論》說：「於真如的不可思議解脱境界，如果有畢竟不可滅除的二種障礙種子者，把他們建立爲不能證得般涅槃的種姓。若是有畢竟不能斷除所知障種子，而不是畢竟不能斷除煩惱障種子的人，其中一分建立爲聲聞種姓，另一分便建立爲獨覺種姓；如果沒有畢竟不能斷除二障種子的人，就建立他們爲如來種姓。」所以可知本來就有的種姓差別，是依遮障而建立的，並非依無漏種來建立的。所說的成就無漏種子等說法，是依當來可以出生而建立，並不是本來就已有種子自體存在。】

釋義：「有義：種子皆熏故生，所熏能熏，俱無始有；故諸種子，無始成就。種子既是習氣異名，習氣必由熏習而有；如麻香氣，花熏故生。如契經說：『諸有情心染淨諸法所熏習故，無量種子之所積集。』論說內種定有熏習，外種熏習或有或無。」有別的論師提出第二種說法，這是部派佛教勝軍論師及其師父難陀論師一派的主張，他們說：

所有的種子都是由於熏習的緣故才產生的，所熏習的心與能熏習的種子，二者都是無始以來本就存在了；所以不論是哪一類的種子，都是無始以來就已經成就而存在第八識中。種子既然是習氣勢力的另一種名稱，習氣勢力則必定是由熏習之後才會產生的；就好比芝麻另有不同於原有的香氣，是由先前已有花香熏習的緣故而產生的。

勝軍論師又說，例如相應的經典中有說，諸多有情各自不同的心性，是由於流轉過程中有染污與清淨諸法所熏習的緣故，**才會有無量種子積集起來而稱之爲心**。難陀論師等人又舉出《瑜伽師地論》中的說法來，說阿賴耶識心中含藏的內種一定是有熏習的，植物等外種的熏習則可以有，也可以沒有熏習。以此證明一切種子全都是熏習所得的，並無本有的種子。

以上部派佛教難陀與勝軍論師的說法，顯示他們這一類人其實是主張：「阿賴耶識並無實體，是由許多種子集合在一起而稱之爲心，實際上並無阿賴耶識存在。」很多學術界人士同作此說，臺灣的釋印順在書中有時也如此說，所以我說他們都是部派佛教聲聞凡夫僧的遺緒，這也是許多證據中的一部分。但他們所援引的經中及《根本論》中其實不是如此說的，經論中的意思是說：「各種有情的眞實不壞心如來藏被染污與清淨的諸法所熏習的緣故，而第八識如來藏是無量種子之所積集的處所。」他們誤會經意及論意了，就說：無量種子積集後的集合體就是有情眾生常住的眞實心，所以誤認爲眾生的第八識心就是各類種子的集合體，沒有實存的自體，更沒有第八識自己本有的各種功能。

但《瑜伽師地論》卷二如此說：「又一切種子識，於生自體雖有淨、不淨業因，然唯樂著戲論爲最勝因；於生族姓、色力、壽量、資具等果，即淨、不淨業爲最勝因。……**又種子體無始時來相續不絕，性雖無始有之**，然由淨、不淨業差別熏發，望數數取異熟果，說彼爲新；若果已生，說此種子爲已受果。由此道理，生死流轉相續不絕，乃至未般涅槃。」

此段論文中已經說明，一切種子之中有本有者，亦有後時熏習所生者，全都集藏於第八阿賴耶識中，所以此識名爲「一切種子識」，這已證明阿賴耶識是心體，不是諸多種子聚集所成的集合體，所以不應如部派佛教難陀論師們所主張的，一切種子識是由許多種子集合而稱爲識，並無識體存在。

而且一切種子也不是難陀等人所說，全部經由熏習之後才產生的，經中、論中都說有本有的，也有新熏的；例如無漏法種及諸識相應的五遍行、五別境心所種子等，都是本有，非由熏習所成。菩提種子則有本有的，也有新熏的，例如五類種姓的差別，亦如佛菩提道中的五十三位層次差別。

亦如《瑜伽師地論》卷二所說：「復次，此一切種子識，若般涅槃法者，一切種子皆悉具足；不般涅槃法者，便闕三種菩提種子，隨所生處自體之中，餘體種子皆悉隨逐。是故欲界自體中，亦有色、無色界一切種子；如是色界自體中，亦有欲、無色界一切種子；無色界自體中，亦有欲、色界一切種子。」亦證明並非一切種子全都是熏習得來的。

「如麻香氣，花熏故生」，古天竺麻油特別有花香者，可用來塗身等，等同近代之香水或香油。那是榨油之先，將香花與芝麻合置一處搗令極爛，然後壓榨，油中便帶有花香，用以塗身；所以用來塗身的麻油，是先由花香所熏然後成就該香氣的。難陀、勝軍等一派人便以此爲例，主張一切種子全部是由熏習所成，沒有本有的種子。

他們除了舉證經中聖教來說明以外，還舉《攝大乘論》中的文字來作證明，所以他們作了結論說：「論說內種定有熏習，外種熏習或有或無。」但在《攝大乘論》中固然有說到種子熏習所成的道理，但並沒有說一切種子全部都是熏習所成，而是另有種子是本有的；今以文長不附，讀者可自行閱之。

由於難陀、勝軍論師等聲聞凡夫僧有如此錯誤的認知，於是外於眞實法第八識心而求佛法，成爲心外求法的佛門外道，永遠都沒有辦法實證阿賴耶識，即無可能親證眞如，便無實證佛法般若的可能；至於他們對唯識種智的實證與探討，也將永遠只是戲論，因爲全部都是依自己的虛妄想而成立的主張，並非實證。

至於他們主張的：「《攝大乘論》中也說阿賴耶識心中含藏的內種一定是有熏習的，植物等外種的熏習則可以有，也可以是沒有熏習。」是否又誤會論意了？詳後辨正自得了知：

「又名言等三種熏習，總攝一切有漏法種。彼三既由熏習而有，故有漏種必藉熏生。」「名言等三種熏習」，是指名言習氣、我執習氣、有支習氣等三種熏習。名言習氣則有二種：表義名言習氣、顯境名言習氣。難陀論師據此又解釋說：「而且名言等三種習氣的熏習，已經含攝一切有漏性的法種。名言等三種習氣種子既然是由熏習而有，所以有漏法種必須藉著熏習而出生。」是耶、非耶？亦容分辨。

「無漏種生，亦由熏習；說聞熏習，聞淨法界等流正法而熏起故，是出世心種子性故。」難陀論師說過有漏法種要由熏習方能出生，接下來當然要再說明無漏法種的由來，所以隨即又建立另一宗旨：「至於無漏法種的出生，也是要由熏習以後才會有。」接著解釋說：「也就是說，聽聞熏習之後，由聽聞熏習清淨法界，才由『等流習氣因』流注正法種子出來而說爲熏受生起的緣故，這也是出世心種子自性的緣故。」

這是主張無漏法種也不是本來而有，一樣要由熏習成種以後才會再從「等流習氣因」中流注出來，並非由第八識藉「等流習氣因」流注出來顯示第八識本有的無漏法種。由此也可以證明難陀論師等人並沒有實證第八識，所以認定無漏法種一樣要由熏習才能成就，而不知無漏法種隨著第八識本有，但卻要由熏習及修行方能成就，因爲無漏法種就是第八識的眞如法性以及本來清淨的涅槃法性故，三乘菩提俱依第八識的無漏法性而建立故。

「有情本來種姓差別，不由無漏種子有無，但依有障無障建立。」難陀論師接著結破護月論師而主張：「因爲各類有情各自本有的五類種姓差別，並不是由於無漏種子的有或無來建立的，只是依有障礙或無障礙來建立五種差別。」故主張：

「如《瑜伽》說：『於眞如境，若有畢竟二障種者，立爲不般涅槃種姓[11]**。若有畢竟所知障種非煩惱者，一分立爲聲聞種姓，一分立爲獨覺種姓；若無畢竟二障種者，即立彼爲如來種姓。』」**難陀論師舉出《瑜伽師地論》的義理來說明：「猶如《瑜伽師地論》中有說：『對於眞如不可思議解脫境界的修證，如果有畢竟不可滅除的二種障礙種子的人，就把他們建立爲不能證得般涅槃的種姓。若是有

11　《瑜伽師地論》卷五十二：「建立爲不般涅槃法種性補特伽羅。」

畢竟不能斷除所知障種子而非畢竟不能斷除煩惱障種子的人，其中一分建立爲聲聞種姓，另一分便建立爲獨覺種姓；如果沒有畢竟不能斷除二障種子的人，就建立他們爲如來種姓。』」如來種姓即是菩薩種姓。

「故知本來種姓差別，依障建立，非無漏種。」難陀論師舉完《根本論》的聖教以後就下結論說：「**由此可知本來就有的五種種姓差別，是依遮障的有無而建立的，並非依無漏種來建立的。**」難陀因爲這樣的想法而主張無漏法種不是本有，同樣都是後天熏習以後才有，所以是依有沒有遮障來定義種姓，而不是依有無三乘菩提本有的種子來定義種姓。但他們所舉的這一段論文中，其實正是在說明其中的一類種姓是本來就有佛種性的人，證明他們的種姓種子正是本有的。難陀等人不信這個道理，便解釋說：

「所說成就無漏種言，依當可生，非已有體。」意謂成就無漏種子等說法，是依未來將可以出生無漏法而建立的，並不是說眾生本來就已經有無漏種子自體存在。這是依斷除煩惱障之後能生起無漏法種而作的定義，說爲「**依當可生**」，想要證明無漏法種並非本有，成立其所說一切種子都必須經由熏習方得成就的道理。然而難陀與弟子勝軍論師等人這樣的說法，究竟是正是訛？接著再詳後解，便可了知。

論文：「有義：種子各有二類，一者本有，謂無始來異熟識中，法爾而有生蘊處界功能差別。世尊依此說諸有情，無始時來有種種界，如惡叉聚法爾而有。餘所引證，廣說如初。此即名為本性住種。

二者始起，謂無始來數數現行、熏習而有。世尊依此說有情心，染淨諸法所熏習故，無量種子之所積集。諸論亦說染淨種子，由染淨法熏習故生，此即名為習所成種。」

語譯：【護法菩薩的另外一種道理則說：一切種子各各都有二類，第一類種子是本有的，是說無始以來異熟識中，本來就有的能出生五蘊、十二處、十八界的功能差別。世尊依這個事實而說諸多有情，從無始時以來就有種種的功能差別，猶如惡叉毒果聚集一樣是本來就如是存有不滅的。其餘所引證的經論，廣說時就如第一種主張的護月論師所舉的經教根據一樣。這類法爾本有的種子，就稱之為本性住種。

第二類種子是有首次生起的現象，是說無始以來不斷在現行的諸法之中，是熏習以後而生起及存有。世尊便是依這個道理而說有情的第八識眞如心，由於染污與清淨諸法所熏習的緣故，而有無量種子被積集在第八識心中。在許多正論中也說染污與清淨的種子，由於染污法與清淨法熏習的緣故而出生，這第二類習氣種子就稱之爲習所成種。】

釋義：「有義：種子各有二類，一者本有，謂無始來異熟識中，法爾而有生蘊處界功能差別。」這第三個「有義」是護法菩薩所說的道理，才是論主玄奘所認同的主張，護法菩薩以此道理而難破前面二師各有偏頗的主張。

因爲護月論師主張一切種子都是本有，沒有所謂熏習而成就的，還誤會經、論中佛菩薩的意思而錯引出來爲自己作證；如果眞是如此，就應該一切有情不必修行便已經成佛而有大圓鏡智等智慧與解脫了。難陀論師則是反過來主張一切種子全都是經由熏習以後才出生的，並無本有的種子；果眞如此，那麼所有修行成就的解脫與實相智慧，便全都是有生而且一定會消滅之法，成佛之後還會再變成凡夫。並且難陀論師在最後援引《根本論》中「**地獄成就三無漏根**」的聖教，來佐證自己的主張；但這句聖教反而推翻了他自己的主張，因爲這句聖教是說，即使是最卑賤的地獄有情也是本有三種無漏根，未來報盡離開地獄而聞熏正法時，三種無漏法的種子就會從心中流注現行。意謂本有的無漏種子無法在地獄中現行，未來離開地獄而得聞熏無漏法以後，才會從第八識眞如心中流注而現行出來。

由此證明，護月與難陀二大論師都是尙未實證第八識心的凡夫，他們都屬於部派佛教中的聲聞論師，也都是六識論者，無法現觀這個事實，誤會了《根本論》所說的眞正義理；而他們名列論師行列中，只是善於世間經營而謬得虛名罷了。所以玄奘舉出護法菩薩的主張說：有另外一種道理認爲，一切種子各各都有二類，第一類種子是本有的，這類種子是說無始以來在異熟識中，本來就像眞如心異熟識這樣，已經具有能出生五蘊、十二處、十八界的功能差別存在。意謂第八異熟識能出生蘊處界的「**功能差別**」，這些種子不會是經由熏習之後才出生的，一定是第八識本有的功能，否則眾生即不可能是無始而有；然後經由所造諸業的業種，來決定要受生於三界六道中的某一界某一道中，再變生該界該道的中陰身，然後前往受生，或變生無間地獄身而直接在地獄中受生，或在無色界受生而無身。像這樣的各類種子當然是本有的，不可能是熏習得來的，因爲有情無始以來未曾熏習這樣的道理與功能之時，已經持續由第八異熟識變生蘊處界而輪轉無量劫了。

「世尊依此說諸有情，無始時來有種種界，如惡叉聚法爾而有。餘所引證，

廣說如初。此即名為本性住種。」護法菩薩說，世尊正是依這個事實而說諸多種類的一切有情，從無始以來就有種種的功能差別，猶如惡叉毒果落在地上都沒有眾生取食，自然累積在地上聚集成永遠存在的一堆一樣，都是本來就像這樣存有而永遠不會滅失的。

然後說明：「除了以上的解說以外，其餘我所引證的經論，廣說之時是與第一種主張的護月論師所援引的經論根據相同。」「廣說如初」的「初」字，是指護月論師的主張。換句話說，護月所援引的經論根據，是有一部分屬於誤會以後所引，不是全部正確，所以不能一概都說一切種子本有。然後護法菩薩作出第一個結論說：「這類法爾本有的種子，稱之為本來就有的自性，是本已存在的解脫種子。」

「**二者始起，謂無始來數數現行、熏習而有。**」護法菩薩又說：「第二類種子是有首次生起的現象，這是說無始以來不斷在現行的諸法之中，經由熏習以後才生起及存有的習氣種子。」「始起」是說最早時不存在，而在以往無量世中曾經有第一次熏習，才在那時首次生起的種子；或者往昔不曾熏習，而在此世熏習以後才首次生起的種子。論中的「數數現行、熏習而有」，是說不斷串習之後成就了熏習的果德，所以就有這類熏習所得的種子保存在異熟識中，持續現行不斷，屬於熏習之後才存在的種子，並非本有。

「世尊依此說有情心，染淨諸法所熏習故，無量種子之所積集。」護法菩薩解釋說：「世尊便是依這個道理而說有情的第八識眞如心，由於染污性與清淨性的諸法所熏習的緣故，而有無量種子被積集在異熟識心中。」這是依據聖教而說第二部分的種子都是熏習得來的，是熏習以後才生起的，然後就不斷熏習而有持續的現行，成爲習氣種子；這一類的染淨諸法的種子，並不是本有的種子。護法菩薩又說：

「諸論亦說染淨種子，由染淨法熏習故生，此即名爲習所成種。」「在許多的正論中也說這些染污與清淨的種子，是由於染污性與清淨性的諸法熏習的緣故而出生的。」當然，古今所有未悟、錯悟凡夫大論師們所寫的僞論所說，都不會被護法菩薩與玄奘所承認，因爲不符合 如來所說的「自心現量」故，也不符合眞悟者的現觀故，當然都不符合聖教量故。所以護法菩薩接著結論說：「這第二類經由熏習而成就的習氣種子，既不屬於『本性住種』，就稱之爲『習所成種』。」又繼續解說其道理如下：

論文：「若唯本有，轉識不應與阿賴耶爲因緣性。如契經說：『諸法於識藏，識於法亦爾；更互爲果性，亦常爲因性。』此頌意言：阿賴耶識與諸轉識，於一切時展轉相生、互爲因果。

《攝大乘》說：『阿賴耶識與雜染法互爲因緣，如炷與焰，展轉生燒；又如束蘆，互相依住。』唯依此二，建立因緣，所餘因緣不可得故。」

語譯：【護法菩薩申論說，如果一切種子都唯是本有而沒有熏習所成的，那麼依現行與熏習的法來說時，七轉識便不應該與阿賴耶識互相成爲因緣性。例如《阿毗達磨經》中說：『七識等諸法相對於阿賴耶識如來藏，阿賴耶識相對於七轉識等諸法也是一樣；是展轉互相作爲果報性，也永遠互相作爲因緣性。』這首頌的意思說：阿賴耶這個執藏識與七轉識之間，於一切時都是展轉相生，也是互相爲因、互相爲果。

《攝大乘論》也說：『阿賴耶識與七轉識等雜染法互相成爲因緣，猶如燈炷與燈焰，互相之間展轉作用而出生了火焰，火焰卻也逐漸燒掉了燈炷；又比如束蘆，是由三束成爲三個支撐點而互相依存才得以站立而存在。』只能依受熏持種及雜染種子現行這二法的互相依存，才能建立因緣的道理，所餘的其他因緣都不可得

的緣故。】

釋義：「**若唯本有，轉識不應與阿賴耶為因緣性。**」護法菩薩主張：「如果一切種子都唯是本有而沒有熏習所成的，那麼在現行與熏習上面來看時，七轉識便不應該與阿賴耶識互相成為因緣性。」意謂阿賴耶識中的種子現行時，會導致七轉識與染污法及清淨法相應；但七轉識的熏習，則會導致阿賴耶識中執藏的各類種子成就增減；然而種子是由阿賴耶識所攝藏的，因此七轉識與阿賴耶識的關係，若是從種子與現行來說時，阿賴耶識與七轉識就互相成為因緣了。若一切種子都是本有，則此因緣性即不可得，違背現量、比量與聖教量。

「**如契經說：『諸法於識藏，識於法亦爾；更互為果性，亦常為因性。』此頌意言：阿賴耶識與諸轉識，於一切時展轉相生、互為因果。**」護法菩薩舉出經教證明說：「例如《阿毗達磨經》中說：『七轉識等諸法相對於阿賴耶識如來藏時，以及阿賴耶識相對於七轉識等諸法時也是一樣；二者是展轉互相作為果報性，也永遠互相作為因緣性。』這首頌的意思是說：阿賴耶這個執藏識與七轉識之間，於一切時都是展轉相生，也是互相為因、互相為果。」

從種子生現行來說，阿賴耶識持種即是因，七轉識現起而有諸行就是果；從現行熏種子來說，七轉識與諸法的熏習是因，阿賴耶識執藏熏成的種子即是果。所以七轉識與阿賴耶識之間，始終都是互爲因果的。直到佛地常樂我淨之時，這種因果關係才會改變，成爲純以第八識心及種子爲因，七識心爲果，不再互爲因果了，因爲一切種子究竟清淨而不再受熏時，此後只有現行而不再有熏習了。

「《攝大乘》說：『阿賴耶識與雜染法互爲因緣，如炷與焰，展轉生燒；又如束蘆，互相依住。』」 這是玄奘再舉經論來證明說：「《攝大乘論》也說：『阿賴耶識與七轉識等雜染法互相成爲因緣，好比燈炷與燈焰互作因緣，才能展轉出生了火焰，但是火焰存續的過程中也逐漸燒掉了燈炷；又比如束蘆，是由三束綁在一起而成就三個支撐點，如此互相依存，才得以直立存在。』」

若沒有阿賴耶識這個執藏識來儲存各類種子，熏習的道理絕對不能成立，因爲熏習時必定要有能熏的七識心，同時同處要有所熏的第八識心流注及收藏熏習後的種子，染淨法的熏習才能成立，否則各類有記性及無記性的種子便無法存在，也無法使染淨諸法的種子產生現行，來使七轉識與諸法相應。但若沒有七轉識的現行與造作染淨諸行等熏習，也不會有各類染淨諸法的種子能被阿賴耶識所執藏。因此只能依於阿賴耶識對七轉識等染淨諸法造作的行爲，來成就熏習而作種子的執藏；以及依阿賴耶識所執藏種子的現行，而與七轉識相應於染淨諸法的造作，來建立祂們之間互以對方作爲因緣的道理。

「唯依此二，建立因緣，所餘因緣不可得故。」若是離開了八識心王之間的「種子生現行、現行熏種子」這二個法，而想要另行建立熏習的其他因緣，事實上是不可能的，所以說：「只能依阿賴耶識的受熏持種，以及雜染種子的現行等二種法，才能互相以對方來建立因緣，所餘的其他因緣都不可能存在的緣故。」然後玄奘解釋說：

論文：「若諸種子不由熏生，如何轉識與阿賴耶有因緣義？非熏令長可名因緣，勿善惡業與異熟果爲因緣故。

又諸聖教說有種子由熏習生，皆違彼義；故唯本有，理教相違。若唯始起，有爲無漏，無因緣故應不得生。有漏不應爲無漏種，勿無漏種生有漏故。許、應諸佛有漏復生，善等應爲不善等種。」

語譯：【如果各類染淨種子都不是由於熏習而產生的，如何能說七轉識與阿賴耶識互相有因緣的道理？並不是熏習使得習氣種子增長便可以名爲因緣，因爲不可能由善惡業直接來與異熟果作爲因緣之故。

而且諸聖教中也說有某些種子是由熏習而出生的，這全部違背那些人宣稱的一切種子都是本有的主張；所以他們所說一切種子全部都是本有而無熏習所生的主張，在正理上與聖教上都是全部違背的。反過來說，假使主張一切種子都唯有熏習之後才首次生起的，那麼有爲性的無漏法，沒有因緣之故便應該不得生起。而且有漏法的熏習也不應該成爲無漏法的種子，不可能無漏種子生起有漏法的緣故。如果允許他們這一類的主張成立，便應該諸佛還會出現有漏法復生的現象，而且善法也應該會成爲不善等法的種子。】

釋義：「若諸種子不由熏生，如何轉識與阿賴耶有因緣義？非熏令長可名因緣，勿善惡業與異熟果爲因緣故。」阿賴耶識中含藏的種子並非全部本有，也非全部由熏習所生，而是一部分本有、另一部分熏習所生的。假使各類善惡、染淨等種子都不是由於熏習而產生的，則是本有；既是本有，則不能也不必修行來改變或增益，那麼佛弟子引生新淨種子及修除雜染種子的修行便徒勞其功，「現行熏種子」與「種子生現行」的熏習道理也不能成就，又如何能主張七轉識與阿賴耶識互爲因緣的道理？

也不是單有熏習使得習氣種子增長便可以名爲因緣，因爲不可能由善惡業直接來給與異熟果作爲因緣，這些善惡業與異熟識的無覆無記性道理不符合，是故無法由異熟識來造作及成就熏習。必須有七轉識等雜染法造業而熏習無記性的阿賴耶異熟識，來受持各類善惡業種子的緣故；也要由阿賴耶異熟識受持善惡種子之後，再於捨壽之時由阿賴耶識的能生功能，來流注善惡業種子而生在來世報償善惡業種；因此導致**種生現**、**現熏種**的熏習道理成就，才能於來世正受異熟果及諸引業，由此而說阿賴耶識與七轉識等雜染法互爲因緣。既然有熏習的事實而會改變種子，已經證明他們主張的一切種子都是本有的說法不能成立。

「**又諸聖教說有種子由熏習生，皆違彼義；故唯本有，理教相違。**」而且於諸聖教之中，也都說有某些種子是由熏習而出生的，可就全部違逆他們所主張「一切種子皆唯本有」的說法了；所以主張種子全部都是本有而無熏習所生的理論，在正理上與聖教上都是互相違背的。

「**若唯始起，有爲無漏，無因緣故應不得生。有漏不應爲無漏種，勿無漏種生有漏故。**」假使有人反過來主張：一切種子都是熏習之後才首次生起，沒有本有的種子，那麼有爲性的無漏法，沒有本有種子作因緣便也應該不能夠生起，諸佛菩薩又如何能成就佛菩提而利樂有情永無窮盡。「有爲無漏」法或稱「無漏有爲」法，遵 佛付囑不得公開，容於增上班中宣說，以省篇幅。

而且有漏法種的現行本來就是有漏法，從來就不應該成爲無漏法的種子，也是永無可能生起無漏法來；反之，也不可能無漏的種子會生起有漏法。既無本有的無漏種子的緣故，再怎麼修行也不應該會有本有的虛空無爲、眞如無爲、涅槃無爲等無漏法生起。

「許、應諸佛有漏復生，善等應爲不善等種。」如果允許他們說的一切種子全部都是熏習而生起的主張，沒有本有的無漏法種，便應該諸佛成佛之後在人間遊行時，一定還會再出現有漏法復生的現象，再度成爲凡夫異生，因爲在人間一定會有五欲的接觸而受熏習的緣故。而且，在一切種子全都是熏習所生的前提下，各種無爲性的善法、無記法的種子，也應該會成爲不善法的種子，或者成爲無記法與有爲性善法的種子，於是種子與熏習的因果就會雜亂無章。例如善法種子，可以成爲不善法的種子而現行出來；反過來說，各類種子經由熏習之後轉變成惡法或無記法或善法等種子，不成就熏習的道理，顯然他們的主張不能成立。

第四目　破分別論者

論文：「分別論者雖作是說：『心性本淨，客塵煩惱所染污故，名為雜染；離煩惱時，轉成無漏，故無漏法非無因生。』而心性言，彼說何義？若說空理，空非心因，常法定非諸法種子，以體前後無轉變故。若即說心，應同數論，相雖轉變，而體常一。惡無記心，又應是善；許、則應與信等相應，不許、便應非善心體；尚不名善，況是無漏？有漏善心，既稱雜染，如惡心等，性非無漏，故不應與無漏為因，勿善惡等互為因故。」

語譯：【部派佛教中的分別論者雖然作出這樣的說法：「心的自性本來清淨，由於被外面的六塵客法煩惱所染污的緣故，名之為雜染；後時修行離開煩惱時，就轉變成為無漏性，所以無漏法並非沒有因緣而出生。」然而所謂心的自性清淨等言語中，應該探究他們分別論者說的究竟是什麼義理？若他們所說心的自性是空的道理，然而空並非心性之因，而常住不變的空無決定不是諸法的種子，因為常住不變的空無自體是修行之前之後都沒有轉變的緣故。如果常住的心是說大家所理解的覺知心，便應該同於數論外道一樣，認為覺知心的表相雖然有所轉變，而心體是常是一。那麼惡心與無記心，又應該說是善心了；若允許他們的主張成立，就應該常而且是一的惡、無記心能與信等善法相應；若是不許，惡、無記心便應該不是善心體性；這時尚且不能名之爲善，更何況說爲無漏之心？而且有漏性的善心，既然稱爲雜染，猶如惡心、無記心的自性並非無漏，所以不應該讓祂作爲無漏之因，不可能善法與惡法等互相爲因的緣故。】

釋義：「分別論者雖作是說：『心性本淨，客塵煩惱所染污故，名爲雜染；離煩惱時，轉成無漏，故無漏法非無因生。』」分別論者是指瑜伽行派[12]以外的大乘論師，以及小乘（聲聞部派佛教，一般而言共有十八部；持此說者主要是大眾部、一說部、說出世部、雞胤部）等聲聞僧眾。他們如此主張：「心的自性本來清淨，由於被外面的六塵客法煩惱所染污的緣故，名之爲雜染；修行之後離開煩惱時，就轉變成爲無漏性，所以無漏法並非沒有因緣而出生。」他們認爲自己主張的無漏法的出生，仍然要符合佛法諸法因緣生的道理，所以認爲應該有因緣而生，說爲「非無因生」；因此他們不承認無漏法是本然存在，要等待修行之後才能成就無漏法，所以他們是依六識論邪見而作出這樣的主張。但如此一來，這樣修成的無漏法即是有生之法，後時修緣散壞時必定有滅，當知即非真實不壞的無漏法。

12 依照《瑜伽師地論》的八識論義理修行六度以及弘法的大乘派別，名爲瑜伽行派。

其實他們所說的眞實不壞心，正是識陰中的意識覺知心，不是能生蘊處界的眞實心第八識，已成爲《中論》所破**諸法自生、共生、無因生**的邪說；甚至是落入識陰六識具足的境界中，成爲凡夫位的五識俱的意識境界。但由於意識心不是本來自性清淨的心，此爲世間有智之人皆所共見，因此必須要待修行的因緣來轉變成無漏性，其修行即是無漏之因，是故他們主張「**無漏法非無因生**」。

但眞正實證佛法的瑜伽行派諸菩薩所說的眞實清淨心，卻是第八識如來藏，亦名阿賴耶識、異熟識、空性、眞如，是本來自性清淨涅槃，無始以來本自如此清淨無漏，六度的修行只是促使這種無漏法顯示出來而已；而這樣的無漏法並非所生法，亦非有所得法，而是本然存在的，所以修行過程完成以後也就不會散失，是故與大小乘法中的分別論者所說迥然有異。

「**而心性言，彼說何義？若說空理，空非心因，常法定非諸法種子，以體前後無轉變故。**」由於大小乘分別論者主張覺知心是心性本淨，想要證成有漏法經由修行之後可以出生無漏法的邪謬道理；於是，論主玄奘提出論證說：「**然而分別論者所說心的自性本自清淨等言語中，他們所說的究竟是什麼義理？**」這是總難而提問，然後探討他們所說的過失：

如果他們所說覺知心的自性是緣生性空的道理，可是緣生性空並非覺知心出生之因，而覺知心也不是本來無漏的心性。緣生性空或緣起性空，只是覺知心生住異滅等現象法界的諸法所顯示出來的一種現象或事實，這樣的緣生性空或緣起性空不可以也不可能是覺知心出生的本因，何況能修成無漏法。而且他們所認爲心性本淨的覺知心既然是常住不變的法，決定不會是諸法的種子，因爲常住不變法的心體，是修行之前之後都沒有轉變的緣故；既然前後都無轉變，就不可能流注種子而有種種熏習所得的功能差別。所說「**心性本淨**」如果是指空無的道理，但空無不可能是六識心出生的本因，因爲空無這樣的常法決定不是諸法的種子，正是這樣的常住不變而無功能，當然沒有能生諸法的功能，不可能出生無漏法種。

「若即說心，應同數論，相雖轉變，而體常一。」如果他們說的空是指大家所理解的覺知心，便應該同於數論外道一樣，認爲覺知心的表相雖然有所轉變，而覺知心自體既是常、又是一，這就自相矛盾；因爲常或一都是永遠不變的，心性當然不該會被六塵中的染污或清淨境界所轉變。假使他們反過來主張，覺知心的自性就是眞如；然而眞如並非心性之因，因爲眞如只是阿賴耶識運行時，所顯現出來的眞實與如如的行相；這樣的眞如只是第八識運行時的所顯法，不是主體或心體，也沒有功能，不可以認定是「心性本淨」之因，當然不能出生無漏法種。也因爲「心性本淨」的心，自己即是因，不必另待他法爲因才出生無漏法種。而且常住的眞實心既然是常住不變法，自性絕對不可改變，更不會是諸法的種子；因爲常住的眞實心既然是常住不變的異熟心體方能受熏，絕對不可能是諸法熏習時的種子；也因爲常住不變法自體本身的心性，是在修行之前之後都不會有轉變，而且是執藏一切種子的異熟性的緣故，便成爲所熏習的被作用法，不可能成爲所流注的種子、而有善等三性種子的各種功能差別。從很多面向（例如善惡性、分別六塵、遍行別境心所、煩惱相應、五位中斷、能熏與所熏、自性可轉變、有漏無漏）來看，離念靈知或意識都不可能是眞如。

如果他們說的這一類空，是指大家所聽說的眞如，但他們這樣前後不變的眞如心，便應該同於數論外道一樣，認爲眞如心的表相雖然有所轉變，而眞如心自體是常也是一，卻又是不可能有所轉變的，這就自相矛盾；因爲常或一都是永遠不變的，不該會被六塵中的染淨境界所轉變，所以修行成爲無用，又何須主張以修行爲因，來成就無漏法。所以他們認定意識心是染污而且常、無轉變，卻又能受熏轉變爲無漏法，而且是能執藏各類種子而能生諸法的主張，於正理上是自相矛盾的，因爲能熏與所熏就是同一心而非同時同處的兩個心了。

如果他們部派佛教聲聞僧又反駁說：「**前面的有漏自體消滅，後面的無漏自體新生，道理上便可以成立。**」但這道理也不能成立，因爲這是以有漏性作爲自相，而其心性卻是無漏性的，所以論主玄奘質難他們說：

「惡無記心，又應是善；」既然覺知心的心體（或者把覺知心識陰、離念靈知心說爲眞如心自體，以下同）是一而且是常，則心性應該不會前後轉變；當覺知心是常是一時，惡心位與無記心位的覺知心，便也應該可以說是善心位的覺知心；而善心位與無記性位的覺知，也應該可以說是惡心位的覺知心了；因爲常而不變又是同一心，那麼前心位的善心應該同時也是後心位的惡心或無記心。

「許、則應與信等相應，不許、便應非善心體；尚不名善，況是無漏？」若允許他們這樣的主張可以成立，就應該常而且是一的惡心位、無記心位的覺知心，同時會與信等十一個善法相應，但事實上是顯然不能。若是不許惡心、無記心也是善心，就應該惡心、無記心也不是善心之體性，那麼這時覺知心必須要有三個，才能區分時段或空間而由不同的覺知心來現行及運作，才能使覺知心同時具有三性；但這樣一來，又違背他們自己主張的**心體是一是常**的義理。由此證明，覺知心自體不該是常是一又是不變的，否則這時的覺知心尚且不能名之為有漏善，更何況能說為無漏之心？

「有漏善心，既稱雜染，如惡心等，性非無漏，故不應與無漏為因，勿善惡等互為因故。」 再說覺知心既然同時是有漏性的善心（例如行善以求往生欲界天或說天堂中享福，與無漏解脫無涉，名為有漏善），仍屬於雜染而不脫有漏性的輪迴；既然覺知心在有漏善心位依舊被稱為雜染，便好像惡心、無記心等一樣，自性並非無漏，所以不應該建立此心作為無漏法出生之正因；因為善法與惡法、無記法不可能互相為因，也不可能由有漏善心來出生無漏心。

因此說，他們想要藉修行而將具足善等三性的覺知心六識，轉變成離念靈知而指稱為純無漏性的眞如心，決定不可能成功。這也是末法時代諸多大法師們的落處，總是想要把有漏性的第六意識覺知心或識陰六識，藉由修定離念而轉成無漏性的第八識眞如心，卻都不知道這其實是邪見，因為不論定力定境修得多好，不論他們能住於離念境界多久，這樣的離念靈知心永遠都還是識陰或第六意識，不會由於有定力就轉變為第八識眞如心。所以大小乘中的分別論者應該棄捨邪見而返歸八識論，求證第八識本來自性清淨涅槃的境界；因為他們所墮的離念靈知不能修行變爲眞如，有善惡性、能分別六塵、有別境心所、與煩惱相應、五位中斷、是有記性而是能熏、自性可以轉變、是有漏心、非異熟性故。

論文：「若有漏心，性是無漏；應無漏心，性是有漏；差別因緣，不可得故。又異生心若是無漏，則異生位無漏現行，應名聖者。若異生心性雖無漏，而相有染不名無漏，無斯過者，則心種子亦非無漏，何故汝論說有異生，唯得成就無漏種子？種子、現行，性相同故。」

語譯：【假使有漏心，其自性可以是無漏的；便應該無漏心，其自性也可以是有漏的；因爲其心是一，所以有漏性與無漏性的差別因緣，是不可能同時存在的緣故。而且，異生心如果是無漏，那麼異生位應該就會有無漏法現行，異生凡夫們就應該名爲聖者。如果因此改說：異生有情的心性雖然是無漏的，然而行相上顯示出來有諸雜染而不稱爲無漏，認爲是沒有上面所說過失的話，那麼依據現行不是無漏而言，異生心中的種子也就不是無漏的，又是什麼緣故你們在論中竟然還說有異生類眾生，只能夠成就無漏種子而不能夠成就無漏的現行？因爲種子與現行，二者的本性與現行後的有漏或無漏表相都相同的緣故。】

釋義：「若有漏心，性是無漏；應無漏心，性是有漏；差別因緣，不可得故。」若人主張有漏心的自性是無漏的，那就不必修行轉變清淨了，本來就是無漏而解脫的了，自然也應該一切有情本來即是究竟佛，但在理上絕無可能。話說回來，有漏心的自性決定是有漏而非無漏，假使強說有漏心的自性可以同時是無漏的；同理，便應該無漏心的自性即是有漏的，因爲心體既然是一，自性也應該是一，當然就應該同時具足有漏性、無漏性；然而有漏性與無漏性的差別因緣，必然不可能同時存在，否則便不該區分爲有漏與無漏，所以他們的主張皆成戲論。

「又異生心若是無漏，則異生位無漏現行，應名聖者。」而且，依大小乘等分別論者的主張，異生凡夫的種子既是無漏的，只是現行時被外境影響而成爲有漏，所以有漏心的種子也說是無漏的。那麼異生心種子既是無漏的，當種子現行時就應該也是無漏的，都應該名爲聖者才是。如果凡夫異生心含藏的種子就是無漏的，現行時竟會變成有漏，那麼異生位應該就不會有無漏法現行，但分別論者卻將異生心的種子稱爲無漏，可就自理相悖了。

「若異生心性雖無漏，而相有染不名無漏，無斯過者，則心種子亦非無漏，何故汝論說有異生，唯得成就無漏種子？種子、現行，性相同故。」如果分別論者因此改說「異生的心性雖然是無漏的，然而現行時由於被外相所污染而變成有種種雜染，所以不稱爲無漏，就沒有上面所說過失」的話，那麼從覺知心中流注出來的種子就應該也是無漏的，不會因爲外境的種種相所影響而變成有漏；或者流注出來的種子就不是無漏的，才會與外境相應而變成有漏。

既然是有漏種子，現行時一定也是有漏；若是無漏種子，現行時一定也是無漏；那麼聲聞部派佛教諸多論師及大乘法中的分別論者，在論中竟然還說有異生類眾生，只能成就無漏種子而不能成就無漏的現行，當然是自相矛盾的；因爲種子與現行，不論是由誰來立論，都說本性與運行的表相必定相同的緣故。

論文：「然契經說心性淨者，說心空理所顯眞如，眞如是心眞實性故。或說心體非煩惱故，名性本淨，非有漏心性是無漏故名本淨。由此應信：有諸有情無始時來有無漏種，不由熏習，法爾成就；後勝進位，熏令增長，無漏法起以此爲因；無漏起時，復熏成種。有漏法種，類此應知。」

語譯：【然而相契應的經典中說心性本來清淨的意思，是說眞實心空性之理所顯示出來的眞實與如如，眞實與如如是第八識如來藏心的眞實性之故。或者說眞實心自體不是煩惱法相應的緣故，名之爲心性本來清淨，不是分別論者所指的有漏心自性是無漏的緣故而名之爲本來清淨。由這個道理應該要信受：有諸多有情打從無始時以來便有無漏法的種子，不是經由熏習得來的，是法爾如是本來成就的；悟得眞如而明證此理以後，在勝進位中繼續熏習使令增長，無漏法的生起以這個本有的眞如法性作爲正因；當無漏法生起的時候，又重新再熏習成種子留存在所熏的如來藏心中。有漏法種的現行與熏習，其道理與這個無漏法種的道理是一樣的，學者對此應該如是了知。】

釋義：「然契經說心性淨者，說心空理所顯眞如，眞如是心眞實性故。或說心體非煩惱故，名性本淨，非有漏心性是無漏故名本淨。」當部派佛教諸派聲聞僧，以及大乘法中的分別論者所說，全部都被玄奘論破以後，他們心中又生起疑惑而提出請問：「如果眞的像您所說的這樣，是心性本來就清淨的話，這究竟是什麼法？」於是玄奘答覆說：在諸多與心性、種子、現行等法互相契應的經典中，曾經說第八阿賴耶識的心性本來清淨，這意思是說眞實心空性之理所顯示出來的眞實與如如。而覺知心只是識陰六識所成，並非眞實心，因爲剎那剎那生滅非常，眠熟等五位斷滅，而且通善、惡、無記等三性，一定是有漏心而無眞如法性，並非契經中所說的第八識眞實心。契經中說的眞如即是眞實與如如之意，表顯此第八識心並非生滅，其心體常住而心性不變，並於所有六塵境界永遠如如不動其心，總名爲眞如。如是眞如其實是第八識如來藏心阿賴耶識在運行之時，於六塵等境界中顯示出來的眞實性與如如性。外於第八識如來藏眞實心以外，別無眞如可證。

或者說第八阿賴耶識眞實心自體自始至終都不與煩惱相應，其心性不屬於煩惱法的緣故，名之爲心性本來清淨，顯示祂的自性是本來自性清淨涅槃。這並不是部派佛教等聲聞僧或大乘法中的六識論等分別論者，所指稱的識陰或意識有漏心自性本來無漏，因爲那六識心可通善、惡、無記等三性故，不可名之爲心性本來清淨。即使修行之後轉變成清淨心時，有時也還是會有不淨心生起，又是修來的清淨性，不是本來自性清淨，絕非眞如。

「由此應信：有諸有情無始時來有無漏種，不由熏習，法爾成就；後勝進位，熏令增長，無漏法起以此爲因；無漏起時，復熏成種。有漏法種，類此應知。」由以上所說的這些道理，有智學人應該信受：有各類的諸多有情，都是打從無始劫以來便都本有無漏法的種子，不是經由後天熏習得來的，而是法爾如是本來便已成就的無漏種子，與各種有漏種子同時存在於阿賴耶識心中。

有智慧的菩薩們悟得第八識眞如而分明實證這個道理以後，在悟後起修的勝進位中繼續熏習，使無漏法種繼續增長；這證明無漏法的生起成爲現行時，是以這第八識本有的眞如無漏法性作爲正因，已經證明無漏法種是本有的。當菩薩們悟後進修而使更多無漏法生起的時候，又成爲再次熏習而變成無漏法種子留存在如來藏心中，未來將會繼續有這類無漏法種現行；如是種子生現行以及現行熏種子，全都是同一類的第八識無漏性。

從意識的心所法以及從阿賴耶識的心所法來看時，道理也是一樣的。意識相應的心所法中，有五遍行與五別境心所，隨時在六塵境界中運行而了別順心境、違心境、不順不違境，必定會產生貪愛或厭惡等心，則與三毒等煩惱相應；意識流注出來的心所如是具有三性，當然熏回第八識中的意識種子也就同樣是有善、惡、無記等三性，這證明意識不可能是本性清淨心。

然第八阿賴耶識相應的心所法只有五遍行，沒有五別境心所，則與六塵境界不相應，當然就不了別六塵，因此而遠離順心境、違心境、不順不違境，如是自然遠離善、惡等二性；於是當祂陪同五色根及七轉識運行時，阿賴耶識心體自然就不會領受順違等三種境界，就會顯示出眞實如如的法性，即是自性本來清淨，因爲第八識心的等流種子流注出來成爲現行時，其心所的有漏或無漏的自性，一定是與自身相應的種子相同，所以第八識始終都是無漏性。這已證明無漏法種是本來而有，不是修習之後方才新生，如是應知。

第八識的無漏法種如是，七轉識的有漏法種現行與熏習，其道理與這個無漏法種的道理是一樣的；就是說，有漏法的種子流注出來時同樣會是有漏性的，如果沒有藉著證眞如的智慧加以熏習轉變成爲無漏法種，現行之後成爲無漏種子而留存在阿賴耶識心中，遇緣流注出來成爲現行時，自然也就成爲同一類的有漏法種；所有修學唯識學的佛弟子們，對此道理都應該如是了知。

論文：「諸聖教中，雖說內種定有熏習，而不定說一切種子皆熏故生，寧全撥無本有種子？然本有種亦由熏習，令其增盛方能得果，故說內種定有熏習。其聞熏習，非唯有漏；聞正法時，亦熏本有無漏種子令漸增盛，展轉乃至生出世心，故亦說此名聞熏習。」

語譯：【在許多的聖教之中，雖然說眞心如來藏中執藏的種子一定有熏習來的種子，然而並不是決定說一切種子全部都要由熏習的緣故所出生，怎麼可以全部排撥爲沒有本有的無漏種子？然而本有的種子也是可以經由熏習，使種子增盛之後才能夠得到熏習之果，所以才說第八識眞實心內的種子一定也有熏習來的。關於聽聞方面的熏習，並非單純只是有漏法；凡夫們聽聞正法之時，也會熏習本有的無漏種子使得逐漸增長強盛，展轉熏習增長乃至於後來出生了出世間心，所以也說這樣的過程名爲聽聞熏習。】

釋義：「諸聖教中，雖說內種定有熏習，而不定說一切種子皆熏故生，寧全撥無本有種子？」這是由於外道讀了佛經而提出經論上的說法，來作質難：「既然經論上有說種子是熏習得來的，說明阿賴耶識含藏的種子一定是由熏習而得，您說的卻是也有本有種子，不是由熏習得來的，這兩種說法要如何會通？」論主玄奘回答說：在第二、第三轉法輪的許多聖教中，雖然有說眞心阿賴耶識內執藏的種子一定有熏習得來的，然而並不是一成不變地指稱一切種子全部都是由熏習的緣故而出生的，因爲即使是有漏法種與無漏法種，聖教中也說全部都有本有及熏習所生的二類，怎麼可以全部都排撥爲沒有本有的種子？外道隨即質問說：「若是如您所說，經論中又何須說內種決定是有熏習？」論主玄奘答覆說：

「然本有種亦由熏習，令其增盛方能得果，故說內種定有熏習。」然而本有的種子也是可以經由熏習，使種子熏習之後才能夠得到增盛之結果，所以才說眞心如來藏執藏的種子一定也有熏習得來的。若眞心阿賴耶識執藏的本有種子無法被熏習，世間法的學習及出世間法的熏修便都成爲無用，三界世間便不可能出現及存在，故說內種一定也有熏習的事實與功能。

外道又質問說：「您說的道理雖然也是可以互通，但要如何說明聽聞熏習、聽聞清淨法界之後，便能等流正法種子而熏習起來呢？而且又說這樣即是出世間心的種子法性呢？」玄奘答覆說：

「其聞熏習，非唯有漏；聞正法時，亦熏本有無漏種子令漸增盛，展轉乃至生出世心，故亦說此名聞熏習。」玄奘這段文字的意思是說，種下解脫分的善根以後，在世間聽聞而熏習時，並非單純只是有漏法的熏習，有時也會出現無漏法的熏習；例如世間法中的技藝、禪定等學習之外，遇緣時也會熏習如何解脫生死以及成佛之道，不是只有熏習有漏法而已。這時由於有漏及無漏法種本就執藏在阿賴耶識中，凡夫位的有情聽聞正法之時，也會熏習到本有的無漏種子；隨著「聞熏習」的增進與斷煩惱的增進，本有的無漏種子就會逐漸增長強盛；如是展轉熏習增長以後，乃至有人也能出生了出世間心，成爲阿羅漢或菩薩。

所以說，凡是已得脫三界生死的聖者，都是經由「聞熏習」而付諸於實修，終於能成爲解脫生死的聖者；在實修過程中依然是以本有的無漏法種爲依，但不能離開「聞熏習」；而且聞後斷煩惱的實修也是熏習，是由串習而成就的熏習，才能使本有的無漏法種增長強盛。這兩種階位的過程既然都是熏習，就不能說本有的無漏種子沒有「聞熏習」；所以第八識眞實心中的無漏種子一定是本有的，熏習只是使它增長廣大而產生作用罷了。

論文：「聞熏習中有漏性者，是修所斷，感勝異熟，爲出世法勝增上緣。無漏性者，非所斷攝，與出世法正爲因緣。此正因緣，微隱難了，有寄粗顯勝增上緣，方便說爲出世心種。」

語譯：【聞熏習中的有漏性種子，是修道位所斷除的無明、煩惱、業種，由斷除這類種子可以感招未來世的殊勝異熟果，作爲出世間法實證上的殊勝增上緣。無漏性的種子，就不是攝在修道所斷法中，這些無漏種子是給出世間法作爲正因緣的。這個正因緣，微細幽隱而難以了知，往往寄託於粗大明顯的殊勝增上緣上面，就方便說之爲出世心種。】

釋義：「聞熏習中有漏性者，是修所斷，感勝異熟，爲出世法勝增上緣。」「聞熏習」是函蓋見道前的資糧位、加行位的，也是函蓋見道後的修道位，因爲見道後也是要藉著「聞熏習」來增長相見道位及修道位的斷煩惱、解脫與智慧。在見道位前與見道位後的二個階位中的「聞熏習」，於其修行過程中相應的有漏性種子，是在修道位中應該要斷除的無明、煩惱、業種，由斷除這類無明、煩惱及業種而證得聖果，可以感招未來世的殊勝異熟果，作爲出世間法實證上的殊勝增上緣，入地後的修道位中因此滅除許多障礙。

「無漏性者，非所斷攝，與出世法正爲因緣。」無漏性的種子不論本有或者熏習所生者，都不含攝在修道所斷法中，因爲這些無漏種子是給出世間法作爲正因緣的，所以成爲「非所斷」。換言之，若無本有的無漏性種子，在修道位中所修得的無漏種子便都屬於本無今有的有生之法，若是有生則將來緣散必滅，必然會散失不存。若無本有的無漏性種子，在見道位中也將沒有眞正的解脫道與佛菩提道可以見道，因爲所有見道必然全都成爲戲論，所修所證全都不離生滅法的五陰，與部派佛教遺緒的達賴、釋印順及其門人無異，由此證明本有的無漏性種子即是出世法的「正因緣」，不該主張說「沒有本有的種子」。

但這道理的現觀，得要親證第八識如來藏的眞如法性，以及本來自性清淨涅槃以後方有可能；未親證第八識者對本有的眞如及本來自性清淨涅槃，都只能理解及產生比量上的了知，乃至愚人或嚴重慢心者最後成爲非量上的了知，達賴、釋印順及部派佛教古今所有人都是如此。這類比量上的了知，通常都是錯誤而成爲非量，故說實證第八識者轉依眞如不退以後，方有實證上的現量可說。

「此正因緣，微隱難了，有寄粗顯勝增上緣，方便說爲出世心種。」這個「**正因緣**」其實即是第八阿賴耶識的眞如法性，即是第八識的本來自性清淨涅槃的無漏性；而這眞如法性以及本來自性清淨涅槃的境界，是很微細而且幽隱的，很難以思惟及藉經文研究而得了知，必須依靠實證第八識心才能現觀。如是「**正因緣**」，往往是寄託在粗大明顯的殊勝增上緣上顯示出來，因爲是唯證乃知而不可明言，就方便說之爲出世心的種子。

佛道修行主要有二：一、斷除煩惱障種子達到清淨滅盡；二、增長無漏法種子而達圓滿，業種則是在修道過程中隨緣而報償滅除。煩惱障所攝的種子即是三界愛的現行與習氣種子隨眠，既然都是必須滅盡，則是要歷經久劫斷除淨盡，一絲不存方才終止。無漏法種子既然必須增長到圓滿方才停止，則必須有本有的無漏法種才能熏習，否則熏亦無用；由是正理，說決定有本有的無漏法種子，可以經由「聞熏習」及實修而得增長，方能成就「淨智」。

但如是正理，都是要親證第八識之後現觀眞如法性及本來自性清淨涅槃，並且轉依成功方能現觀如是「正因緣」，未悟或錯悟者皆無其分；故說大乘眞見道的證眞如，以及悟後的轉依眞如成功不退，於眞正學佛的人而言極其重要。

依二乘解脫道的「聞熏習」及實修，只能斷除分段生死的煩惱，其無漏法性的增長有限，是故說爲下品；大乘般若及種智的「聞熏習」與實修，方是中品及上品，如《成唯識論述記》卷二有說：「問曰：『解脫、決擇二善根中，其無漏種增長何別？』答曰：『約有漏行有上中下，其無漏種增長有異。解脫分中，下品增故；決擇煖、頂，中品增故；其增上忍、世第一法，上品增故。』」然此說猶未到眞見道位，所說無漏法種只及於見道前的「聞熏習」增長。見道後的增長，詳後論文「唯識位」中說，此處容略。

第五目　依三乘種子遮障之有無建立種姓

論文：「依障建立種姓別者，意顯無漏種子有無。謂若全無無漏種者，彼二障種永不可害，即立彼為非涅槃法。若唯有二乘無漏種者，彼所知障種永不可害，一分立為聲聞種姓，一分立為獨覺種姓。若亦有佛無漏種者，彼二障種俱可永害，即立彼為如來種姓。故由無漏種子有無，障有可斷、不可斷義。

語譯：【依修道上的障礙建立種姓差別的道理，意在顯示有情眾生無漏種子的有或無。這是說如果第八識中完全沒有無漏種子的人，他們心中的煩惱障、所知障種子永遠不能夠壞滅，就建立他們為不能涅槃的法性。如果第八識中只有二乘無漏種子的人，他們的所知障種子永遠都不可能壞滅，其中一部分人建立為聲聞種姓，另一部分人建立為獨覺種姓。如果同時也有佛菩提法無漏種子的人，他們的二障種子同時可以永遠壞滅，即建立他們為如來種姓。所以是由無漏種子的有或無，二障便有可斷、不可斷的道理。】

釋義：「依障建立種姓別者，意顯無漏種子有無。」修學佛法的種姓有三種，是依有無聲聞、緣覺、菩薩種姓的種子來決定；若沒有修學三乘菩提過程中的障礙，便是有三乘菩提的種性，再依不同種性的種子有無來建立三類種姓，依此來確定一切有情是否具備了本有的無漏種子。若無三乘菩提種子的有情，便稱為無種姓者；若第八識中具有三乘菩提種子，但是其種姓不決定，可以隨著所親近的善知識而轉變爲二乘或大乘種姓，則稱爲不定種姓，詳如《楞伽經》中 佛說。

猶如《佛說寶雨經》卷五云：「**又能顯示有聲聞種性故，起聲聞乘；有辟支佛種性故，起辟支佛乘；有大乘種性故，起菩薩乘。**」於《楞伽阿跋多羅寶經》卷一〈一切佛語心品〉亦有是說：「**復次，大慧！有五無間種性，云何爲五？謂聲聞乘無間種性、緣覺乘無間種性、如來乘無間種性、不定種性、各別種性。**」這表示部分有情各自的阿賴耶識中，本有如是三乘菩提之無漏法種先已存在，而後經由「聞熏習」之後方得顯發及增長；部分有情的三乘菩提種性，要由「聞熏習」而出生。是故不可堅持說有情都沒有本有的種子，全部都要藉熏習而有；也不可說有情都有本有的種子，因爲其中也有許多都要經由「聞熏習」及實修而得的。

「**謂若全無無漏種者，彼二障種永不可害，即立彼爲非涅槃法。**」這是說如果完全沒有無漏種子的人，他們的煩惱障和所知障種子就永遠不能夠壞滅，依此來建立他們爲不能涅槃的法性；也就是相對於具有三乘菩提種性的人，說這類人是無種性者，不可能證得涅槃。詳如《楞伽經》所說。

然而這一類無種性人，並非本無無漏法種子，因爲第八識中的無漏種子本自具足，只是久劫以來的熏習、不與三乘菩提中之某一種性相應，故說其爲無種性者，並非本無無漏法的種子可以熏習；因爲無漏法種子即是第八識本有的眞如法性，或稱爲本來自性清淨涅槃，人人本有。只要就此本來解脫的清淨涅槃自性加以串習，實證後轉依於眞如，久劫亦可成功解脫及具足佛智等無漏法，故說無漏法種子必有本有者，但要經由「聞熏習」及實修之後方得顯發及圓滿。

「若唯有二乘無漏種者，彼所知障種永不可害，一分立爲聲聞種姓，一分立爲獨覺種姓。」如果第八阿賴耶識中只有二乘菩提無漏種子，但是沒有佛菩提無漏種子的人，他們阿賴耶識中的所知障種子永遠不可能壞滅，這類人有一部分可以修證聲聞法解脫道，建立爲聲聞種姓；另一部分人可以修證因緣法解脫道，便建立爲獨覺種姓。

「若亦有佛無漏種者，彼二障種俱可永害，即立彼爲如來種姓。」如果是既有二乘菩提無漏種子，同時也有佛菩提法的無漏種子，這一類人的煩惱障與所知障種子都可以永遠壞滅，因此建立他們爲如來種姓，可以修證佛法而行菩薩道。意謂佛種姓者，是必須具足斷除三乘法的障礙，必須實證三乘菩提而非單證大乘菩提或單證二乘菩提。

「故由無漏種子有無，障有可斷、不可斷義。」所以修行人應該歸屬於三乘菩提中的某一種姓，是依眾生心中無漏種子的「聞熏習」或有或無，使其煩惱障與所知障具有可斷或不可斷的差別來建立種姓，由此顯示無漏種子必有本有的道理，也有經由聞思修證而增長的道理。這是因爲無漏法種來自第八識阿賴耶心體的眞如法性，不論三乘菩提的任何一乘的實證都是如此；而第八識心體的無漏法性是一切有情悉皆自有，是故無漏法種子悉皆本有。

論文：「然無漏種微隱難知，故約彼障，顯性差別；不爾，彼障有何別因，而有可害、不可害者？若謂法爾有此障別，無漏法種寧不許然？若本全無無漏法種，則諸聖道，永不得生；誰當能害二障種子，而說依障立種姓別？既彼聖道必無生義，說當可生，亦定非理。然諸聖教處處說有本有種子，皆違彼義；故唯始起，理教相違。由此應知諸法種子，各有本有始起二類。」

語譯：【然而無漏法的種子微細幽隱而難以了知，所以各從二障種子之斷除是否有障礙，來顯示三乘種性的差別；不然的話，所知障與煩惱障有什麼別的原因，而說有可壞滅與不可壞滅的差別？如果說是本來就會有這兩種障礙種子的差別，反過來說，無漏法的種子難道就不許也是如此？如果本來就完全沒有無漏法種子，那麼三乘菩提各種聖道，一定是永遠都不可能生起；又有誰未來將能壞滅二障的種子，而說依於有無障礙的種子來建立三乘種姓的差別？既然他們的聖道必定不會有生起的道理，竟然說聖道未來將會生起，也一定不是正理。然而許多聖教之中，處處都說眾生第八識心中有本有的無漏種子，全都和他們說的只有熏習才有種子的主張互相違背；所以種子只有熏習才會生起的主張，不論在道理上或聖教上都是互相違背的。由此應當知道諸法的種子，各有本有和始起等二類。」

釋義：「然無漏種微隱難知，故約彼障，顯性差別；不爾，彼障有何別因，而有可害、不可害者？」無漏法的種子一向都是微細幽隱而難以了知的，所以自有佛教以來一直都是證道的人少而錯會的人多，因為無漏法的種子就是第八識阿賴耶心體的本來自性清淨涅槃，就是第八識的眞如法性；但第八識很難實證，所以唯證乃知，因此而說是「微隱難知」。

是故能否斷除二障而證得三乘菩提，只能從煩惱障與所知障的種子修斷之時，第八識心中是否含藏著障礙斷障的種子，來顯示三乘菩提無漏法種的有無，也顯示有情不同種性的差別。否則，所知障與煩惱障，就沒有任何原因可以主張能壞滅和不能壞滅的差別了。

意謂，若對於斷煩惱障有遮障的種子而無法斷除時，即是沒有斷煩惱障的根性，名爲非二乘種姓；若對於斷所知障有遮障的種子，而沒有斷煩惱障的障礙種，則能眞斷煩惱障而成二乘種姓。若對於斷所知障沒有障礙的種子，則三乘菩提俱能實證，名爲佛種姓，或者說爲菩薩種姓。若對於斷除二障都有遮障而無法與斷障相應，名爲俱無三乘菩提種姓，即是無種性者。如是皆依斷障之時有無障礙，來決定其根性。

「若謂法爾有此障別，無漏法種寧不許然？若本全無無漏法種，則諸聖道，永不得生；誰當能害二障種子，而說依障立種姓別？既彼聖道必無生義，說當可生，亦定非理。」如果外道們辯解說：「本來就是會有這兩種障礙種子的差別。」那麼依外道這個原則而反過來說，無漏法的種子難道就不許同樣是本來就會如此？所以無漏法種當然也是本來而有，但是修斷所知障時會有修斷的障礙或無障礙的差別不同。

如果本來就完全沒有第八識的無漏法種子，那麼各種聖道，不論如何修行，永遠都不可能生起；除非所生的無漏法種是生滅法，那就不是眞正的無漏法種了。果眞如此，又有誰在未來將能壞滅二障的種子，而說依於修斷二障的障礙種子有無，來建立五種種姓的差別？既然不論如何努力修行，他們的聖道必定不會有生起的道理；而說未來將會生起，也一定不是正理。最後作下結論說：**「然諸聖教處處說有本有種子，皆違彼義；故唯始起，理教相違。由此應知諸法種子，各有本有始起二類。」**然而在許多的聖教之中，處處都說眾生有本有的種子，全都和他們聲聞部派佛教或六識論的大乘學人，所主張的「沒有本有的種子，只有熏習之後才有種子生起」的道理互相違背；所以他們所說「種子只有熏習才會生起」的主張，不論在道理上或聖教上都是有所違背的。

由此道理，應當知道諸多有漏法及無漏法的種子，都是各有本有和始起等二類；其中無漏法種都是本有的，因爲那屬於常住的第八識心，是第八識常住不壞的眞如與涅槃法性；至於有漏法種則有熏習而始起的，也有本有而非熏習所起的。

第三節　眞假異熟及熏習之義

第一目　種子的六種自性相

論文：**「然種子義，略有六種：一、剎那滅：謂體纔生，無間必滅；有勝功力，**

方成種子。此遮常法，常無轉變，不可說有能生用故。」

語譯：【然而種子的道理，大略來說共有六種：一、剎那壞滅：是說自體才剛剛生起，沒有前後間隙而必定壞滅；但是有殊勝的功用勢力，才能成爲種子（功能差別）。這個剎那滅的道理，是遮止種子爲常的一般說法，因爲種子若是常就不會有轉變，不可說是具有能生作用的緣故。】

釋義：「然種子義，略有六種：一、剎那滅：謂體纔生，無間必滅；有勝功力，方成種子。」如來藏心自己與所含藏的各類種子，是有情身心及諸法的生因，名爲因緣；由第八識如來藏執藏各類種子故，有情方能於十方三界中世世受生、成長、造業、受果、老死而流轉不斷。由有如來藏及其種子爲因緣故，方有等無間緣、所緣緣、增上緣的生起及作用，方有證眞如及五法、三自性、三無性、七種第一義、七種性自性，成就三乘菩提諸勝妙法。

成佛之道即是在探討及實證第八識與諸種子等，引發如上的所證而能現觀宇宙萬有及有情身心的眞相；悟後繼續進修到究竟位時，一切種子究竟實證及理解之後，即名爲證得一切種智，彼時四智圓明，方是成佛時。成佛之道的全部過程與結果，全都圍繞著第八識而進行而成功而圓滿；若有人主張「親證第八識者非眞見道」，名爲愚癡，這是因爲成佛要證一切種智故，但一切種子的智慧要由親證第八識後進修，方能次第成就故，佛位的第八無垢識仍是因地第八識心體故；始從初見道，末至究竟成佛前之妙覺位，悉皆不離第八識及其所含藏種子之探究故。

然而種子的第一種特性就是刹那滅，是說種子自體才剛剛生起現行時，前後種子無間現起相續不斷，但每一刹那種子都必定隨即歸於滅失，才能引生後種子繼續現前，維持種子前後變異運行的功能，否則三界中的一切法都不能生起現行及運作。世人口說喜歡常法，希望能永住人間；但若諸法常而不變，則是沒有生滅性的法；既無生滅性就不會有功用，也不會形成勢力，不可能在各種有爲法上生起作用來。若是在有爲法上會生起作用的才會生起勢力，但卻一定同時也是有生有滅的，因爲有生有滅才能前後不斷轉變而有作用，這便是種子的眞實義。

「**此遮常法，常無轉變，不可說有能生用故。**」種子既然又名功能差別，必定是有作用的，當然也是有爲法，有可能是有漏有爲性，也有可能是無漏有爲性，所以種子一定是有生有滅的法性，必然是前後轉易而刹那生滅的。然而第八阿賴耶識如來藏住持五陰身心於三界中時，自身也有有爲法，卻是無漏性的有爲法，與七轉識有漏性的有爲法大異其趣，依三界中的如是現量修行，才能成佛及解脫。

如是無漏有爲法及有漏有爲法，於後論文中自當說明，此處暫略。

這些非常而有作用的種子，含藏在第八識心中，流注出來產生功能作用，生滅不住時藉著等無間緣，即能時時產生作用；而第八識心體常恆無間、不滅不斷，除了自身在六塵外的功能作用之外，同時也能變現內六塵給七轉識領受及分別，又同時含藏七轉識等各類種子的作用，所以第八識心體常、所含藏的種子非常，成就**非斷非常**之中道正義。能如是如實觀行者，方可名爲中觀師；應成派及自續派的所謂中觀師皆不能如是觀行，不是眞正的中觀師，只是名詞上自以爲中觀師。

這一切法種全都攝歸第八識心體，故言第八識如來藏**非斷非常**。所以第八識眞如心體的**各類作爲**，既不落入常而無作用之過失中，即是無漏有爲法；但也不落入非常而不能持續存在之過失中，即是無漏無爲法。

一切種子是前後剎那剎那生滅相續的自性，由等無間緣而令前後種子流注，有次第的逐漸轉變，才能產生殊勝的功能差別；所以玄奘說，第八識如來藏所含藏種子的道理，大略說有六種：一、剎那壞滅。這意思是說，種子自體才剛剛生起，前後種子之間沒有間隙，即是等無間緣，然而每一種子生起之後必定壞滅；但是一定是有殊勝的功用勢力，於前後相續不斷生滅之中發生作用，才能成爲種子，所以種子又名功能差別。

此段論文中說「有勝功力」，意謂前後種子生滅轉變之間，可以產生能取的作用，所取也能產生給與異熟果的作用，因果如是得以成立，方名「有勝功力」。由有種子「勝功力」故，能與諸法相應而運行，是故地後「道種智」中說八識心王皆有見分；然此已非三賢位中所說之法，此處容略，不宜公開梓行故。

玄奘菩薩這一段論文的說法，是遮止凡夫與外道「種子為常」的主張；因為種子若常，就沒有生起之後的前後剎那生滅的轉變，不可以說是具有能生起「存種」以及「與果」等作用的緣故，努力修行也不能改變為清淨性而不能成佛故。

如《成唯識論述記》卷三：「述曰：此簡略也，無為不然，無轉變故，無『取、與』用，非能生也。亦顯大眾等四部、化地部，十二緣起非是；無為無取無與，無轉變故。即遮正量部長時四相，非剎那滅故。若謂後時有勝功力，初位無者；初亦應有，體一故，如後時；後應無，體一故，如前位。故體纔生，無間即滅名為種子；有勝功力，纔生即有，非要後時。又遮外道自性、神我等常法為因，無轉變故。」故說種子必定是前後生滅而剎那壞滅，方能「有勝功力」。

論文：「二、果俱有：謂與所生現行果法，俱現和合，方成種子。此遮前後及定相離，現、種異類互不相違，一身俱時有能生用；非如種子自類相生，前後相違，必不俱有。雖因與果有俱不俱，而現在時可有因用，未生、已滅，無自體故。依生現果，立種子名；不依引生自類名種，故但應說與果俱有。」

語譯：【二、果俱有：是說種子與所生現行的果法，同時同處現行而和合在一起，方能成爲種子。這是遮止種子與現行果法互有前後，以及遮止種子與現行果法一定相離的主張，現行與種子在狀態上雖然是異類，但本質上互不相違，同在一身之中而同時都有能生各種作用的功能；不是像種子一樣自己同一類前後互相引生，如果同類種子一前一後的自性互相違背，其功能必定不能同時存在。雖然種子因與現行果之間，有同時與不同時的差別，然而現在此時卻可以有引因的作用，當種子處於未生和已滅的階段時，都是沒有自體性的緣故。依種子可以引生而顯現其果，來建立種子的名稱；不依引生自類的種子來稱爲種子，所以只應該說種子與果同時存在。】

釋義：「二、果俱有：謂與所生現行果法，俱現和合，方成種子。」「果俱有」的意思，是說種子是在因位尚未現前的功能差別，與正在作用的果位功能差別同時存在，才能名爲種子；要因如此，才能使一個有情身中有許多種類的功能差別同時現行，例如八識心王各自不同的功能差別同時現行。這一段論文，其實寓有兼談「等無間緣」的意思。

「**此遮前後及定相離，**」如果因位的種子與現前果位的功能差別流注出來時，有前後分位而不是「等無間緣」時，成爲「前後及定相離」，即是有間斷而非同時同處，此時種子與現行必定成爲不相聯結的前後二個法，則種子就不可能有眞實存在的「與果」及「存種」的作用。如果種子與現行是前後相離而不能聯結，各種功能差別的種子就與現行不相干，便不能確定種子眞的存在，也不可能會有種子的現行。

「**現、種異類互不相違，一身俱時有能生用；**」以上說的是種子與現行之間的關係，這個「等無間緣」一定是同類種子間的事。若是自類前後種子一定是「不俱有」，必須前種子落謝時引生後一同類種子現前，此時前種子要開避其位成爲落謝，才能使後種子緊跟著在同一個位置現前。如是前種與後種持續不斷，前種子與後種子之間有輕微差異；而此前種子與後種子間的變異現象持續不斷，演變到最後階段時便能成就「與果」的功德。必須前後無數種子持續不斷地接替流注出來而變異不止，但前後種子之間都是「等無間緣」，才能產生種子「與果」及熏習或造業後的「持種」作用出來。

但是現行與種子若是不同的種類，這樣的異類可以同時出現，不會互相有所違背。例如眼識的種子尚未現前，仍是種子；但意識種子已經現行了，這時眼識種子與意識現行正是異類，一爲種子而另一種爲現行，但仍然可以自行運作而不違背；所以後時眼識種子也可以流注出來，當眼識的果位現前了，能與意識的果位同時存在而配合運行，所以說：「現、種異類互不相違，一身俱時有能生用。」

「非如種子自類相生，前後相違，必不俱有。」這並不像所有種子的前後流注，都得自己同一類的前種子來引生，否則，前時意識種子與後時眼識種子若要成爲「等無間緣」而互相引生時，就會有「前後相違」的差異存在，不能互相引生，由此證明前意識種子不能引生後眼識種子。所以說，前意識種子不能引生後眼識種子，是因爲種類前後相違，這樣的種子與現行決定不可能同時存在而成爲「等無間緣」，所以說這類事相「必不俱有」。必須是意識的現行，由同俱的意根現行而引生後眼識種子，使意識、意根、眼識三法的種子同時現行而共存。所以同一識的自類種子現行時不可能前後二個俱有，因爲與前後連續現行的規則相違背，不能成就自類種子的「等無間緣」故。

熏習所成種子也是一樣，如《成唯識論述記》卷三說：「問：『若爾，如何本有同念得生新熏？體相違故。』此不同時，如世第一法無漏緣，增本有種子，牽生後念任運自類法爾之種，復能爲因生於後念一新熏種。本、新二種緣力既齊，同生一現，故無同念『種生種』失。」

問：「這裡雖然顯示『與果』和『種子因』是同時存在的，但這只是相對於現行而說的，因此可以將種子現行之時說爲因緣之理；但若是種子相對種子時，既然是容許前後不同時，如果種子已入過去位，那麼是以何者爲因緣？」答：

「雖因與果有俱不俱，而現在時可有因用，未生、已滅，無自體故。」種子因與現行果之間當然會有同時與不同時的差別，然而現在此時卻可以有引生現行果的作用，所以稱爲種子，當知種子即是現行的因緣；當種子還在未生或者已滅的階段，都是沒有自體可以指稱的，因爲還沒有在現象界中現行，而且都是不能自己獨自存在，都要有所依的第八識如來藏才行，而且六識現行時還得要有所依根才行。所以說，尚未生起的種子，或是已滅的種子，都不可能與現行位的種子同時存在，因爲「無自體故」。

問：「作爲諸法的因緣，這因緣既然通種子與現行的三界有種，那又爲何說種子是與果俱有呢？」答：

「依生現果，立種子名；不依引生自類名種，故但應說與果俱有。」這其實是依種子可以藉外緣引生，來顯示有現行時的果位功能差別，因此建立爲種子的名稱。但是，爲何不依引生自類的後種子來稱爲種子呢？因爲那時已經是現行了；而且種子也不會在種子位來顯示現行果位時的功能差別，因爲尚未現行故。

由以上道理，只應該說因位的種子是與同一類果位種子的現行，成爲前後相連而異時存在，不能主張種子與現行是前後獨立存在而無關連，或說是前後種子各自分離的存在，因爲前後種子有引生的功能存在故。

至於種子的自心流注，誠如窺基法師於《成唯識論述記》卷三所說：「述曰：依生現行果之種子，名爲俱有，不依引生自類名種。何故爾耶？能熏生故，望異類故，果現起故，相易知故。種望於種，非能熏生，非異類故，非現起故。非易知也，此中不說。」

論文：「三、恒隨轉：謂要長時一類相續，至究竟位方成種子。此遮轉識轉易

間斷，與種子法不相應故。此顯種子，自類相生。」

語譯：【第三、種子恆常隨同藏識現行而持續運轉著：這是說熏習的過程是要長時間而同一類相續不斷進行著，到達熏習完成的究竟位才會成就種子。這是遮止轉識運轉時會轉易不同類種子和間斷，因爲與種子的法性不相應的緣故。這第三個道理是顯示種子，一定是由自己的同一類前後互相引生。】

釋義：「三、恆隨轉：謂要長時一類相續，至究竟位方成種子。」種子一定是「恆」而不斷地常「隨」阿賴耶識現行及運轉著，不可以中斷，也無法不隨阿賴耶識而自行運轉，所以必須「恆」而且「隨」，才能有種子現行。這也是說種子的運行與熏習，一定是同類種子長時間前後相續而非只有數刹那現行；而且不能中斷變易爲他事，一定是同一類事長時間運轉到完成時，新熏的種子才能成就；而這樣的熏習，前後種子都得相續不斷地隨於阿賴耶識來運行及轉變，所以稱爲「恆隨轉」。這表示阿賴耶識常住而有功用，非未證者或錯證者所知。

「此遮轉識轉易間斷，與種子法不相應故。」部派佛教聲聞人認爲，種子可以獨自存在，不必有阿賴耶識執持而隨識運行，故稱「阿賴耶識只是種子的集合體，實際上並無第八識心體的存在」，後代釋印順踵隨如是邪見而寫在書中；或是主張只要有熏習，種子一定能成就，不必有第八識的存在與運作。因此玄奘主張「恆」與「隨」，遮止會中斷的七轉識可以執持種子，也遮止五色根執持種子，並且遮止種子可以外於持種的阿賴耶識獨存而自行運作，因爲這三種主張都與種子的法性不相應的緣故。

「此顯種子，自類相生。」「恆隨轉」之意，不但顯示一切種子都得隨於阿賴耶識而運轉，也顯示一切種子都是自類前後相生，不會異類種子前後互相引生。

問：**「第七識是要到金剛心時方才頓斷末那心性，爲何這第七識不能名爲種子？又爲何不能持種？」**答：第七識在三賢位以及十地修道過程中也是可以轉變的緣故，並非無覆無記性，亦非常住不變的心，當然不能持種。意根隨於意識緣於六塵境界時，也是很容易脫離所緣境界的緣故，不是無覆無記性心，不能持種。而且意根在尚未對治的十地位中既可改變，名爲轉識，是能熏的心體，自然不能名爲種子。而且意根是心，猶如前六識是心一樣，但種子的自性如前所說，前後剎那生滅，與意根的恆相續大有不同的緣故，因此意根不能名爲種子。而且種子之中還有色法的種子，也非意根之所能持，意根是心而非色法故。

《成唯識論述記》卷三：**【問：「若爾，如何名有受盡相種子、無受盡相種子？**

名言無記種，生果無量無盡，可恆隨轉，善不善等種生果有限，如何恆轉？」答曰：彼據生果有分限，名有受盡相；非種子體未得對治即滅無餘。又有分熏習名有受盡相，名言熏習，名恆隨轉；此等種，唯有自類生果恆隨轉，即是與果，不俱有名種，此闕恆與果俱一義。問：「若闕一義得名種子，其第七識闕『恆隨轉』，應名種子。」答：此不應爾，今於此中，正以生滅、恆轉二理，顯種子義。餘但別遮，非正顯故，其第七識為種不成。】問：「若恆隨轉，得名種子，應善種等，生不善等。」答：

論文：「四、性決定：謂隨因力生善惡等，功能決定方成種子。此遮餘部『執異性因、生異性果、有因緣義』。」

語譯：【第四、種子的法性決定不變：是說隨著造因時產生的勢力而在後時出生善果、惡果、無記果等，要到受果的功能決定不變以後才會成就種子。這是遮止其餘小乘薩婆多部「謬執不同法性的因、出生不同法性的果、也可以有這樣的因緣道理」。】

釋義：「四、性決定：謂隨因力生善惡等，功能決定方成種子。」種子的第四種特性是法性決定不變，倘若法性還沒有決定不變時，顯示熏習或造業尚未完成，種子尚未成就，便不能稱爲種子。換言之，必須現行的一切善、惡、無記業進行到最後完成時，其善、惡、無記性已經確定了，未來這個業行的勢力已經存在了，不會使善業變成惡業種子，其餘的惡、無記業亦復如是；此時來世的異熟果已經確定了，這時才能稱爲種子。

「此遮餘部『執異性因、生異性果、有因緣義』。」部派佛教薩婆多部邪謬所執，認爲惡因種子可以生善果、無記果，無記因種子亦可以生善果、惡果，善因種子亦可以生惡果、無記果等。但他們執著異性因生異性果，也可以認定爲符合因緣果報的說法，會成爲種子法性不得決定的過失，就不能稱爲種子。

然而善因種子必生善果，惡因種子必生惡果，無記因種子必會出生無記果，因爲各類因的種子法性是決定不變的；這是因果律中不可能被改變的至理，也才符合因果律，才有因緣正理可說。但部派佛教等小乘諸部中有些主張異性因生異性果，不符合種子法性決定的道理，所以論主提出種子的第四性來：性決定。

論文：「五、待衆緣：謂此要待自衆緣合，功能殊勝方成種子。此遮外道執自

然因，不待衆緣，恒頓生果。或遮餘部緣恒非無，顯所待緣，非恒有性；故種於果，非恒頓生。」

語譯：【第五、種子要等待眾緣和合才能成就：是說這種子要等待未來它自己相應的眾緣和合了，已確定未來可以生起果報的功能殊勝而能成功時，方才成就種子。這是遮止一種外道謬執自然爲因，不必等待眾緣，恆時都能頓時生起果報。或是遮止部派佛教中的餘部主張「緣恆有而非無」，這個待眾緣的道理，是顯示種子生果時所待的眾緣並非恆有性；所以種子相對於未來的果報而言，既不是恆常也非頓生。】

釋義：「五、待衆緣：謂此要待自衆緣合，功能殊勝方成種子。」種子是因，現行是果，但種子的成就也要有眾緣和合才能成辦爲果；而且眾緣助成種子的功能也是殊勝的，才能熏成現行後的果；這意思是說，有的種子不是自然成就的，唯除等流習氣因的種子。

問：「既然種子不是自然成就的，爲何前面又說無漏法種自然成就？」答：無漏法種其實本有，因爲無漏法種即是第八識的本來自性清淨涅槃，或是第八識的眞如法性，皆是本有，非修而成；然而有情持有如是無漏法種時並不自知，要待善知識教導方知；了知以後也要等待加行實證方得成就現觀，進而成就多種現觀以後亦待久劫修行方能成佛，故說證悟後的解脫及實相智慧種子，乃至諸地以及成佛時的解脫與實相智慧種子，都不是自然成就，同樣都要「待眾緣」才能成果。

「此遮外道執自然因，不待眾緣，恒頓生果。」有外道謬執說，宇宙中別有一法名為自然，由自然故有各類種子成就，不必熏習；所以不必等待眾緣來成就種子，若到了該頓時出生果報時，種子便會頓時出生果報了，不必等候助緣具足。即使成就解脫果或成就佛果也是一樣，全都由「自然」來成就，所以偶然的因緣來到時，便得解脫或得成佛。這樣的說法，在佛門中也有大法師相信，例如釋印順在書中主張：**釋迦牟尼佛的成佛，只是人類歷史上的一個偶然。**如是所說同於自然外道，意謂並非三大阿僧祇劫的長時修行，也不是具足三乘菩提中所有的一切修斷與所證而導致的佛果，只是因緣際會而自然成佛的。所以論主玄奘主張種子的成就，要「待眾緣」，謂成佛種子要待三乘菩提的具足修斷與實證，方可成就果德；這也同時破斥「大梵天、時、方」可以成就果報等外道的謬執。

「或遮餘部緣恒非無，」這也破斥部派佛教小乘僧人的主張：成就種子的外緣恆有，不是非無。古天竺人自古相承，執著眾緣之體於一切時皆有，所以緣恆住，而且常有。今破之曰，要待眾緣具足之時種子方能生果，以遮外道所執。謂若緣恆有時，種子即應恆時都能生果，爲何現今不生解脫果、佛菩提果等，要待他時眾緣具足方能生果？由此證明緣非恆有，而「遮餘部緣恆非無」。

「顯所待緣，非恒有性；故種於果，非恒頓生。」種子要「待眾緣」這第五個條件，也是顯示種子熏習成就時必須要有相對的助緣，此緣並非恆有性；否則即成爲一切種子都是本然而有並且已經具足成就，不必熏習，應當一切人都可頓成善果、頓成佛果；然而並非一切人都能有自然而有的這類種子，也不可能不熏習而頓成善果或頓成佛果。這顯示種子得要相待於眾緣才能熏習而成就。

論文：「六、引自果：謂於別別色心等果，各各引生，方成種子。此遮外道執唯一因生一切果，或遮餘部執色心等互爲因緣。唯本識中功能差別具斯六義，成種非餘。」

語譯：【六、引自果：這是說於各種不同的色或心等種子現行時的果，都是由各種色或心等自類種子爲因而各自前後引生，要有這樣的功德方能成爲種子。這是遮止外道所誤執的唯有一因而能出生一切不同種類的果，或是遮止其餘部派佛教所執著的色與心等互相作爲因緣來引生色法或心法。「引自果」的功德，是唯有根本識阿賴耶識中執藏的各類種子——各類功能差別，才具有這六種道理，可以成就種子而非其餘諸法。】

釋義：「六、引自果：謂於別別色心等果，各各引生，方成種子。」這是說色法要由色法種子所引生，七識心法要由七識心法種子所引生，心所法要由心所法的種子所引生，煩惱要由煩惱心所的種子所引生，第八識的功能差別要由第八識的自身種子引生；不是色法能引生七識心法，不是色法能引生五別境等心所法，不是五遍行等心所法能引生煩惱心所；並不是七識心法能引生色法，不是心所法能引生色法，也不是七轉識各自的種子與相應的種子能引生第八識的自身種子，而是由色或心等各類不同的種子，各自引生自類諸法種子的現行，然後由這些現行來回熏種子到所熏的阿賴耶識心中，方能成就各類種子的熏習。這是種子的第六種特性。

「此遮外道執唯一因生一切果，或遮餘部執色心等互爲因緣。」有外道主張大自在天或大梵天王是一切法的生因，現代人稱爲造物主；一神教的「上帝創造萬物說」也都屬於此類。他們認爲這個唯一的天神創造了一切，認爲世界萬物及有情都由他所創造。但不論上帝或大自在天或大梵天王，也與有情同樣都是五陰，同屬有記性而有喜怒哀樂，不外於三界色心的境界；然而一切三界中的色與心等五陰都不能出生其他任一有情的色或心，因爲這只有無覆無記性的第八識方能辦到，所生也只是自己的五陰身心，不生他人的五陰身心。

而且大自在天、大梵天王等一切天神也都是五陰而不是種子，沒有能生的功能，不能出生任何有情的色與心，包括他們自己的色與心。並且，若大自在天或大梵天王、上帝等有情，眞是一切有情的色與心的生因，也不符道理，因爲各類種子都是唯生自己一類的現行果，所以唯一因而生萬種果的道理也不能成立。

部派佛教等小乘僧人妄議大乘唯識妙法，例如薩婆多等部派的六識論僧人，主張以色蘊爲因，能生受想行識，即同於唯物論外道的邪見；又主張四蘊等心法爲因，能生色蘊。這二種主張都是玄奘所說種子的第六種法性中想要遮止的邪說，因爲他們所說的種子都是引他果，而非「引自果」。然而色是無情，是物質；七識心是有情，有情緒；二類不同，不能由色類而引生心及心行，故說色不能生心；同理，七識心是被生的精神而非物質，亦無大種性自性而不能生物，故說七識心不能生色等十一法。若色能生心，所生心將同於色而不名爲心；被生之七識心若能生色，所生色將同於心而不名爲色；能引及所引不同種類，是故色蘊與七識心不能互生，唯有各類種子方能引生自己同類的色、心或煩惱等現行果；而諸種子都歸屬第八識，第八識非心心非色，有大種性自性等，方能出生五陰及諸種子等。

同理，眾生不是大自在天、上帝或大梵天王所生，如今外道說有造物主能生一切有情及器世間，即成「引他果」而非「引自果」，是由他人來引生有情自身出生之果報故。如是「引自果」之理，同破部派佛教聲聞凡夫僧及外道造物主之說。

《成唯識論述記》卷三云：「問：『言〔恆隨轉〕名爲種子，第八識現行既恆隨轉，爲名種不？』答：有說亦得，以名一切種子識故。問：『若謂然者，此現行望自種既非因緣，非能熏故，如何名種？』答：有說不得，言一切種子識含藏一切法，能生一切法，名一切種，非彼現行能生自種。種雖依識現行，自體是識所緣，不同於識，故識現行非名種子。」

「唯本識中功能差別具斯六義，成種非餘。」結論是，只有根本識如來藏又名阿賴耶識心體中，含藏著各類功能差別，具足函蓋色、心、煩惱、解脫、智慧等法的種子，才具有種子的這六大類功能，不是餘法的三界色與心等五陰有情，例如上帝、大梵天王、大自在天等，能具備這六種功德。

證悟之人所應知者，謂種子是根本識之親所緣緣，但種子現行時並非根本識自體，不同於根本識心體的現行，不許主張根本識之現行名爲種子，然此意涵唯有眞實證悟者聞之能知，並非未悟或錯悟者之所能知。

有問：「色心之外的穀麥種子，既然也有能生果實的現象，也可以名爲種子否？」答：

論文：「外穀麥等，識所變故，假立種名，非實種子。此種勢力，生近正果，名曰生因；引遠殘果，令不頓絕，即名引因。內種必由熏習生長，親能生果，是因緣性。外種熏習或有或無，爲增上緣，辦所生果；必以內種爲彼因緣，是共相種所生果故。」

語譯：【有情身心之外的穀麥等，只是共業有情的根本識所共同變現的緣故，依世俗法方便假立種子的名稱，並不是有情身心的眞實種子。這裡所說根本識含藏的這些種子的勢力，出生近在眼前的正報之果，名之爲有情的生因；還能引生遠在受生之後的殘餘果報，使這些殘果不會頓時斷絕，就名之爲引因。阿賴耶識內含藏的很多種子必定經由熏習而出生或成長，親自出生現前的正報異熟果及等流果，這就是諸法的因緣性。外種的熏習或時有、或時無，那只是作爲諸法的增上緣，能成辦所生的依報之果；但必須以內種作爲那外種穀麥的因緣，因爲外種是有情共相的種子所出生的果實故。】

釋義：「外穀麥等，識所變故，假立種名，非實種子。」有情身心之外的穀麥等種子，都是共業有情的根本識如來藏共同變現出來的，以供有情現前受用，以此緣故假立爲種子，這並不是有情如來藏中所執藏的眞正「因緣」的種子。

而且有情衆生八識心王各有不同種類的分別功能種子，都只在有情的五蘊身心中起用，並不在外法的穀麥等種子上起用，故說外法穀麥等並非眞實種子，亦非四緣中的「因緣」所生之果，故說唯有如來藏所執藏的各類分別功能、煩惱執著等功能，名爲內法眞正的「種子」。

「此種勢力，生近正果，名曰生因；引遠殘果，令不頓絕，即名引因。」以上所說具有六種法性的內法種子具有的勢力，出生了有情現前正受用的異熟果與等流果，名之爲「生因」；例如現前正報的名色身心，或是現前可以受用的植物飲食等依報。內法種子還能引生時間較長遠的殘餘果，例如死後的屍體，或如留到未來數百年後的枯骨，或是收割後棄置的乾枯草木，使得種子所生之食物或器物不致於立即斷絕，這種功能便稱爲「引因」。

或如地獄正報之後轉生他道，歷經餓鬼道、畜生道之後，方得回到人間，而猶有餘報，謂甫生人間的前五百世盲聾瘖啞等，如是地獄果報正受之外的這些果報，皆是「引遠殘果，令不頓絕，即名引因」。若從正報後的未來世中，於一一世各該受報之時而言，「引遠殘果」亦名「生因」，是該有情每一世出生之親因故。

「內種必由熏習生長，親能生果，是因緣性。」「外種」非由熏習而得出生或增長，要由共業眾生的業力所致；至於阿賴耶識所執藏的「內種」，必定是由熏習才能出生與增長，例如熏習欲界法而使欲界種子流注，便出生了欲界身心，這是法爾而有的種子因爲熏習而生長。若是長時熏習色界法，便不出生欲界種子，而出生色界種子，故說「內種必由熏習生長」，這樣的「內種」能親自出生有情的正報異熟果與等流果，所以「內種」即是有情五陰身心的「因緣性」。

若是世間技藝等事上或如菩薩性等，是前所未曾熏習者，後時經由長時串習完成，則能出生或是增長，是故亦說「內種必由熏習生長」。這類能生有情身心的種子，就是有情身心的「因緣性」。若是能生有情所受用之植物或果實中的外種，同樣也具有「因緣性」，是有情五陰身心外法的因緣故，但卻是由業力所導致，而非由熏習所生、所長。

「外種熏習或有或無，爲增上緣，辦所生果；」「外種」的熏習或有或無，例如苣藤被花香熏習而有香味，又如其他被近傍花香熏習的植物或果實，使該植物或果實帶有花的香氣；若如松柏等樹之於雜草，則無熏習，各各呈現原本的香味。這類熏習則是有情的「增上緣」，不能稱爲「因緣」，因爲是外種的熏習，只能成辦有情依報上的「所生果」，不能成辦有情的五陰身心正報故。

「必以內種爲彼因緣，是共相種所生果故。」其實眞正成辦眾生果報，使正報的異熟果及等流果現行的，是眾生的阿賴耶識所持「內種」，這才是眞正的種子，才能說是有情身心眞正的「因緣」；因爲「外種」都是共業眾生阿賴耶識中所含藏的「共相」種子所出生的果報，只是「增上緣」而非「因緣」，並非正報而只是引業所生的依報，但這些「增上緣」本質上還是要以「內種」作爲「因緣」。

第二目　所熏四義

論文：「依何等義，立熏習名？所熏能熏各具四義，令種生長，故名熏習。」

語譯：【問：「是依什麼樣的道理，來建立熏習這個名相？」答：依所熏和能

熏各都具有四種道理，使令種子得以出生或增長，所以名爲熏習。】

釋義：種子的六種道理已經宣說完畢，接著應說明種子的熏習道理。熏習這個說法的主張，一定有其原因，歸類而言，能熏與所熏各都有四種道理，由此證明熏習的道理眞實，而現量上也確實存在熏習的事實。這是本有種子得以增長，或是新熏種子得以生起及增長的道理。既有熏習，必有所熏及能熏等二法互相對待，熏習後的種子方能保存不失，而所熏及能熏也都各有四種道理方得成立。以下說各四種道理，首說所熏四義：

論文：「何等名爲所熏四義？一、堅住性：若法始終一類相續，能持習氣，乃是所熏。此遮轉識及聲風等，性不堅住，故非所熏。」

語譯：【有哪些事實而可以稱爲所熏的四種道理？第一、堅住性：如果有一個法是心，又是自始至終一類不變而且相續不斷，能受持習氣，這才是所熏。這是遮止七轉識以及聲、風等法，這些法並不是所熏的心，而且體性並不堅固也非常住，所以不是所熏。】

釋義：「何等名爲所熏四義？一、堅住性：若法始終一類相續，能持習氣，乃

是所熏。」被熏習的法即是執持種子的法，必須是心而非物，也一定自始至終都不改變其性——始終不分別六塵取捨而不改變的前後一類異熟性；並且是無始以來自始至終都是相續不斷，乃至不曾一刹那中斷的，才能受持所熏習的諸法而成就種子，保存於自心中並且不會流失，這個法才能成爲所熏的法，法界中就只有第八阿賴耶識具有這個特性。

「此遮轉識及聲風等，性不堅住，故非所熏。」經部師言：「**色陰或六識心等皆應可熏。**」答：除第八阿賴耶識以外，色法五根身及聲與風等一類皆不能受熏持種，以非心故，亦非常住法故，其性變壞故。又色等五塵及五色根等，性不堅住，至無色界即不能存在，亦唯有一世住，不能成爲受熏及持種者，必定不是所熏。至於七轉識則有能熏性，屬於能熏一類而有記性，並非無記性故非所熏；而且會改變其心性，不是前後一類始終不變，又會對各類種子的善惡性加以檢擇，不是能受熏及持種者。

此謂，唯有前後始終不變其性的心，才可能是始終一類無覆無記性的心，才能不檢擇善惡業種，對一切種子一視同仁不作取捨而加以收存，方能成爲所熏。所熏的心還必須是無始以來相續不斷，未來亦不中斷；然而七轉識是可滅或必滅者，又是剎那生滅不住者，當然不能受熏及持種。而熏習的事實確實存在著，當然一定是由無覆無記性的阿賴耶識受熏及持種，才能成爲所熏。

論文：「二、無記性：若法平等，無所違逆，能容習氣，乃是所熏。此遮善染勢力強盛，無所容納，故非所熏。由此如來第八淨識，唯帶舊種，非新受熏。」

語譯：【第二、無記性：如果有一個法的自性是平等性，對一切順心違心等法都無所違逆，能容受各種習氣，這才是所熏之法。這是遮止善性及雜染性勢力強盛，對於違逆自己的法沒有容納之性，所以不是所熏。由此也證明如來地的第八清淨識，唯有攜帶舊有種子，不是新受熏習的種子，因爲已經純善故。】

釋義：「二、無記性：若法平等，無所違逆，能容習氣，乃是所熏。」論主玄奘說，所熏識的第二個特性是無覆無記性，不帶有絲毫善性或惡性等雜染性，面對一切順心境與違心境等諸法時都平等而不加以檢擇，因此對任何善法、惡法、雜染法都不會起心違逆而作取捨，才能容受各種習氣，成爲所熏之法。唯有第八阿賴耶識正是無覆且無記性，成佛之前永遠不分別六塵境界，方能永遠平等對待一切法，才能成爲所熏而能執持一切善、惡、無記種子。

「此遮善染勢力強盛，無所容納，故非所熏。」無覆無記性這個道理，是遮止部派佛教的聲聞僧將七轉識認作所熏及持種者；因爲七轉識具有善性、惡性等雜染性或有覆性，這種勢力很強盛，善性現起時便違逆惡性，當惡性現起時就違逆善性，不能毫無檢擇的互相容受或一體接納；所以七轉識或是有覆有記性，或是有覆無記性，善惡及取捨等心性強烈，自然不會是所熏的心。

猶如眞正能捨一切行之久學者，體性寬容而能容納眾生諸多善惡等事，無所掛心。若是聰明之人而且惡性強烈者，即不能容受善性行爲；若是聰明而且善性強烈之人，即不能容受惡性行爲。由於七轉識的有覆性或有記性，其心性或善或惡互相排拒，「善染勢力強盛」，於諸善惡等法「無所容納，故非所熏」。

「由此如來第八淨識，唯帶舊種，非新受熏。」經部師言：「若堅住者即是可熏，佛的本識既然堅住，亦是善性，應是可熏。」論主玄奘於此答覆說：由於熏習的道理，第八識唯有在因地之時方能受熏；既然已到佛地，諸佛的如來地第八清淨識，種子已經修行全然清淨而唯有善性，此時唯帶究竟清淨後的舊種，已到修行的究竟位而不必再受新熏了。這是到達佛地時，一切熏習已經完成而究竟清淨，與一切善法相應而具足圓滿，所有種子都不必再作變易了，已離變易生死，當然無法新熏。佛地第八識由於一切善法無不具足而違逆一切惡法了，改名無垢識，當然不必再受熏，所以「唯帶舊種」。

問：「如果是無記性以及堅住故，即可以是所熏，與本識同時同處的觸、作意、受、想、思，以及虛空等，應可以是所熏。」答：

論文：「三、可熏性：若法自在，性非堅密，能受習氣，乃是所熏。此遮心所及無為法，依他堅密，故非所熏。」

語譯：【第三、可熏性：若有一法是自己本來已在，體性不是堅硬緊密，能夠容受習氣，這才是所熏。這是遮止心所法及無為法，要依於別的法才能存在而且是堅硬緊密，所以不是所熏。】

釋義：「三、可熏性：若法自在，性非堅密，能受習氣，乃是所熏。」一定是無記性及堅住不壞故，方能受熏、持種，然而受熏、持種還得有其他的條件，這第三個條件即是「可熏性」。持種的心若無「可熏性」，熏習的道理便不得成立。

必須是本來就自己法爾存在，不是有生之法，也不是依止他法才能存在的，屬於法爾自在之法，才是常住不壞的，才能受熏以及持種不失；此外，還必須是體性疏鬆而非堅固緊密的，換言之，必須是無記性心，才能容受各類習氣熏習進入其中，才能成爲所熏之法。「性非堅密」是說所熏這個心體，性能包容而無檢擇，勢力不強不盛，事上理上一切隨緣，才能容受各種習氣的熏習。

「此遮心所及無爲法，依他堅密，故非所熏。」這第三個「可熏性」，是遮止愚癡人誤以爲七轉識的心所法及無爲法也能成爲所熏。然而七轉識不但是依他起性，非常住法，其心所亦不是無覆無記性；因爲有覆及有記的自性很強盛，必與遍計執性相應，而且心性堅密，取捨的勢力很強盛，不能成爲所熏。意謂七轉識的心所法是依止於第八識心，不是自在之法；而且七轉識的心所體性是堅密的，善則非惡，惡則非善，皆非無記性，同屬有覆性，而且具有強烈的取捨之性，是故不能受熏。

至於第八識的心所法及無爲法固然也屬第八識，同屬無覆無記性，但仍不能成爲所熏，因爲第八識的心所不是自在之法故不能持種，是依第八識而生起故無實體；而且第八識的心所，只有五遍行，對六塵中的諸法不作取捨，性非堅密，似能成爲所熏，但因第八識之心所依他而起，性非堅住，仍不能成爲所熏，還得有以下所說第四個特性，方可成爲所熏。

無為法雖然無覆亦無記，也不能成為所熏，因為是依於諸法的運行而顯示出來之法性，連所生法都不是，全無功用，方屬無為法。既然純屬所顯法，所以並無實體，更非堅住，又是純無為而無作用，自無受熏及持種的功能。

至於八識心王運行時所顯示的生、老、住、無常、得、異生性、眾同分……等二十四種「不相應行」法，皆不具備堅住性、無記性、可熏性，亦不得成為所熏。

論文：「四、與能熏共和合性：若與能熏同時同處、不即不離，乃是所熏。此遮他身、剎那、前後無和合義，故非所熏。唯異熟識具此四義，可是所熏，非心所等。」

語譯：【第四、要與能熏之法共同和合不離的特性：所熏之法如果與能熏之法同一時間同在一處、不即是能熏之法也不離開能熏之法，才會是所熏之法。這是遮止其他有情的異熟識、剎那生滅、與能熏前後存在故分離，以致沒有和合的道理，所以這些都不是所熏。唯有自己的第八異熟識具有上來所說這四種道理，可以說是所熏之法，不是他人的異熟識、心所、色法、不相應行法、無為法等可以是所熏。】

釋義：「四、與能熏共和合性：若與能熏同時同處、不即不離，乃是所熏。」所熏之法的第四個特性，是要與能熏之法共同和合而不分離。意謂熏習之時一定是所熏與能熏同時同處才能成就，若分開兩處而不和合，或雖在同處但前後存在而不和合，即不成就熏習之理。因此所熏必須與能熏同一時間同在一處，雙方必須互有關係但又不是同一法，因此所熏不可能是能熏，但因是同一有情所攝之法，而使所熏及能熏同在一處互不相離，方能成就熏習。

「此遮他身、刹那、前後無和合義，故非所熏。」這個「**共和合性**」是遮止熏習別人七轉識種子的邪見，也就是說種子要由自己的能熏七識心與自己的所熏第八識和合運作來完成，不能由別人的能熏七識心的學習，來熏習自己第八異熟識中的種子，也不能由自己的能熏來熏習別人異熟識中的種子。

這個「**共和合性**」，同時遮止「**所熏之法刹那生滅**」的邪見，也遮止心所成爲所熏。所熏異熟識若是刹那生滅，不是法爾自在就不能常住，即不能受熏，也無法持種不失，更不能與能熏具有「**共和合性**」，熏習即不成就；此破部派佛教聲聞僧及其遺緒宗喀巴、釋印順、張志成等人（張志成說阿賴耶識能了別五塵，其實只是將離念靈知識陰說爲第八識），他們以能分別五塵的意識心沒有言語生起時，便認作第八識無分別心，是將與欲界定相應的意識當作所熏心的邪見，因爲所熏的第八識是與能熏的七轉識互相角立的，今則能熏及所熏都同屬欲界定中的意識，即成嚴重錯謬。而心所刹那生滅，也不能成爲所熏，聲聞僧所說以心所作爲所熏的主張當然錯謬。

「**共和合性**」又遮止所熏與能熏前後存在的邪見，若所熏先在而能熏後在，或能熏先在而所熏後在，二者是在同一處現起而不能同時存在，即不能成就熏習之理，持種即不成功，是故必須所熏與能熏同時同在一處，才能熏習成功。

以上「**共和合性**」的三個理由，是遮止「**無和合**」而能成就熏習的邪見；若是他人的所熏第八識，或是其餘能熏心與心所的刹那生滅，或是所熏與能熏是前後存在而非同時同處，都使所熏與能熏不能和合在一起，種子的熏習即不能成就，自然也沒有持種可說了。

「唯異熟識具此四義，可是所熏，非心所等。」總結是：只有第八異熟識又名阿賴耶識，才具足「**堅住性、無記性、可熏性**」，並且與能熏七識有「**共和合性**」，才可以是所熏。必須是眞正的所熏心，才能持種；至於七轉識、心所法、無爲法、不相應行法、他人的所熏心等，都不可能是自己眞正的所熏，熏習即成無用。

問：「**色法五色根及六識心，爲何不能是所熏？**」答：所有色法若生無色界時即便滅失，如何受熏及持種？又色法是物非心，當然不能持種；色陰與六識亦是生滅法，不能去至後世，何能持種？六識心體夜夜斷滅，正死位及悶絕位皆悉斷滅；若入二無心定或生無想天中，亦隨滅失，滅失之後如何受熏及持種轉入後世？是故色法及六識心體皆無可能受熏及持種。

問：「意根常住不滅，亦是無記性，爲何不能受熏、持種？」答：意根雖然無記，然是有覆性，遍計所執性非常強烈，具有強烈的排他性，只可以是能熏而非所熏；意根亦是見分所攝，屬於能熏，絕無容受性，故非所熏。又，意根是生滅法，從第八識中刹那刹那流注種子不斷而成，刹那生滅故非堅住而不能持種；意根亦是依異熟識而生之法，既有異熟識可以受熏及持種不失，又何須假法於可滅的意根受熏及持種。所熏四義已述，以下再論能熏四義，是《成唯識論》獨倡，爲諸論所未言者，令人明辨所熏與能熏之異：

第三目　能熏四義

論文：「何等名爲能熏四義？一、有生滅：若法非常，能有作用，生長習氣，乃是能熏。此遮無爲前後不變，無生長用，故非能熏。」

語譯：【有哪些法可以名為能熏的四種道理？第一、有生滅：若有一個法不是常住的，能夠有作用，可以生長習氣，才可以是能熏。這是遮止無為法的前後不變，沒有生長習氣的作用，所以不是能熏。】

釋義：「**何等名為能熏四義？一、有生滅：若法非常，能有作用，生長習氣，乃是能熏。**」能熏之第一種特性是有生滅，若是不生滅性，例如第八識的虛空無為、真如無為等自性，則不能改易善、惡、無記等性，也不會有修善止惡之功能，就不會是能熏之法。必須是有生滅性的法，例如七轉識及其心所，有生滅或可生滅而能前後轉易習氣，不是常而不變之法性，亦有別境心所，方能有善惡性及分別等作用，才能生長習氣完成業行，才能熏習所熏之阿賴耶識而成就種子。

「**此遮無為前後不變，無生長用，故非能熏。**」這個「有生滅」的道理，簡別無為法自性一類無覆無記而且前後不變，習氣也不會有所生長，不可能成為能熏之法。能熏必定是心性前後改易而有轉變，方能生起及增長；例如異熟識含藏的七識心及其相應的各類種子，能了別境界而出生及現行，以致有覆或有記而前後有所變易，方可是能熏。至於無為法則是前後不變，亦無功能，只是所顯法而非所生法，全無作用，是故被能熏所遮。

論文：「二、有勝用：若有生滅，勢力、增盛，能引習氣，乃是能熏。此遮異熟心心所等，勢力羸劣，故非能熏。」

語譯：【第二、有殊勝作用：如果具有生滅性，有勢力而且可以增長強盛，有能力引生習氣，才可以是能熏。這個能熏是遮止異熟心與心所法、無為法等，因為勢力羸弱下劣，所以不是能熏。】

釋義：「二、有勝用：若有生滅，勢力、增盛，能引習氣，乃是能熏。」能熏之法一定是所生的生滅法，可以前後改易，此法一定是本有「勢力」能生作用；二是此法由生滅性故，可以前後轉變而「增盛」。是故能熏的第二要件，是有善惡性的強烈「勢力」作用，並且可以使善性增強或惡性增強，使其善惡性的勢力不斷運作，引生所熏異熟識中的習氣種子，才能說是能熏之法。

然而如是能熏之心「有勝用」的原因，是來自五別境心所；由於藉五別境心所而能分別六塵中的各種境界，因此產生了順心境、違心境、不順不違境，就會開始取捨的過程；取之不已則勢力增盛，捨之不已則勢力弱劣乃至消失。如是串習的結果即是熏習的過程，熏習完成時即有種子落謝於所熏的第八識中，是故能熏之心必有五別境心所，方能「有勝用」。

「**此遮異熟心心所等，勢力羸劣，故非能熏。**」這個「有勝用」是遮止異熟識及其心所與不相應行法等成為能熏，因為所熏的異熟心阿賴耶識是不生滅的，是常住法而非生滅法，無有能熏的作用；而異熟識及其心所與色法等，都無五別境心所，於六塵境界無所取捨，同樣是無記性，於善惡性中是「勢力羸劣」，是故第八異熟識及其心所、色法、不相應行法等，在善法與惡法上完全沒有作用而無勢力，也不能增長異熟識中之種子，當然不可能是能熏，只能是所熏。

論文：「**三、有增減：若有勝用可增可減，攝植習氣，乃是能熏。此遮佛果，圓滿善法無增無減，故非能熏。彼若能熏，便非圓滿；前後佛果，應有勝劣。**」

語譯：【第三、有增減：若是具有殊勝作用而可增可減，能攝受及拓植習氣的，才會是能熏。這是遮止佛果還有熏習的邪見，佛地已經圓滿善法而無增無減了，所以不是能熏。佛地第八識如果還能被熏習，便不是圓滿一切善法與福德；前佛後佛的果實，應該就有勝劣之別。】

釋義：「**三、有增減：若有勝用可增可減，攝植習氣，乃是能熏。**」能熏之法第三個特性是熏習之後作用「有增減」，即是會與善性、惡性相應，而且具有很強的分別能力，其作用很殊勝強烈，並且是在善性或惡性上都可以繼續增減的，而且自身有能力攝受及拓植習氣，才可以是能熏。

「此遮佛果，圓滿善法無增無減，故非能熏。」這第三個「有增減」的特性，是遮止成就佛果以後還可以再熏習的邪見。到達佛地時福德及解脫等善法果報全都圓滿了，一切善法滿足而不可能再有增加，也一定不會再有惡法種子需要被損減，自然不能再有被熏習之作用，所以這個能熏習的功能便消失了，即非能熏。所以第三的「有增減」也是遮止佛地果位的七識心爲能熏，如果有人說佛地還應該有能熏之心，這是要被遮止的。

「彼若能熏，便非圓滿；前後佛果，應有勝劣。」假使佛地的七識心還有能熏之性，那就不是圓滿的佛地境界，還有離繫果及佛菩提果尚需繼續進修。而且前佛繼續熏習，時間更久，應該就會比後佛更殊勝；後佛熏習不如前佛之久，便應該比較下劣，熏習的事將會永無止境，相較之下有誰可以說是圓滿的成佛了？

若以自身而言，此時成佛的佛果，應比成佛後再經一大阿僧祇劫修學後的佛果不圓滿，因爲還可以再熏習的緣故，即非已成佛果。然而佛地七識心已經圓滿轉變完成了，因爲該熏習給第八異熟識的所有善法種子都已熏習完成，異熟識已經易名為無垢識了。到此究竟圓滿位時已經不需要再熏習了，七識心即不再有能熏的功能，無垢識也不再有被熏的功能。由於能熏及所熏都已圓滿而不增不減了，所以能熏及所熏的功能便全部消失；故說第八無垢識中「唯帶舊種，非新受熏」。

論文：「四、與所熏和合而轉：若與所熏同時同處、不即不離，乃是能熏。此遮他身、剎那前後無和合義，故非能熏。唯七轉識及彼心所，有勝勢用而增減者，具此四義，可是能熏。」

語譯：【第四、能熏要與所熏和合而同時同處運轉：如果有一個法是與所熏同時同處運轉，不是所熏而又不離於所熏，這樣才是能熏之法。這是遮止他身、剎那生滅、前後沒有和合的道理，所以不是能熏。唯有七轉識及這七識心的心所，具有強烈的勢力作用而能夠增減的法性，能與自己的所熏異熟識同時同處，具備了這四個道理，才可以是能熏。】

釋義：「四、與所熏和合而轉：若與所熏同時同處、不即不離，乃是能熏。」既然所熏的第四個特性是要與能熏同時同處方能熏習，同理，能熏的第四個特性則是要「與所熏和合而轉」，就是要與所熏同時同處和合不離，而且要共同配合運轉，不許靜止不動，熏習才能成就。

這第四個能熏之法的條件，必須能熏是有情自己所有的法，非屬他人的七轉識，並且要與自己的所熏異熟識和合共同運轉。意謂能熏不等於所熏的阿賴耶識，但也不能稍離阿賴耶識，這才可以是能熏。

「此遮他身、剎那前後無和合義，故非能熏。」這首先是遮止他人的七轉識熏習自己的阿賴耶識的邪見，或是遮止自己的七轉識熏習他人的異熟識，因爲這兩種主張都是錯誤的。由於不是同屬一位有情，熏習即不能成就；這是因爲他人的能熏並非自己的能熏，不能與自己的所熏異熟識同時同處和合運轉，當然也無法成就熏習之事；這是因爲雙方之間沒有「等無間緣」聯結故，熏習不成就。

其次遮止所熏前一剎那現行，然後由能熏於同一處所的後一剎那現行而不同時；或是能熏在前一剎那現行之後，再由所熏於後一剎那現行而不同時，雖然現行時都是同在一處，前後間隔也不能成就熏習。也就是能熏及所熏不可以是前後交替現行，必須是同時同處現行，雙方之間必須有「等無間緣」聯結，方能成就熏習。由於是他人的能熏，或是自己的能熏而與所熏剎那前後的現行，如是能熏及所熏都不能同時同處，成爲不和合，熏習便不能成就。

「唯七轉識及彼心所，有勝勢用而增減者，具此四義，可是能熏。」說完能熏的四個條件後，到此總結說，唯有自己的七轉識以及心所法，具有強烈的勢力作用，而且可以增減習氣，才具備能熏的四個道理，可以說是能熏。最後再解釋熏習的道理：

第四目　重釋熏習之義

論文：「如是能熏與所熏識，俱生俱滅，熏習義成；令所熏中種子生長，如熏苣藤，故名熏習。」

語譯：【就像是這樣的能熏七轉識與所熏阿賴耶識，互相熏習種子的功能是同時同處共生共滅，熏習的道理因此得以成立；能使所熏阿賴耶識中的種子得以出生或增長，猶如花香熏入苣藤一樣，所以名為熏習。】

釋義：天竺的苣藤本無香味，但因與花同時同處，久了以後就被花香熏習成功而具有花的香味，而在最後花與苣藤同生同滅。同理，阿賴耶識對一切法都無好惡，但因為和能熏的七轉識同時同處，而七轉識對諸法有好惡，故七轉識現行時熏習了阿賴耶識，使阿賴耶識含藏的七轉識種子有好惡的性質而有了轉變；當這些種子未來現行時便使七轉識對諸法有更強大的好惡性，並且廣加分別，所以這第八異熟識執藏了分段生死種子時便稱之爲阿賴耶識。

如是，所熏阿賴耶識含藏的自身種子與能熏七轉識的種子，也是同時同處一起現起及一起滅失，能熏、所熏雙方之間有「等無間緣」而使習氣與種子「俱生俱滅」；於此過程中轉變了所熏阿賴耶識所執藏的七識心種子，未來種子生現行時，便使七轉識的性質有所改變，這便是熏習的道理。

論文：「能熏識等從種生時，即能爲因，復熏成種；三法展轉，因果同時。如炷生焰，焰生焦炷；亦如蘆束，更互相依；因果俱時，理不傾動。能熏生種，種起現行，如俱有因，得士用果。種子前後自類相生，如同類因，引等流果。此二於果是因緣性，除此餘法，皆非因緣。設名因緣，應知假說。是謂略說一切種相。」

語譯：【能熏的七轉識和心所法從種子變生而現行時，就能夠成爲熏習之因，當現行完成時便熏習成爲所熏阿賴耶識中的種子；能熏七轉識、所熏阿賴耶識和種子等三法展轉熏習與現行，互相成爲因與果而且是同時同處。就像是燈炷出生火焰，火焰又燒焦了燈炷；又好像一大把蘆束一樣，是由三束展轉互相依存才能矗立在地上；所以熏習是因與果同時存在而不能名爲異熟，這個道理決定不會被傾側或移動。

能熏產生新的種子，種子後時再生起現行，三者互相依存如同「俱有因」，由此可以得到士用果。種子是一前一後由自己同類互相引生，猶如「同類因」，引生了等流果。這「俱有因」與「同類因」可以作爲所生二果的因緣性質，除此以外的其他法，都不是熏習的眞正因緣。假設名之爲因緣，應當知道只是方便假說。以上說的就是略說一切種子的行相。」

釋義：「能熏識等從種生時，即能爲因，復熏成種；三法展轉，因果同時。」當能熏的七轉識和心所法從異熟識中的種子出生而現行時，現行位的七轉識和心所法，就能成爲未來的種子因，可以重新熏習之後再度成爲阿賴耶識所含藏的種子；因此說，所熏阿賴耶識，能熏的七轉識、八識心王的種子——功能差別，這三法展轉依存同時運作，成爲熏習的現行因與種子果，或成爲種子因與現行果，這熏習的因果關係是同時而非前後，不能說爲異熟。

「如炷生焰，焰生焦炷；亦如蘆束，更互相依；因果俱時，理不傾動。」猶如燈炷產生火焰，以及火焰產生焦炷，二者是同一時間互相發生的，所以說「**因果俱時**」。又如一大把蘆束，是由三小把的蘆束靠在一起才能站立在地上，這三把屬於同一大把而同時同處互相依存著，即是互相為因也互相為果，所以是因與果同時同處，而這樣的道理是不可能被傾搖或移動的。這是遮止小乘部派佛教的經部師所說，他們主張熏習的因與果不同時，便成為能熏與所熏前後剎那而不同時，如是能熏與所熏之間沒有「**等無間緣、所緣緣**」時，如何能熏習成種？顯然他們所說的道理是不能成立的。

「**能熏生種，種起現行，如俱有因，得士用果。**」「**士用果**」者，謂能生起士夫作用而得的果報，例如經營工商農稼等士夫之用，獲得財利名聲等果報，皆名「**士用果**」。能熏的七轉識與所熏的異熟識，於心所法現行運作完成而過去以後，就會產生新熏的種子落謝於所熏阿賴耶識中；所熏的種子遇緣時就會生起而有現行，比之於未熏習以前更為殊勝。於是這所熏、能熏、種子三者便像是「**俱有因**」，由此熏習與現行而可得到「**士用果**」。

以是緣故，學徒經由熏習之後，技藝越來越純熟；亦如學人學習到正確的佛法時，越學越有成績，乃至後來得以實證三乘菩提等，都是因為這種熏習的道理而成立，由此熏習而得到「士用果」。

「種子前後自類相生，如同類因，引等流果。」然而一切種子前後都有「等無間緣」，也都有與現行識之間的「親所緣緣」，全都是自己同一種類前後互相引生的，猶如「同類因」，可以引生「等流果」。此外，八識心王之間也有「等無間緣」，例如異熟識種子與眼識種子的「等流」，或異熟識種子與意識種子的「等流」，都是同類種子前後互相引生成爲現行，正當種子現行時，八識心王之間的種子流注數量是相等的「等流」，然後八識心王之間也互有「等無間緣」，方能產生熏習的功用。如是現行而熏習之後隨即落謝又成爲種子，收存於所熏異熟識心中，如是同類種子前後互相引生，引起「等流果」，都屬於「自類相生」，亦名「同類因」。

「此二於果是因緣性，除此餘法，皆非因緣。設名因緣，應知假說。」這兩種因——「俱有因」和「同類因」，相對於「士用果」和「等流果」來說，這二因即是二果的「因緣性」；除此以外的餘法，都不屬於親因緣，只是一般世俗法中所說的因緣。假設有時把餘法名爲因緣，例如十因緣或十二因緣的一一支都說是因緣，但都只是方便假說爲因緣，是以前一支作爲後一支的因緣，並不是眞正的親因緣，親因緣是指「能生因」的緣故；因爲這些因緣支，並不是能生諸法的種子故，也不是諸法的親近因故，更不是辨別諸法之體故。然後總結說：

「是謂略說一切種相。」以上所說的只是概略的說明一切種子——一切功能差別的法相。如是，「唯識相」中的一切種子行相演說已畢，應說異熟識的行相了，以下是四緣四相的分別門：

第七章　異熟識的四緣與四相

第一節　異熟識的行相與所緣

第一目　不可知的執受與處

論文：「此識行相、所緣云何？謂『不可知執受、處、了』。了謂了別，即是行相，識以了別爲行相故。處謂處所，即器世間，是諸有情所依處故。執受有二，謂諸種子及有根身；諸種子者，謂諸相、名、分別習氣；有根身者，謂諸色根及根依處。此二皆是識所執受，攝爲自體，同安危故。執受及處，俱是所緣；阿賴耶識因緣力故，自體生時，內變爲種及有根身，外變爲器；即以所變爲自所緣，行相仗之而得起故。」

語譯：【這個阿賴耶識運行之法相，以及祂的所緣是怎麼樣呢？祂的行相與所緣是說凡愚「不可知的執受、處、了」。了是說了別，也就是第八識運行時的法相，識以了別作爲運行時的法相故。處是說處所，就是器世間，器世間是眾多有情所依止的處所故。這第八識不可知的執受有二種，是說各類種子以及有根身；各類種子的意思，是說相、名、分別等三種習氣種子；有根身的意思，是說五色根以及五色根所依住之處所。這五色根與所依的器世間都是由阿賴耶識所執受，攝受爲自己一體，也與所攝受的器世間、有根身及種子共同安危的緣故。阿賴耶識的執受以及所依的處所，全部都是阿賴耶識的所緣；是由於阿賴耶識有親因緣之力的緣故，當阿賴耶識自體生起現行時，向內變生爲各類功能差別以及有根身，向外則變生爲器世間；然後就以所變的諸法作爲祂自己的所緣，阿賴耶識運行時的法相也是依仗於所緣的器世間、有根身、種子等諸法而可以現起的緣故。】

釋義：「此識行相、所緣云何？謂『不可知執受、處、了』。」要探究萬法本源的阿賴耶識時，必須先以其行相及所緣來證實阿賴耶識的存在，首先提出一個題目：究竟阿賴耶識有何行相？以及祂的所緣究竟是什麼？意在表明阿賴耶識如來藏心眞實有，既然有行相及所緣，當然不是假名施設法。然後說明，祂的行相與所緣，就是「不可知」的「執受、處」和「了」。如是證明阿賴耶識確實有行相及所緣時，便可證明阿賴耶識心體即是眞實存在的常住心，迥異於七轉識等虛妄心。

「不可知執受」是說阿賴耶識的執受，是凡夫與二乘阿羅漢等愚人之所不知的；而這個執受確實是存在的，唯有證悟者能知其少分，悟後進修能知多分，佛地究竟了知；然而這樣的執受，是二乘阿羅漢等愚人及諸凡夫皆所不知，故名「**不可知執受**」。

必須先了知異熟識的執受，然後始能了知其所緣，最後方能了知異熟識的行相；然而最初的執受其實也是異熟識的行相之一，爲令瑜伽行派修學唯識五位的行人得能證知，故說應先了知其行相與所緣，即是「**不可知執受、處、了**」。了知異熟識阿賴耶識的行相與所緣時，即是禪宗的證悟者；此時也能如實了知五陰的行相及所緣，便可以印證自己的所悟爲眞爲假，安心向道，因爲於此對第一義諦的聖教量也能少分了知故。

依〈唯識三十頌〉中所說：「**初阿賴耶識，異熟一切種；不可知執受，處、了、常與觸，作意、受、想、思，相應唯捨受。**」前已說明初句及第二句，今再說第三至第五句：「**不可知執受，處、了、常與觸，作意、受、想、思。**」以下先解釋阿賴耶識的行相，再解釋阿賴耶識的所緣境：

「**了謂了別，即是行相，識以了別爲行相故。**」「**了**」的意思是說「**了別**」，這就是阿賴耶識運行時顯示出來的「**了別**」法相，名爲「**行相**」。阿賴耶識既然稱爲識，識就是「了別」，一定是以祂的「了別」過程作爲祂的「行相」。但是阿賴耶識不在六塵上作「了別」，如是「了別」之性並非未悟或錯悟者所知，亦非不迴心大乘的阿羅漢所能知之，是故此「了」名爲「不可知」之「了」。阿賴耶識之行相爲何名爲「不可知」之「了」？以其迴無五別境心所故，不於六塵境界有所了別，其所「了別」的對象都是六塵外的事，故非二乘愚人及凡夫之所能知，故說爲「不可知之了」；這是由於二乘聖人所修只是現象界中的蘊處界入等法生滅無我的修行，不涉及實相法界第八識不生不滅性的親證，當然無法觀察實相法界的事。

此第八異熟識以所執受之五根身、七轉識，以及所含藏之一切種子作爲所「了別」之對象，以及與其他有情共同執受之器世間作爲所「了別」的對象，但不「了別」六塵境界；唯有實證阿賴耶識而能深入現觀者方能知之，故說其行相幽隱難知，非屬臆想思惟所能得知之境界，絕非墮入離念靈知的部派佛教聲聞僧人之所能知。如是「了別」及「所緣」的「行相」是一切親證般若者共所周知，欲知如是「行相」及「所緣」者必須求證第八阿賴耶識，方可親自證實之；若欲親證第八識則必須先詳細勝解五陰的全部內容與生滅無我性。以上解說阿賴耶識所「了別」之行相，因爲「識以了別爲行相故」。以下解說第八識所「了」之境界：

「處謂處所，即器世間，是諸有情所依處故。」「處」是指處所，就是物質性的器世間，有色類的有情都必須依止物質世間才能存在，方能領受異熟果及造新業，即是欲界、色界等器世間。而這個物質世間也是由阿賴耶識「執受」及「所緣」而作「了別」，並非由七轉識所緣而作了別，七轉識對器世間之「了」，只能從表象觀察思惟而不能親緣故。此中密意，容於增上班中說之，不能公開說明。

又此異熟識所「了別」的內容，也不同於七轉識對器世間所了別的內容；此亦是眞悟者唯證乃知之事，非屬意識臆想分別之所能知，部派佛教諸聲聞僧則無論矣。謂阿賴耶識的外相分有二：有根身及器世間。十八界中的六塵，則是阿賴耶識所變現的內相分。如是外相分及內相分二者，皆是阿賴耶識所變生故，唯阿賴耶識之所能「了」，然其所「了」並非六塵境界性的「了別」，如是應知。

「執受有二，謂諸種子及有根身；」至於「執受」則有二種，是指各類「種子」以及「有根身」，「種子」亦名功能差別，亦名爲「界」，其功能差別各有界限故。各類「種子」的意思，包括六塵相、圓成實相、依他起相、遍計所執相、受想行識、顯境名言，以及「分別」諸法等各類習氣種子。另一種「執受」是指「有根身」——即是指五色根，以及五陰所依的處所，即是「器世間」，皆是阿賴耶識之所執受。「器世間」若有變異時，當知皆是共業有情的阿賴耶識所共同轉變。

「執」謂攝持歸己，「受」謂領納與覺了，故「執受」之功能，已顯示阿賴耶識有能生及攝受、領納和覺了的功能差別。欲界有情入胎後都是先有五色根，次有內六塵境界，之後才有六識心及其心所現行，初入胎時未有六塵與六識，證知五色根及五塵與法塵都是由第八異熟識所變生者；是故阿賴耶識的一部分所緣為五扶塵根、五勝義根及外器世間、外六塵境，故其「所緣」及「了別」之「行相」並非六識心之所緣及所了別的行相。是故變生器世間及五色根以後，既執諸「種子」而覺了諸「種子」，即能變生內六塵相及顯境名言、分別習氣等，故說「種子」亦為阿賴耶識所執受。此等攝持及受納、覺了等功能，都非未悟第八識眞如者所知，故名「不可知執受」。

《成唯識論述記》卷三云：「又『相』者即器、有根身，現可知故。其諸種子總名為『名』，相難可知，唯以名顯，故名為『名』。問：『何故彼復說第八識頓分別知一切境界？』答：說自一切境，皆頓分別知；非如餘識境，漸次能了故。」如是正理，容於增上班中說之。

「諸種子者，謂諸相、名、分別習氣；」各類「種子」的意思，是說各種「相、名、分別」等三種習氣的種子。「相」的「習氣」，是指五色根、器世間、六塵境界……等法相的「種子」；「名」的「習氣」，即是顯境名言、表義名言等「種子」；「分別習氣」即是識性的「種子」。謂阿賴耶識能分別所執受的五色根及諸「種子」與出生、壞滅「器世間」的「種子」，亦能分別七轉識的分別「種子」，是故隨時都能流注七轉識「種子」，令七轉識能隨時生起及了別六塵諸法故。《成唯識論述記》卷三：「安惠等說『有漏八識皆能遍計而起於執』，即以此文為證。今此師意，有八識種子唯自體分，後生現行，似有能詮所詮相現，說為名、相。名、相現行，遍計所執，相似有故，說自證種能生名、相因緣。『名』為名、相等習氣，非離自證種外別有名、相種。或『名』與『相』雖無實體，而別有種亦不相違。」

如是「種子」函蓋有漏性的善、惡、無記性的種子，也函蓋無漏性的有為法「種子」與無為法的法性與行相，如是具足八識心王的一切「種子」，是故函蓋一切世間法、出世間法、世出世間法。由此故有「五法」之「相、名、分別、正智、真如」之可證及可轉依，也才有七種第一義及七種性自性、二種無我法的示現與實證，故說如是功能皆名「種子」，皆由阿賴耶識之所「執受」與「了別」，然非凡夫與二乘愚人之所能知，故名「不可知」。

依他起性諸法皆由阿賴耶識含藏的此等「種子」而生，遍計執性等諸法即於依他起性諸法中誤計爲實而生起執著，圓成實性則於依他起性及遍計執性上面，分明示現八識心王具足一切善染諸法的圓滿成就自性；由有圓成實等三種自性顯現出來的所顯法眞如法性，因此而有具足圓滿三無性之佛地眞如境界可以現觀。是故種子函蓋之範圍極廣，後自詳解，此不先述。

「有根身者，謂諸色根及根依處。」「有根身」的意思，是說五勝義根以及此五根所依住之地方——五扶塵根。狹義的「有根身」即是指未壞之五勝義根，廣義的「有根身」是函蓋所依的五扶塵根，非唯五勝義根。《成唯識論述記》卷三：「述曰：身者諸大造等，合聚名身。或依止名身，即一形之總稱；以根微細，不言於根，但言緣身；恐無根色，以別根爲首，標其總身。即顯本識緣彼五根扶根色盡，總身之中有別根故，名有根身。又成身者以根爲主，身是通名，以主標首，爲稱於身，名有根身。根通五根，唯自身者，依處即是諸扶根。」

「此二皆是識所執受，攝爲自體，同安危故。」各類「種子」和「有根身」，都是阿賴耶識所變生的，當然就是由阿賴耶識所執持與領受的，只有能變生的心方能執持所變生法故。阿賴耶識把一切「種子」和「有根身」攝持爲自體，再與一切「種子」及「有根身、器世間」同一「安危」。所以「有根身」與「器世間」完好時，阿賴耶識即行執受與安住；若「有根身」及「器世間」毀壞時，阿賴耶識便離去，別作新的變生與「執受」。

「執受及處，俱是所緣；阿賴耶識因緣力故，自體生時，內變爲種及有根身，外變爲器；即以所變爲自所緣，行相仗之而得起故。」所「執受」的諸法以及器世間「處」所，都是阿賴耶識之所變生，都是阿賴耶識的「所緣」。阿賴耶識是「種子」和「有根身」的親因緣，由這個因緣勢力的緣故，當阿賴耶識的功能差別生起時，即有二種變生：一者向內變生自己所「執受」的「有根身」及一切「種子」，二者向外與諸共業有情的阿賴耶識共同變生「器世間」；然後隨即以所變的「有根身」及「種子」和「器世間」作爲自己的所緣，祂運行時的法相就依如是等「所緣」，而有現行生起及內六塵以外的「了別」，這便是阿賴耶識的「行相」。

「即以所變爲自所緣，行相仗之而得起故」，謂有阿賴耶識所變生的五勝義根及所執受的五扶塵根「處」所，阿賴耶識也同時與共業有情的阿賴耶識一起變生外「器世間」；於是阿賴耶識即藉所變生的五陰諸法，令七轉識生活於人間而有各種世間相中的無漏有爲法等諸法運行，阿賴耶識便在其中運行不輟，由此顯示祂在人間之各種「行相」可供菩薩們證悟；並示現有依他起性及六、七識的遍計執性，依於所生的意根及意識而現行；於此依他起性及圓成實性顯現之時，亦顯示阿賴耶識於其「行相」之中，具足顯示其眞如法性，並且兼具一切無漏有爲法，百法因之而現前。如是器世間、五色根、外六塵、內六塵、七轉識、心所法等，都成爲阿賴耶識的「所緣」，如是「所緣」有親有疏，而這些法都是阿賴耶識之所變現，故說「即以所變爲自所緣」。

於如是諸法的運行之中，阿賴耶識的種種「自性」便因此在「行相」中示現出來，可被證悟者現觀，證明阿賴耶識之存在事實，以及領受阿賴耶識的識性，故說阿賴耶識「行相仗之而得起故」。若非阿賴耶識所變生的諸法，阿賴耶識即無法於其中運行，即不能顯示其無漏有爲的法性，行者即不能證得無漏法眞如，圓成實性自亦無從現觀。若如阿底峽、宗喀巴、釋印順、琅琊閣、張志成等人，外於阿賴耶識的實證，而言有眞如可以現觀，乃至於張志成又言眞如即是三無性者，皆是顛倒想之大妄語人也，皆與佛菩提之實證絕緣。

第二目　不可知之了

論文：「此中了者，謂異熟識於自所緣有了別用；此了別用，見分所攝。然有漏識自體生時，皆似所緣能緣相現，彼相應法，應知亦爾。似所緣相，說名相分；似能緣相，說名見分。」

語譯：【這句頌中所說「了」的意思，是說異熟識對於自己的所緣有了別的作用；這個了別的作用，是見分所攝。然而有漏位的異熟識自己心體功能現行時，都好像是所緣與能緣的行相現前，那個能緣與所緣的相應法，應該知道也是這樣的道理。看來好像是有所緣之相，就說那所緣是異熟識的相分；看來好像是有能緣之相，就說那能緣是異熟識的見分。】

釋義：「此中了者，謂異熟識於自所緣有了別用；此了別用，見分所攝。」〈唯識三十頌〉中所說的這一句「不可知執受、處、了」，其中的「了」是說異熟識於祂自身所緣的諸法恆有了別的作用。這是護法菩薩之所解釋。

異熟識名，通用於一切位，唯除佛位；從妙覺位以下的第八識，皆可名爲異熟識。這異熟識對於自己所緣的器世間、有根身、種子、七轉識，都有恆時不斷的「了別」作用；在祂所緣的諸法上，全都是現量上的「了別」，沒有比量也沒有非量的「了別」；而且都是即時的「了別」，每一剎那都不曾中止過。

但這個「**了別**」作用非常微細，若非證悟者皆無法了知，所以《維摩詰經》說「**知是菩提，了眾生心行故**」；而這個「**了別**」作用即是異熟識自己的「**見分**」，故說「**此了別用，見分所攝**」。由此證明異熟識也有見分，但此「**見分**」不在六塵境界中生起，對六塵境界都不加以「**了別**」，所以《維摩詰經》說「**不會是菩提，諸入不會故**」，因爲阿賴耶識的「**見分**」，只在祂所緣的諸法上現起而作「**了別**」。

從三賢位所證的般若之中，不說阿賴耶識有「**見分**」；但若從地後的無生法忍而言，則說八識心王的一一識都各有四分，故說阿賴耶識除了有「**見分**」，還有自證分及證自證分；此理容於後文演述時，在增上班課程中解釋，因爲《成唯識論》說的是百法明門，是入地後所應修學的法，故說八識心王一一識各有四分。至於阿賴耶識的眞如法性在行相中分明顯示出來，即是其相分，是故共有四分。

「**然有漏識自體生時，皆似所緣能緣相現，**」有漏位的異熟識自體不生不滅、無形無色，無可睹見；但入胎後出生五陰而顯示其作用時，證悟者皆可親見，如是功德作用顯示當時即是「**自體生時**」。或者阿賴耶識心體生起明顯的作用時，也稱之爲「**自體生時**」，非謂阿賴耶識心體有出生之時；因爲阿賴耶識心體法爾本有，不曾有生。如是第八識心體的功能現行時，看來就似乎是「**所緣**」的「**相分**」與

「能緣」的「見分」等「行相」全都出現了。

「彼相應法，應知亦爾。」這是破安惠論師的邪說，亦破小乘正量部等諸部的邪說，他們認爲阿賴耶識沒有所緣的任何相應法，應該是沒有「行相」，因爲他們不相信有阿賴耶識的存在，而這見解又與薩婆多部認爲「**阿賴耶識有行相**」的主張不同。

玄奘說，此時眞悟者若再深入觀行時，即可睹見異熟識的「能緣」作用與「所緣」的諸法，這是要藉「所緣」諸法方能現見異熟識之「能緣」作用；異熟識的相應諸法，即是異熟識所生的器世間、五色根、外六塵、內六塵、五十一心所、七轉識，此中器世間及外六塵，是由自己的異熟識與共業有情的異熟識共同變生的。此時深入現觀阿賴耶識的「行相」，應當知道這些也是悟者可以看得見的，所以說「應知亦爾」。

「似所緣相，說名相分；似能緣相，說名見分。」從異熟識的「行相」中觀察其「所緣相」時，並非七轉識的眞正「所緣相」；但因爲異熟識對這些「所緣」的諸法，並無三界法的執著性，也都是異熟識自己所變生的似有法，生滅不住，故說爲「『似』所緣相」。而祂的「似所緣相」，在增上慧學中說是「相分」，不包含祂的親所緣緣等心所，所以此處「相分」說的是五色根、外六塵、內六塵、器世間，不涉及七轉識及諸心所。

然而異熟識的「所緣」當然包含七轉識與諸心所在內，因爲異熟識與七轉識之間有「等無間緣」故，異熟識也必須了知及配合七轉識而運作故；但異熟識的「能緣」相，迥異七轉識，並無六塵中的分別性與三界法中的執著相，故說爲『似能緣相』；這個「似能緣相」在增上慧學中，則說是異熟識的「見分」。

第三目　異熟識之所緣

論文：「若心心所無所緣相，應不能緣自所緣境，或應一一能緣一切；自境如餘，餘如自故。若心心所無能緣相，應不能緣，如虛空等；或虛空等，亦是能緣。故心心所必有二相。如契經說：

一切唯有覺，所覺義皆無；能覺所覺分，各自然而轉。」

語譯：【如果心與心所沒有所緣相，就應該不能緣於自己所緣的境界，或者應該一一心、一一心所都能遍緣一切境界相；因爲異熟識自己所緣的境界猶如其餘諸心、心所的所緣，而其餘諸心、心所的所緣也應該猶如異熟識自己所緣的緣故。

如果心與心所沒有能緣之相，就應該不能緣任何一法，猶如虛空、擇滅、眞如無爲不能緣任何法；或者應該虛空無爲等法，同樣也是能緣。所以說心、心所必定會有能緣與所緣等二相。猶如契經所說：

一切法皆唯有眞覺，所覺諸法眞實的道理完全不存在；在這個眞覺的運行中，七轉識等能覺的見分，與所覺的六塵境界、器世間等相分，在三界中各都自然而運轉。】

釋義：「若心心所無所緣相，應不能緣自所緣境，或應一一能緣一切；」接下來是破斥部派佛教正量部與清辨論師，隨後則是破安惠論師的說法。

心與心所法一定會有所緣的行相，否則就是無情，才能無所緣；有所緣時，一定會有運行時的「行相」存在，可供證悟者現觀。以是緣故，《成唯識論》後文方說：「眞如亦是識之實性，故除識性無別有法。」其義容後詳說，此處從略。

假設心與心所眞的「無所緣相」，必然不能緣於自己所緣的境界；若是硬要主張沒有「所緣相」，又能有「所緣」的功能，就應該每一識與心所各自都能緣於六塵一切相分，而不是單緣一塵或一種境界。

「自境如餘，餘如自故。」在八識心王各有不同的「所緣」境界之時，必定是一一識各有自己「所緣」的境界，異熟識一定也是同樣與其他七識的「所緣」有所不同，才需要以八識心王之理來說明各有「所緣」；如是修學佛法而得實證之時要能各作說明，藉以利樂有情。

若八識心王不是各有自己不同於其餘七識的「所緣」境界，而能不同於其他七識心王之所「了別」，那麼現量上有情任何一識若是能周知所有六塵諸法與六塵外的諸法，就應該是一一識都能了知八識心王各別所了知的諸法，那就不需要八識心王，只要有一識就行了；所以說，自己一識若能「了別」六塵一切諸法時，其他的七識所「了別」的境界也應該如同自己一樣，都能了別六塵中的一切法；那麼阿賴耶識也應該能「了別」七轉識所「了別」的六塵諸法了，故說「自境如餘，餘如自故」。

果眞如此，便應該意識也能入胎、住胎而通三世，以及住於母胎初期中，能自知何時應出生五色根及如何出生，中期也應能知如何變生內六塵，後期也應能自知如何出生其餘諸識，以及如何引生諸識的心所法等；而其餘的諸識也應該都能如此，因爲「自境如餘，餘如自故」，此時意識應當也能如同阿賴耶識的自境而住，人人都應該生來就是證悟的聖者，眼等五識應當也能如意識的自境而住。然而事實上並不可能。以上是破安惠論師及小乘諸部派主張的阿賴耶識「無所緣境」，下破彼等所說的阿賴耶識「無能緣相」：

「若心心所無能緣相，應不能緣，如虛空等；」如果心與心所沒有「能緣」的行相，應該就沒有「能緣」的功能，就好像虛空無爲、非擇滅無爲一樣，全都沒有「能緣」的功能。但阿賴耶識有五遍行心所法，既有心所即不可能沒有「能緣」的功能。阿賴耶識既有「能緣」的功能，當然必有「能緣」的「行相」顯示出來，不該主張第八識「無能緣相」。更何況阿賴耶識還有七種性自性，怎麼可能沒有「能緣相」。

如《楞伽阿跋多羅寶經》卷一〈一切佛語心品〉佛說：「復次，大慧！有七種性自性，所謂集性自性、性自性、相性自性、大種性自性、因性自性、緣性自性、成性自性。」由阿賴耶識有七種性自性故，世尊又說：「復次，大慧！有七種第一義，所謂心境界、慧境界、智境界、見境界、超二見境界、超子地境界、如來自到境界。大慧！此是過去未來現在，諸如來、應供、等正覺，性自性第一義心。以性自性第一義心，成就如來世間、出世間、出世間上上法，聖慧眼入自共相建立；如所建立，不與外道論惡見共。」由此聖教亦能證實眞有第八阿賴耶識的七種功能差別，可證第八阿賴耶識眞實存在。既有阿賴耶識則必亦有此識之作用與功能，證明此識亦有「能緣相」，如是應知。

「或虛空等，亦是能緣。故心心所必有二相。」破過安惠及小乘部派以後，論主玄奘反難說，如果阿賴耶識無「能緣相」，但一切證悟者在現量上卻已證明阿賴耶識有「能緣相」，今依他們的見解而認定爲無「能緣相」時，現量上所見的「能緣相」，是否就應該歸類爲「虛空無爲」的所爲？這便成爲虛空等無爲法同樣也是「能緣」者，但此虛空無爲卻不能再稱爲無爲法，因爲已經變成有爲法了。

所以說，既然有第八識，亦有祂自己相應的心所法以及「所緣」的諸法；而此第八識又是無始本有，不從他生，亦是能生諸法者，便應該有心與心所的作用，即應有「能緣相」及「所緣相」。由於以上所說正理的緣故，證明心與心所必定都有「能緣相」與「所緣相」，否則便應該不稱爲阿賴耶「識」，「識」即是了別故。

這是破斥部派佛教安惠論師主張阿賴耶識的「相、見」二分都是虛妄無實，堅執沒有第八識的「能緣相」及「所緣相」，落入邊見及損減執中，不能成就「一切法唯識」之正理。不但安惠，其餘聲聞僧亦同作是說，如《成唯識論述記》卷三說：【清辨亦云：「若約勝義，諸法皆空，唯有虛僞，如幻化等。若約世俗，見、相俱有；許有外境，故非唯識。識離於境有何體用，故知諸法，有境無心。若言心等有緣作用，許有實作用，便非釋子，亦違聖教。今且違汝一切唯境，故『能緣相』，決定是無。」**小乘諸師，此相皆有。**此義意言，心、心所生，必有能緣之相。】

謂小乘否定第八識心實存，將六識心說有「能緣相」，是故「能緣相」皆有；但清辨主張「境有識無」，說六識心虛妄，故說「能緣相」實無，唯有外六塵境實有。玄奘則認爲實有阿賴耶識及其心所，是故阿賴耶識必有「所緣相」及「能緣相」，以自所變爲自所緣故。

「如契經說：一切唯有覺，所覺義皆無；能覺所覺分，各自然而轉。」契經也有開示能覺的識陰與所覺的六塵都是虛妄的，只是生滅法，無常無我，所以契經中說：「能覺、所覺等一切法都是由第八識眞覺所出生，所以『一切法唯有眞覺』；有情所覺知的一切都是有生而且虛妄的，由於無知而認定爲眞實，其實他們所說的『所覺等法眞實不壞』的道理是不存在的；在異熟識（阿賴耶識）的運行之下，見分七轉識與其心所能覺，相分六塵與五根身成爲所覺，才能各各自然地運轉。」

這是援引聖教破斥部派佛教自續派中觀清辨論師主張的外境實有，因爲所有無生法忍菩薩們的現觀，六識心確實沒有接觸及「了別」外六塵境界，所「了別」者皆是第八識依外六塵所變生的內六塵相分故。同時也破了應成派中觀安惠論師的「第八識無、外境亦無」的邪見，以及外道大自在天出生一切法的邪說。

落入六識論的部派佛教小乘僧人，他們提出質疑說：「經中有說心『如刀不自割』，怎麼可能自心緣自心？」他們不承認有第八阿賴耶識，將經中所說第八識「如刀不自割」—第八識心不返緣自己—的自性，拿來套用在識陰六識心上，於是提出來質疑，但這是誤會後產生的不如理質疑，因為意識可以返緣自己的行相故。

經中所說的「如刀不自割」是說，不論見分或相分，全都來自每一個人的第八識自心，但第八異熟識永遠都是不會反觀自己而沒有證自證分；從相見道的三賢位智慧來看時，第八識雖然不緣於自己，然而第八識出生了七識心等「見分」，又出生了五色根與內六塵等「相分」，然後異熟識再流注種子而由七轉識「見分」緣於自己所變生的五色根及內六塵「相分」，這不正是「自心緣自心」嗎？但這時第八識依舊不了別六塵「相分」，也不了別自己，所以仍然是「如刀不自割」；聖教所說與證悟後所觀察的現量是完全相符的，只是未悟「一切法唯識」的部派佛教聲聞凡夫僧錯誤理解聖教罷了，才會將解說第八識心性等「唯識性」的聖教，拿來套用在六識心上而解說「唯識性」，便無法自通，反而責怪聖教大乘諸經是僞經，又出來與實證無生法忍的諸菩薩們論辯。

第二節　沒有異熟識外的所緣境

第一目　覺知心的所緣都是異熟識所變

論文：「執有離識所緣境者，彼說外境是所緣，相分名行相；見分名事，是心心所自體相故。心與心所同所依緣，行相相似；事雖數等，而相各異；識受想等，相各別故。」

語譯：【執著外於阿賴耶識而有所緣境的人，他們說外六塵境界是所緣，相分名爲行相；見分名爲事相，因爲是六識心與心所的自體相的緣故。心與心所的所緣所依都相同，而且行相也都相似；事上雖然有很多種，但在相上卻是各各互異的；因爲識、受、想等三法，其相各自不同的緣故。】

釋義：「執有離識所緣境者，彼說外境是所緣，相分名行相；見分名事，是心心所自體相故。」一切實證無生法忍的聖者所見，於阿賴耶識以外並無所緣境可說，因爲覺知心的一切所緣境都是阿賴耶識所變，不論是六塵或有根身，包括六識心王的了別行相在內。但是佛門有許多凡夫大法師們執著說，確實有離於阿賴耶識之外的所緣境，他們不相信六識覺知心只能緣於阿賴耶識所變現出來的內六塵；這便是大眾部與正量部以外，聲聞部派十九個部派佛教[13]中的多數的主張。他們不承認有第七識、第八識，又解釋說：「外境六塵是心與心所的所緣。」他們不相信六識心王與其心所所緣的六塵，只是阿賴耶識所變現出來的內相分六塵，堅持六識心所見是外六塵，本會二〇二〇年退轉的琅琊閣、張志成等人也是堅持六識所了別的是外六塵，不相信內六塵的存在，公然違背《阿含經》中的聖教。

又說：「相分名為行相。」但只有心才會有行相，外相分是無情、是色法，不會有行相，凡夫有情們所以為的行相其實是第八識所變生的；相分六塵是六識心與心所的所緣，心不觸物，所以六識所觸知及了別的都是第八識所變生的內六塵，怎麼會是外六塵呢？所以《解深密經》說：「了別眞如，謂一切行唯是識性。」而相分是六識心與心所的所緣，也是六識存在時的俱有依，必然是內相分六塵，當然是第八識心所變生的行相，怎會是外六塵的行相呢？但他們不懂，因此又主張說四分中的相分，是六識心王了別六塵時的行相，或是六識心返觀自己時的了別

13 聲聞部派佛教最多時曾達到二十五個部派。

行相，這是將見分的運行過程指稱爲心的相分。

他們又說：「**見分名爲事，是心與心所的自體相。**」然而「事」只是「見分」所造作的過程與內容，是心與心所共同所作，正是「行相」，怎會是心與心所的自體相？所以覺知心六識所緣的六塵，是異熟識阿賴耶所變生的內相分，六識不能也不曾接觸過外六塵；因此說，沒有異熟識以外的六塵境界成爲六識的所緣。以上是舉述部派佛教中諸聲聞凡夫僧的立論，以下再舉彼等所說：

「**心與心所同所依緣，行相相似；事雖數等，而相各異；識受想等，相各別故。**」他們聲聞僧又解釋說：「**心與心所的所依所緣相同，行相也很相似；見分事相雖然有許多種，而法相各不相同；因爲識、受、想等，法相各各不同的緣故。**」他們部派佛教的解釋，例如眼識與其心所同緣一種顏色時，所依所緣都相同，但心所的作用是「**了別**」，心卻藉著心所而對「**所緣**」加以了知，才會有想心所（了知），心也有領受的功能而有受心所。聲聞僧們是依「**所緣**」而說有想心所，依所領納而說有受心所，但所緣的「**想**」與所領納的「**受**」是同緣一境，所以心與心所的「**行相**」各不相同，然而「**行相**」相似，因爲是同一所緣境。

但部派佛教聲聞僧這樣的解釋，其實與「**所緣**」是否爲外境，或是唯識增上慧學說的「六識所緣是唯第八識心所變現的內六塵境」，並不切題；因爲心與心所的「所依」與「所緣」，不論相同或不同，行相是否相似，都只是六識心與其心所的運作差別，無關於六識心的「所緣」是否爲外境的命題，所以他們主張「境有心無」的說法不切題，也不能成立。

第二目　識變的見分緣於識變的相分

論文：「達無離識所緣境者，則說相分是所緣，見分名行相；相見所依自體名事，即自證分。此若無者，應不自憶心心所法；如不曾更境，必不能憶故。心與心所同所依根，所緣相似，行相各別；了別領納等，作用各異故；事雖數等，而相各異，識受等體有差別故。」

語譯：【通達六識沒有離開異熟識的所緣境界的大乘菩薩們，則主張六塵相分是所緣的境界，見分名爲心與心所運行過程顯示出來的行相；相分與見分所依的自體名爲事，也就是自證分。這個事——自證分——若是不存在的話，應該不會自己憶起心與心所法來；猶如不曾經歷的境界，必定不能夠記憶的緣故。心與心所都是同一個所依根，而所緣也是相似的，但是八識運行時的法相各自有差別；因爲了別與領納等功能，作用是各有不同的緣故；事—自證分—雖然有很多種，而行相也是各個不同的，因為識與受、想等心所的自體是有差別的緣故。】

釋義：「達無離識所緣境者，則說相分是所緣，見分名行相；」定性聲聞阿羅漢們不曾實證第八阿賴耶識，但都不否定第八識的存在，因為聽懂並且信受佛陀所說，知道有一能生名色的「識」存在，如是不墮斷滅空才能證得離繫果，但不能實證此識。部派佛教的聲聞凡夫僧們則不但不能實證此「識」，亦讀不懂《阿含經》中能生名色的「識」等聖教，因此否定第八識的存在。實質上應說部派佛教諸聲聞凡夫僧們，都不承認有第八識實存，所以必定墮入識陰境界中，永遠無法斷我見乃至我執；除非有一天眞的信有第八識恆存，重新修學。

但大乘第七住位以上的菩薩們都是實證第八阿賴耶識的，悟得第八識而現觀眞如之後，於相見道位中繼續進修而現觀阿賴耶識變現內六塵等相分，給六識心接觸與「**了別**」，由此來建立六識與心所共同「**了別**」的現觀能力，並把這個了別的過程—「**行相**」—稱為「**見分**」（有時就直接把能了別的心與心所功能匯歸心體，說六識心及意根是「見分」）；再把六塵相分與七轉識見分全都攝歸一心如來藏所生，了達七識「**所緣**」境界都是自己的第八識所變現的內六塵；如是通達了「**見分」七識及「所緣」的相分六塵，都是第八識所變現的道理，所以說菩薩們是「達無離識所緣境者」，便因此一現觀而絕對信受 佛說的「自心取自心」等聖教。

證悟的菩薩們由於有善知識的指導，悟後都能現觀識陰六識「所緣」的六塵境界，其實都是自心如來藏阿賴耶識，藉外六塵而變現出來的內相分內六塵；無始以來世世不同的六識覺知心，都不曾接觸或「了別」外六塵境界，因此主張內相分六塵才是六識「所緣」的境界。

換句話說，覺知心六識所「了別」的六塵，其實都是由自心異熟識所變生，成為六識心所「了別」的對象；覺知心六識與心所法所了知（想），與所領納（受）的相分等六塵，並不是外六塵。菩薩們確認見分六識與相分六塵，全都是由自己的第八識所變現出來的，這樣的內相分六塵境界才是覺知心六識和心所的共同「所緣」。若不能如是現觀，而宣稱是證悟般若，都將無法轉依成功，只是個知解宗徒，沒有證悟者轉依後的功德受用，遲早都會退轉，棄大乘見道如敝屣，乃至毀謗之。

這正理在阿含部經中的聖教其實早有開示，並非單是大乘經及菩薩論中方才如此說，例如《長阿含經》卷八云：「又，諸比丘！如來說六正法，謂內六入：眼入、耳入、鼻入、舌入、身入、意入。復有六法，謂外六入：色入、聲入、香入、味入、觸入、法入。復有六法，謂六識身：眼識身，耳、鼻、舌、身、意識身。」

又如《雜阿含經》卷三十一說：【**爾時，世尊告諸比丘：「有內六入處，云何為六？謂眼內入處，耳、鼻、舌、身、意內入處。於此六法觀察忍，名為信行，超昇離生，離凡夫地；未得須陀洹果，乃至未命終，要得須陀洹果。」**】佛意是說，如果不信六識心所「**了別**」的六塵是第八識所變生的內六塵，如此類人都只能住於凡夫位；若信受外入處等六塵以及內入處等六塵皆有的人，一定能離凡夫地；如是之人若未得初果，未命終之前必得初果而「**離凡夫地**」。

三如《出曜經》卷十九〈華品第十九〉所說：「**度彼、此者，謂內、外六情：內六入，外六塵。是故說，比丘度彼、此也。**」「**彼**」者外六情，「**此**」者內六情也。修學解脫道者必須度過彼外六塵與此內六塵境界，方是眞度。由此可知學人必須對外六塵與內六塵的分際深入現觀，然後能度生死海。若人自稱證悟般若入地，或自稱是證初果，而不知或不信有外、內六入者，皆屬凡夫之人，大妄語人也；乃至竟來無根毀謗善知識，豈有其理。

「**相見所依自體名事，即自證分。**」小乘部派佛教認為心法之中沒有六塵相分，十八界中的六塵都是指外六塵，他們認為是覺知心六識有接觸了外六塵而作

「了別」。他們由於不承認六識所「了別」的六塵境界是阿賴耶識所變現的內六塵，便說「了別」的過程－「行相」－才是「相分」，不認為所「了別」的六塵是第八識所變現出來的「相分」，也不認為心與心所的「了別」才是「行相」。

他們知道六識心虛妄無常，又不承認有第八識，更不接受是第八識出生內六塵被識陰所了別，認定實有外六塵被識陰覺知心所了別，於是許多聲聞部派連同「見分」的實有也一起否定；但卻認為有外六塵被「見分」所了別，而外六塵是實有法，常住不壞，六識則是虛妄法，所以主張「境有心無」，成為有情非實有而外境界實有的見解，以避免成為斷滅見。

但菩薩們認為「見分」，就是識陰六識心運用心所「了別」內六塵的功能，這個見知的功能必須藉「了別」的過程（行相）才能顯示出來，於是把六識心與心所運行「了別」的功能與過程等「行相」，名為「見分」。有情的內六塵「相分」生起，以及能覺知內六塵的「見分」，都必須依於各自對所「了別」境界的認知才能存在，這個認知或自覺就是「自證分」，純屬現量境界；而這個「自證分」即是「相分」與「見分」的「所依自體」，名之為「事」，所以說「相分」及「見分」以「自證分」為體。由於三界中的一切「事」，都要依於這個「自證分」方能成立，所以「自證分」因此而名爲「事」，「自證分」也就是一切「事」背後之「自體」。換言之，若無「自證分」，相分及見分都不得生起，所有事相就不能存在；是故「相」與「見」若離「自證分」，即無其體，因爲「事」將不會發起或出生。

而「見分」所「了別」的六塵境界即是「相分」，依於「相分」才能生起「見分」六識，由「見分」來了別「相分」，所以一定是由先已存在的「自證分」來確認所「了別」的一切境界，故說「相分」與「見分」的「所依自體」就是「自證分」。如是，由「自證分」方能有種種「事」的了別，因此說「自證分」即是「事」，此即「**相見所依自體名事，即自證分**」的眞實義。

「此若無者，應不自憶心心所法；如不曾更境，必不能憶故。」「自證分」就是心與心所和合運作時，能夠了知自己正處於所了別的一切「事」的境界中，也了知自己正在領納所「了別」的境界——「事」；這個「自證分」的現量若是不存在的話，有情應該就不會憶起自己（心）與心所法的存在，將不知道自己有「了別」的功能，就不會有「證自證分」，便將同樣無能確認自己有「了別」的功能及正在「了別」之中；如是有情便將不再是有情，所以「自證分」是一切「事」之體；而意識心的「證自證分」也是依於「自證分」而起，故說相、見二分的所依

「事」即是「自證分」。

假使沒有「自證分」，縱使能經歷於一切境界，正經歷及經歷後都將無所了知，就會像一般人如果對於所曾經歷的境界都無法有所記憶，即不能稱爲有情。若是親自經歷過的境界，必定產生念心所而可以記憶；正因爲有情之間都以「見分、自證分」住於「相分」之中，了知自己曾有同樣經歷的緣故，於是生活、眷屬、團體、國家、修道等一切「事」即可建立，所以「自證分」即是一切「事」之體。

「心與心所同所依根，所緣相似，行相各別；」「心與心所」都是同一個所依根，二者的「所緣」也是相似，例如眼識與眼識的心所同樣是依眼根而運作，「所緣」同樣是內色塵；耳識乃至意識的「所依」同樣是五色根，連同意根作爲「所依」；「所緣」同樣也有其餘五塵，加上其中所顯現的法塵。但六識面對六塵運行時的法相，「心與心所」其實各自都有差別；因爲「心所」能了別六塵，而心另有領納與了知、運行等功能，作用各不相同，例如六思身、六受身、六想身……等，而「所依根」則是相同的五色根及意根。於「所依根」相同的運作過程中，同樣緣於同一個境界相時，「心所」能了別境界相，而心體能緣以及產生領納（受）的功能時，並非單單「心所」能作得到，所以心的「行相」一定與「心所」不同，故說「所緣相似，行相各別」。

關於「所緣相似，行相各別」，又如眼識與意識都能同緣青色，然而眼識所緣青色就只是青色，無法分辨很多種不同青色的差異性；意識和眼識同緣青色，卻能緣於許多種不同青色中的微細差異性，便能判定爲粉青、紫青、純青、鐵青、綠青、墨青等，故說眼識與意識「所緣相似」；於「所緣相似」而非相同，證明實際上的「所緣」有所不同，於是眼識單緣青色時，意識則在青色的微細差異上亦有所緣而作「了別」，所以這二識的「行相」不一樣，即是「行相各別」。

「了別領納等，作用各異故；事雖數等，而相各異，識受等體有差別故。」

由於「事」有很多種，例如眼識的「事」乃至意識的「事」，心能緣而有感受，心所則是負責了別，就會產生想心所的了知與受心所的領納差別；故說「心與心所」運作，在「自證分」上雖然有很多種，然而運行時的法相卻是各個不同的，這是因爲諸識各有「自證分」，而受心所與想心所也各有自己的「自證分」，各自的自體還是有差別的。

如前所舉，既然阿含聖教中說有「外六入、內六入」，可以證明實有外六塵、內六塵；外六塵是由阿賴耶識藉五扶塵根及意根之所觸知，名爲「外六入」；內六塵則是由阿賴耶識依據外六塵，變現內六塵於五勝義根中，由六識所觸而了知（想）及領納（受），名爲「**內六入**」。所以者何？謂六識是心，心不觸物，焉能觸外六塵等色法？要由如來藏依據外六塵而變現似心的帶質境等內六塵，攝屬內識的六識心方能接觸以及領受，如是六識心「**見分**」及內六塵「**相分**」，同是自己第八識所變生之法故，六識心即能接觸而了知及「**分別**」內六塵。

雖然想與受心所，都同樣了知及領受同一境界，「**行相相似**」而不相同，因爲想心所只是了知，受心所則能領納而產生順心、違心或不順不違等感受，然而全都是觸知及領受第八識如來藏所變生的內六塵境界，不曾觸及外六塵境界。是故唯識增上慧學中說「**離識無境**」，謂若離第八識阿賴耶時，即無六塵等境界相可以被六識心了知及領受故。

第三節　內識所變的四分

第一目　異熟識所變二分都是現量

論文：「然心心所一一生時，以理推徵，各有三分；所量、能量、量果別故，

相見必有所依體故。如《集量論》伽他中說：

似境相所量，能取相自證，即能量及果，此三體無別。」

語譯：【然而六識心以及各自的心所一一出生時，以正理推求而證明，各自都有三分：因爲所量、能量、量果，都是各別不同的緣故，相分、見分都必定各有所依體的緣故。猶如《集量論》的偈中如此說：

好像是眞的有外面的境界相成爲心與心所的所量，識體能取之相即是自證分，就在這個能量以及量果上面，連同所量這三個法的自體其實沒有差別。】

釋義：「然心心所一一生時，以理推徵，各有三分；所量、能量、量果別故，相見必有所依體故。」「推」是推求，「徵」是徵核或是證明，四分是相分、見分、自證分、證自證分。陳那論師依經教立此「見分」等三分，諸菩薩正論亦皆同立此三分。當六識心及其心所出生時，從道理上推求就可以證實，六識心中的每一識，一定都各有見分、自證分、證自證分等三分；這是因爲「所量、能量、量果」各有不同的緣故。「量」即是事實，是現前存在而非臆想。

心與心所現起時就一定會打量相分，就有能與所，這時必定有能「了別」的「見分」，以及所「了別」的相分六塵，其中能「了別」的事實就是「能量」，所

「了別」的事實就是「所量」，而「了別」的結果確認「能量、所量」的事實內容與存在，就是「量果」，這個「量果」則是「自證分」的功用。

但這三量的背後一定有所依體，三量才可能出現與存在；也就是「心與心所了別」之過程中以及「行相」結束時，背後都要有個自覺與認知，這就是「自證分」。換言之，「所量、能量、量果」等三量的主體就是「自證分」，要依「自證分」才能生起「能分別」及「所分別」的結果故。

「如《集量論》伽他中說：似境相所量，能取相自證，即能量及果，彼三體無別。」相分是「所量」，是說六塵相分是六識所了別的事實；見分是「能量」，是說六識等見分即是能了別的事實；自證分是「量果」，是說自證分即是「能量」及「所量」的了別過程中及以後的事實。而這「所量」等三者，本是第八識「心與心所」等所生的一體之法而不可分割，第八識外即無這三量可言，所以這三量其實全都是第八識心體，故說「彼三體無別」。

《集量論》這首偈的意思是說，六識「心與心所」了別的六塵相分，本是自己的阿賴耶識所變，不是眞的有外境六塵被六識心所觸知，故說六識所觸知的六塵爲「似境相」；只是很像外六塵的境界相，其實是阿賴耶識所變的內境界相，但有情不知而誤以爲眞的有接觸外六塵境界相，生起執著而輪轉生死。「能量」的六識心則以這個似有外境的內六塵作爲「所量」。

八識心王與心所的能取之相即是「自證分」，由有「自證分」的緣故，才會有「能量」的七識見分與「所量」的「似外境」六塵相分，而內相分六塵則與外相分六塵聯結，似如外相分六塵；如是「能量」與「所量」二者和合才能成就「量果」，有情所了知的六塵境界就是這麼來的，所以六識「心與心所」形成的見分又名顯境名言。意謂若無見分時，一切境界都不會現前；若因自證分而使見分現前時，六塵相分便會顯現於六識心見分之中，所以六識「心與心所」能令內六塵境界顯示出來，亦名顯境名言，成就了「量果」。

這「所量、能量、量果」等三法，即是相分、見分和了別的結果，而這三法的自體其實都是自心阿賴耶識所變，所以這三法並非外法，因爲六識心及其心所的了別性所依自體即是「自證分」，同屬阿賴耶識所變生，追究到最後的主體仍是阿賴耶識，所以說「彼三體無別」。

小乘人（多數的部派佛教聲聞僧）則認定實有外境作爲六識的「所量」，不信識陰覺知心所了別的相分六塵，是阿賴耶識所變生的內相分六塵；如同今時正覺同修會中有少數修學者，不信六識所觸知的都是內六塵，因此不能不退轉回凡夫位中，即是化名於網路上謗法的琅琊閣、張志成等人。

如是小乘凡夫僧又以見分作爲「量果」，亦違背現量；復以「行相」作爲「能量」，而不是「心與心所」運作的見分當作「能量」，這是把了別的過程當作「能量」，與理不相應。

第二目　見分等總有四分

論文：「又心心所若細分別，應有四分：三分如前，復有第四證自證分。此若無者，誰證第三？心分既同，應皆證故。又自證分應無有果，諸能量者必有果故。不應見分是第三果，見分或時非量攝故；由此見分不證第三，證自體者，必現量故。」

語譯：【此外，心與心所若是作更細的區分，應該說八識心王都各有四分：其中的三分如同前面所說，還有第四分即是證自證分。這個證自證分若是不存在的話，究竟是由誰來證知有第三分的自證分？八識心在了別的功能分上既然相同，應該都同樣可以證實的緣故。而且若無證自證分時，自證分應該就沒有了別功用之果，因爲所有能量的心都必定有量果的緣故。但不應該反過來主張見分是第三自證分的量果，因爲見分有時是現量，有時則是非量所攝的緣故；由此證明見分不能證實第三自證分，能證知能量、所量、量果自體的法，必定是現量上存在的緣故，即是證自證分。】

釋義：「又心心所若細分別，應有四分：三分如前，復有第四證自證分。」對於初學唯識的人都是還在三賢位中修學者，距離入地還很遙遠，只要告訴他有相分與見分就夠了，這時只說能了別的功能即是見分，被了別的六塵即是相分；因爲還沒有實證眞如的人無法具足現觀這三量，講太多反而導致他們橫生誤會，想要證悟眞如就沒有機會了。但是對於實證第八識眞如以後繼續進修的人而言，當他想要證得無生法忍而入地時，卻必須告訴他們更勝妙的道理，讓他們現觀之後智慧更增長，爲入地作準備，因此就說：「**心與心所**」如果更詳細來作分別時，一定會有第四分：證自證分。

這第四分「**證自證分**」是由護法菩薩提出的，是依現觀而說的；事實上也必定會有這第四分的存在，否則諸多有情對於自己的存在，以及在想心所的了知位中，或是在受心所的領納各種境界時，一定都是糊糊塗塗地生活而全無自覺。然而有情生存於三界中並非全無自覺，而是都有自覺的，時時刻刻都分明了知自己所存在的境界相，也能了知自己正在「了別」該境界相，並「了別」自己正在領納該境界時的感受，這顯示確實有第四個「證自證分」的存在，證實護法菩薩的主張是現量觀察，絕非虛妄想。

「此若無者，誰證第三？心分既同，應皆證故。」 假使沒有第四分「證自證分」的存在，有情又如何證實自己眞的有第三「自證分」、而證實自己確實有所了知？依心的功能差別自性來說，既然八識心王同樣都有「了別」的功能，又依七轉識同屬自己的如來藏阿賴耶識分內而言，也應當同樣都可以證實第四分的存在才對；所以一定會有第四「證自證分」，來證實「自證分」的存在，才能生存於三界中。若沒有「證自證分」的話，有誰可以證實第三「自證分」的眞實無訛？

如果眞的沒有「證自證分」，那麼如何能證明「見分、自證分」的存在？又如何證明見分確實已「了別」相分而無虛假？因此說，若無「證自證分」時，「自證分」的「能量」與「所量」就無法被證實，則「自證分」的「量果」也就不存在了，如是則諸佛菩薩的一切種智、無生法忍智，下至般若的別相智、總相智也都不可能被自己所證明而存在、而解脫了。但是既有「能量」與「所量」，則一切「能量」的「量果」也就一定存在，由此證明「證自證分」是確實存在的。

「又自證分應無有果，諸能量者必有果故。」如果沒有第四「證自證分」的存在，第三「自證分」應該就不會有「量果」。然而見分是「能量」，相分是「所量」，既有「能量」及「所量」就一定會有「量果」，當然第三「自證分」就是「量果」。然而若無第四「證自證分」時，究竟有無「量果」，以及「量果」究竟是現量或比量、非量，要由誰來確定呢？但人間有情都有能確認「量果」的事情存在，這就證明一定是有第四「證自證分」，才能確定「自證分」的「量果」。

「不應見分是第三果，見分或時非量攝故；」那麼確認「量果」時不應該說是「見分」的功德，因爲「見分」相應的境界有現量、比量、非量三種，比量有時可以確認爲眞實，但有時是無法確認爲眞實，甚至也有許多的非量；只有從推測中可以確定爲眞實的，方能屬於比量；非量則是推測比量之時陷入錯誤中，因爲推比的結論是錯誤而非正確，如是比量即成爲非量。

但「自證分」絕對不會有比量與非量，因爲「自證分」是證實「見分」的所見，全都是「現量」的境界；而見分有時會成爲非量，所以說「見分」不可能是「自證分」的「量果」，否則即成顚倒見。這也因爲「見分」的所知，有時會成爲

「非量」的緣故，而「自證分」全部都是現量的境界，沒有比量就不會有非量。

「由此見分不證第三，證自體者，必現量故。」「相分」是「見分」之所見，「見分」之後則是第三「自證分」，確認自己的見分所見的事情存在；「自證分」之後才是確認「自證分」的「證自證分」，這「證自證分」是用來確認「自證分」的，必然在有「自證分」之後才會來作確認。「自證分」是確認「見分」對「相分」之所見，當然是在「見分」之後，不可能反過來由「見分」來證實「自證分」。「自證分」對「見分」的確認全都是現量，沒有比量；而「見分」不會對「自證分」有「量果」，因爲「見分」在前而「自證分」在後，「自證分」是用來確認「見分」的。既然「自證分」是用來確認「見分」的所見，必然是現量而非比量；並且「見分」不但生起在前，而且是有現量、比量及非量的，顯然不能由「見分」成爲「量果」而用來證實「自證分」，三量的因與果不可錯置故。

第三目　見分等四分的所緣有內外差別

論文：「此四分中，前二是外，後二是內；初唯所緣，後三通二。謂第二分但緣第一，或量非量，或現或比；第三能緣第二第四。證自證分唯緣第三，非第二

者，以無用故；第三第四，皆現量攝。故心心所，四分合成，具所能緣，無無窮過；非即非離，唯識理成。是故契經伽他中說：

衆生心二性，內外一切分；所取能取纏，見種種差別。

此頌意說，衆生心性，二分合成；若內若外，皆有所取能取纏縛，見有種種或量、非量或現或比多分差別。此中見者，是見分故。」

語譯：【這相分、見分、自證分、證自證分等四分之中，前二者相分與見分是面對似外境而說的，後二的自證分及證自證分則是向內自緣。第一相分唯是所緣，後三分則通二種，既是能緣也通所緣。這是說，第二見分只能緣於第一相分，所緣有時是正量有時則成非量，有時是現量或者是比量；第三自證分能緣第二的見分與第四證自證分。證自證分只能緣於第三自證分，不是緣第二見分的原因，是因爲由證自證分來緣見分是沒有作用的緣故；第三自證分與第四證自證分，全部都是現量所攝。所以八識心王等心與心所，是由這四分和合而成立及運行，才能具足所緣與能緣，但又沒有能緣無窮推之無盡的過失；而這四分與八識心王非即也非離，一切法唯識所變所生的正理也就成立了。由這個緣故，相應的經典中有偈頌這麼說：

眾生的如來藏自心有二種自性，內功德與外功德含攝了這四分的一切功德；而眾生都被如來藏所生的所取相分與能取見分纏縛了，虛妄地看見種種的差別不同而產生我見與我執。

這首頌的意思是說，眾生所知心的自性，是由內分的能取與似外分的所取等二分和合而成；不論對於內分「能取」或者對似外分「所取」相分，都是有「所取」與「能取」纏縛著，因此而看見有種種或者正量、非量，或者現量或是比量的各種不同差別。這裡面所說的見，就是見分的緣故。】

釋義：「此四分中，前二是外，後二是內；」每一個人的第八識心都一樣含攝七轉識，也含攝五色根及六塵等相分，所以都是「相分、見分、自證分、證自證分」等四分具足圓滿的。

在「相分、見分、自證分、證自證分」等四分之中，前二者「相分」與「見分」是面對外六塵境而運行的，其實是能取的「見分」緣於如來藏依業種變現的五色根，也緣於如來藏依外六塵所變現的內六塵等「相分」而運轉，然而眾生誤以為「見分」所取的內六塵即是外六塵，於是就這樣自以為五色根與八識心王是在外六塵境界中生存與活動，就被六塵境界所繫縛而向外追求、輪轉生死，其實所緣的境界都只是內相分的六塵。

然而緣於內六塵的「相分」，爲何論文中也說是緣外？因爲「見分」所緣的內六塵「相分」，是由第八識依外六塵爲範本來變生出來的，所以緣於內六塵時依舊是緣外而非緣內，故說「相分」如同「見分」是面對外境而緣的。後二的「自證分」及「證自證分」，都是向內自緣，分別以「見分」及「自證分」作爲「所緣」。意謂「自證分」以「見分」作爲所緣，「證自證分」以「自證分」作爲所緣。

「初唯所緣，後三通二。」在八識心王和合運作的活動「行相」中，第一分的「相分」純粹是「所緣」，被七識能取的「見分所緣」之後才有種種行。後三的「見分、自證分、證自證分」，則是通於「所緣」也通「能緣」的，因爲「後三」的功能通緣「相分」與「見分」，所以通「所緣」及「能緣」，說爲「通二」。因爲「見分」自己能緣，也可以被後二分所緣，所以「通二」；「自證分」能緣「見分」所以通「能緣」，又能被後面的「證自證分所緣」，所以也「通二」；以此緣故說「見分」及「自證分」都「通二」分。但不僅如此，所以如下所說：

「謂第二分但緣第一，或量非量，或現或比；第三能緣第二第四。」這是說，第二分的「見分」只能緣第一「相分」，而「見分」所緣的「相分」，有時是正確的「現量」，名爲正量，但有時見分對「所緣」產生錯誤的勝解時，則成爲「非量」；有時「所緣」是現前的境界名爲「現量」，有時「所緣」的境界並非「現量」而是思惟及推度所知，便成爲「比量」的境界。

第三「自證分」則能緣於第二「見分」，也能緣於第四「證自證分」，雙通前後兩分，不單是第四「證自證分」能緣第三「自證分」而已，因爲第三及第四都有見的功能故。

「證自證分唯緣第三，非第二者，以無用故；第三第四，皆現量攝。」第四「證自證分」只能緣於第三「自證分」，不能緣於第二「見分」的原因，是因爲由「證自證分」來緣「見分」時是沒有作用的緣故；這是因爲「見分」已經有「自證分」來緣了，不需要再由「證自證分」直接來緣「見分」。

而第三「自證分」與第四「證自證分」的「所緣」，全部都是現量所攝，不緣於比量；因爲「證自證分」及「自證分」對「所緣」作確認時，都要依現量來加以比對，所以就沒有非量可言；只有「見分」能夠雙緣現量及比量，有時才會有非量。然後總結說：

「故心心所，四分合成，具所能緣，無無窮過；非即非離，唯識理成。」所以如來藏所攝的八識心王與心所，是由「**相分、見分、自證分、證自證分**」等四分的功能和合而成，才能具足成為一個人類或有情，可以具足「**所緣**」與「**能緣**」，但又沒有「**能緣**」無窮無盡的過失。

而八識心王這四分「**非即**」也「**非離**」，全都和合運行而出現在第八識中互相配合，從來不曾外於第八識心運行，故說「**無離識所緣境**」，是故《唯識二十論述記》卷上云：「**此顯教因。若一切法唯有內識，此識能變似色等眼等十處相現，無離識外實色等處。**」謂六識所見的「**相分**」六塵皆是內識如來藏所變生故。

亦如《成唯識論俗詮》卷二所云：「**達無離識所緣境者**（至）**識受等體有差別故。二明內立三分義，謂通達離識無境者，已解唯識義故。**」所引述即是前來《成唯識論》卷二所說：「**達無離識所緣境者，則說相分是所緣，見分名行相。**」如是說明人們所接觸的一切六塵境界，全都是由內識如來藏依外六塵所變生者，六識所知不曾有一境是外六塵境界；通達如是正理者，名為「**達無離識所緣境者**」。

如是具足有情眾生的「**相分所取**」與「**見分能取**」等功能，成就四分之時諸法便能如理運作，如是四分與內識如來藏「**非即非離**」，「**一切法唯識所變、所生、**所顯」的正理也就因此而成立無誤，便以第四分「**證自證分**」，作為最後的「**量果**」，不必再有第五分及以後的「量果」。是故《成唯識論述記》卷三說：「即以所緣第四爲果，第四緣第三爲果；例此同故，功能應爾；若更立者，過無窮故；唯爾所者，分限足故。如無色界本識，見分緣種子等，更無餘相；種子摶附識自體分，即以自證爲相分緣，緣彼種故。然不緣彼自體分上能緣功能，過如前說；仍以第三自證爲果，此例應同。」所說中肯，其理應知。

「是故契經伽他中說：衆生心二性，內外一切分；所取能取纏，見種種差別。」

由於以上所說這些緣故，《佛地經論》引述相應經典中的偈頌這麼說：「衆生的自心阿賴耶識有『所取』及『能取』等二種自性，這樣的內功德與外功德具足含攝了一切心分；但衆生都被表相上的『所取』與『能取』纏縛，不瞭解二者都是第八識的『自心現量』，因此虛妄地認爲已經看見種種外六塵境界的差別不同，以致不知實相而流轉生死。」

實相則是「能取」的七轉識「見分」，以及「所取」的六塵「相分」，全都是第八識自心的現量——都是由第八識阿賴耶所變現的事實。所以「相分」與「見分」其實都不外於如來藏阿賴耶識，都是由阿賴耶識心中的「見分」，來攝取阿賴耶識內的六塵「相分」。猶如與此法相應的經典中所說：

「諸仁者！阿賴耶識有『能取、所取』二種相生，如蛇有二頭，所樂同往；此亦如是與色相俱，世間之人取之爲色，或計我、我所若有若無，能作世間、於世自在。諸仁者！阿賴耶識雖種種變現而性甚深，無智之人不能覺了。譬如幻師幻作諸獸或行或走，相似眾生，都無定實；阿賴耶識亦復如是，幻作種種世間眾生而無實事；凡愚不了妄生取著，起微塵、勝性、自在、丈夫、有無等見。」

凡、愚二種有情，由不能確認「見分」七識心及「相分」六塵，全都是自心阿賴耶識所變生故，不知「見分」七轉識執取「相分」六塵境界時，事實上是「自心取自心」——是由阿賴耶識所變現的「所取」五根身及六塵相分，被祂自己所變現的「能取」七轉識所取；依於無生法忍的現觀，正是自心阿賴耶識執取自心阿賴耶識，眞正是唯識無外：「無離識所緣境」。

「**此頌意說，眾生心性，二分合成；若內若外，皆有所取能取纏縛，見有種種或量、非量或現或比多分差別。此中見者，是見分故。**」契經中這首頌的意思是說，眾生所知心的自性，其實是由「相分」與「見分」等二分和合而成的，不曾觸及這二分背後的實相心第八識；所緣的外分是如來藏心變現的五色根與內六塵，內分是「見分」七轉識，是專門針對相似於外分的色法境界來執取；而「自證分」與「證自證分」是「見分」運作時，必須要有的確認功能，其實也是自心第八識所變生出來的作用。於此四分之中，「相分」及「見分」名爲外分，因爲「見分」全都緣於外法故，而「相分」皆是被「見分」緣外之時所緣故，亦名外分。

但不論是內分或者外分，全部都有「所取」與「能取」的功能，但眾生被無明所籠罩而不明白，就被如來藏所生的「見分」能取及「相分」所取等二種功能纏縛著，以爲五陰身心的自己眞實有，因此不能明白第八阿賴耶識的本來自性清淨涅槃，或者不明白阿賴耶識的眞如法性，所以只看見有種種或者正量、非量，或是現量、比量的各種不同差別。由於如是墮入「所取」相分與「能取」見分而不能超脫，以致不能轉依無我性而常住的如來藏識故，就必須世世受生而流轉生死，藉以繼續獲得「所取」相分及「能取」見分這二法，不得解脫。這裡面所說的「見」就是「見分」的緣故，「見」就是了別與攝取的意思。

第四目　萬法唯心故能緣

論文：「如是四分，或攝爲三，第四攝入自證分故；或攝爲二，後三俱是能緣性故，皆見分攝。此言見者，是能緣義。或攝爲一，體無別故，如《入楞伽》伽他中說：

由自心執著，心似外境轉；彼所見非有，是故說唯心。」

語譯：【像這樣的四分：相分、見分、自證分、證自證分，或者攝歸於三類中，是因爲把第四證自證分攝歸第三自證分的緣故；或者攝歸爲二分，因爲後面的見分、自證分、證自證分等三分，全都是能緣之性的緣故，同樣都屬於見分所攝。這裡說之爲見的時候，就是說能緣的道理。或者攝歸爲一類，因爲體性並沒有外於自己第八識的緣故，猶如《入楞伽經》的偈頌中這麼說：

由於七轉識自心有所執著，導致八識心王好像住在外境中一般地運轉著；那些眾生所見外六塵境界其實不是眞的存在，以此緣故而說是唯心所現。】

釋義：**「如是四分，或攝爲三，第四攝入自證分故；或攝爲二，後三俱是能緣性故，皆見分攝。」**「四分」就是「相分、見分、自證分、證自證分」。安惠論師唯立一分：「見分」。難陀論師建立二分：「相分、見分」。陳那論師建立爲三分：「相分、見分、自證分」。唯有護法菩薩建立爲四分，增加了最後的「證自證分」。

但玄奘將此四分互攝，通達唯識正理，說這樣的四分，也可以攝歸爲三種：「相分、見分、自證分」，因爲可以把第四「證自證分」攝歸第三「自證分」中，同屬意識層面，也同屬「能緣」的緣故。也可以攝歸二種：「相分、見分」，因爲後三者的「見分、自證分、證自證分」等三分，全都是能緣之性的緣故，所以全都是「見分」所攝。這是通達唯識正理者方能作出來的正解，凡夫臆想之人要待智者說明方能知之。

「此言見者，是能緣義。」這裡所說的「見」字，就是「能緣」的道理；若是沒有「能緣」，就不可能有「見」的作用。《成唯識論述記》卷三說：「此言見者，能緣境義，通心、心所。非推求義，推求義者唯慧（心所）能故。」意謂這裡所說的「見」之意，單指能緣相分境界之「能緣」義，並非推求之義，因爲若是「見」之後再進到推求之義時，必須是由慧心所運作方能達成；是故此處的「見」只是「能緣」之義，不包含慧心所的全部功能。

「或攝爲一，體無別故，如《入楞伽》伽他中說：由自心執著，心似外境轉；彼所見非有，是故說唯心。」或者也可以把「相分」等四分都收攝爲同一有情，成爲一法；因爲「相分」等四分的體性，同樣都是自己的阿賴耶識所變現而無有差別的緣故，並無外境「相分」六塵被「見分」七轉識所緣、所分別，所以「相分」六塵也攝歸阿賴耶識自己成爲同一有情。以是緣故，每一有情皆同樣具有自己的十八界，其中的「相分」六塵都是自己的如來藏所變生的，不是外六塵。

猶如《入楞伽經》的偈頌中有說過：「由於自心七轉識等『見分』有各種執著，導致八識心王好像住在外境中一般地運轉不停，然而所攀緣的『相分』五色根與六塵各種境界，其實都只是自心阿賴耶識依外境所變現的，因此而使阿賴耶識連同外境一樣不斷地運轉不停，成爲一個有情；而那些凡夫眾生的『見分』所看見的五色根，以及所見的好像外六塵境界等『相分』都是生滅法，其實並不是恆常的存在，所緣誤以爲外六塵的『相分』也都不曾外於阿賴耶識而存在過，由於以上所說的緣故而說一切所見與能見，都是唯有自己的一心阿賴耶識，並無識外一塵可被見分七轉識所親見。」

問：「證眞如者，難道亦是阿賴耶識之所攝耶？」答：如《成唯識論》卷十末後所說「眞如亦是識之實性，故除識性無別有法」，即是阿賴耶識於各種有爲法中運行時，所顯示的眞實與如如法性，名爲眞如。外於阿賴耶識心體之運行，即無眞如可觀可證，是故純無漏法的眞如，亦不能外於阿賴耶識而得實證，因爲眞如即是第八阿賴耶識的眞實法性，是故眞如亦歸阿賴耶識所攝。

一切否定證眞如之人，或是否定證阿賴耶識爲大乘見道之人，說實證阿賴耶識並非大乘見道者，欲於第八識心以外別求眞如的實證，皆不可得；如是邪人縱有所得所謂之眞如，必是錯會謬證，絕非眞如。如是之人即是心外求法者，落入佛法名相等表義名言虛妄想中「不知舂炊，噉文字穀，不得義食」，亦落入七轉識等顯境名言之中，不能自外於「相分」及「見分」，永遠不離所取與能取而不能觸及第八識實相，於諸佛法皆不能自解，求出無期。所以者何？外於阿賴耶識心體之實證者，即無任何佛法與世間法可求故；縱有求得者，悉屬謬解錯會之邪想邪求，於佛法之見道決無其分。如是正理，於諸經中具說分明，然而末法時代學佛之人無量無數，他們讀經以及閱讀《成唯識論》之後仍然不懂，全都因爲沒有四加行的智慧故，也因爲墮六識論邪見中故，更因爲全然沒有實證阿賴耶識所致。

或者有人在善知識幫助下證得阿賴耶識後，未能得忍，不能深入現觀而未能通達「相分」及「見分」都是第八識所變生，由此眞妄不分又因上慢之故，不肯求教於善知識，即無法現觀「相分」及「見分」等總共四分皆是第八阿賴耶識所變現，不知亦不能現觀如是「自心現量」，於是落入「所取」相分及「能取」見分之中，不斷發動法難或叛變，無理無據或對所據聖教錯解而公開質疑善知識所說正法，落入「見分」的遍計執性中，亦落入「實有外相分六塵被自己六識所見」

之邪見中，公然違背「一切法唯識所變」的正理。又不肯繼續深入善知識所教導的法義中求生勝解，於網絡中匿名而公開否定善知識所宣正法，於是造下謗法、謗勝義僧之大惡業，求脫無門，即是琅琊閣、張志成等一類人也。

以上是藉「四分皆是唯識所變」的道理，說明「一切法唯識無境」，成就「一切法唯識」的正理以後，即下結論說：

論文：「如是處處說唯一心，此一心言，亦攝心所。故識行相即是了別，了別即是識之見分。」

語譯：【就像這樣在每一處經文中都說人們唯有阿賴耶識一個心，而這個「一心說等言語」所說的內涵，也含攝了心所法。由這緣故而說，識的運行法相就是了別，了別的功能就是識的見分。】

釋義：「如是處處說唯一心，此一心言，亦攝心所。」在第三轉法輪諸經中，處處演說一切有情都唯有阿賴耶識這一個心，而阿賴耶識一名含攝了八識心王，這就是唯識增上慧學「一心說唯通八識」的由來。因爲若要說一切人都只有一個心時，只能說是阿賴耶識這個心，不能說是意識或意根，或說是前五識，因爲阿賴耶識函蓋了自己及七轉識與諸色法而說有情唯有這一個心的緣故。

猶如《大乘起信論》所說：「**心生滅者，依如來藏故有生滅心，所謂不生不滅與生滅和合，非一非異，名爲阿黎耶識。**」而這個「**一切眾生都唯有一心，即是阿賴耶識**」的說法，其實是包含了色陰、七轉識及各種心所法在內的，因爲七識見分都是阿賴耶識所變生的，而八識心王都各有心所法；若無心所法，八識心王就無法了別六塵中及六塵外的諸法了。

「**故識行相即是了別，了別即是識之見分。**」由於這樣的緣故，說阿賴耶識的運行法相其實就是「**了別**」，其中「**了別**」六塵境界的功能即是七識「**見分**」的功能，而「**了別**」六塵外境界（了別器世間、諸種子、業種、七轉識心行、五根身……等，包含支援七轉識了別六塵境界）的功能，則是阿賴耶識的「**了別**」功能，即是阿賴耶識的「**見分**」。

對初機學人求悟般若者，應說阿賴耶識無有「**見分**」，以不「**了別**」六塵境界故；若對悟後求證無生法忍者，應言阿賴耶識亦有「**見分**」，其「**見分**」即是「**了別**」故，「**了別**」即是「**見分**」之功能故。由於阿賴耶識亦能「**了別**」六塵外的諸法，故說爲「**識**」，「**識**」即「**了別**」故；然此**了別**唯能對證悟者說，不爲餘人說。

依「唯識性」及「唯識相」而言，八識心王都有各自所「了別」的對象，互不混濫，分工合作，始能由八識心王各自運行而互相配合，方能具足一個有情應有的成分，而非八個有情互相干擾。以此故說八識心王各有「了別」的對象而互不相同，此是唯識增上慧學中的一切經論所說，亦是一切證悟菩薩「現量」所見。

然對初機學人而言，不需說此，說之反增其困惑，是故對於求證阿賴耶識之人——求悟禪宗本來面目而欲生起實相般若智慧者，應告之以不分別心、無分別心，猶如第二轉法輪時期諸《般若經》之所說。

問：「阿賴耶識不是不了別六塵境界嗎？為何又名為識？識即是了別故。」答：若欲入第三轉法輪時期的教義進修——欲求增上慧學智慧而求證無生法忍者，應告之以阿賴耶識亦能「了別」，故名為「識」，識即是「了別」故。但祂不在六塵境界中作任何「了別」，故說阿賴耶識只是不「了別」六塵境界，名為無分別心，但仍有以外的「了別」功能，祂所「了別」的對象是五色根及六塵外的諸法，以及「了別」七轉識的心行與各類種子，並非全無「了別」功能，故名阿賴耶「識」。

又諸六塵境界相等，既有七轉識「見分」能作「了別」，不需第八阿賴耶識再作「了別」，否則即重複「了別」而成二種同類自心，此事不成。又阿賴耶識若對六塵境界能有「了別」者，祂本應有的對於六塵外的其他各類事相所作「了別」之功能，必然因此而失去，則三界有情即不能成其為有情了；此事乃一切眞悟者之所自知，不待言說。

又如琅琊閣、張志成等人於網路上之所主張，認定阿賴耶識也能「了別」六塵[14]。依彼所說，則阿賴耶識自身即是「見分」，又何需有六識心來作「見分」而執行「了別」六塵的功能？然而實相法界中不會有如是重複或累贅之事。由於阿賴耶識的自性與功能差別特異於七轉識「見分」，亦是能生「見分」及「相分」者，是故自性異於「見分」七識，如《維摩詰所說經》卷一〈菩薩品第四〉所說：「知是菩提，了眾生心行故；」又說：「不會是菩提，諸入不會故；不合是菩提，離煩惱習故。」阿賴耶識不與煩惱合，因為不分別六塵境界故，離念靈知則反是。

由阿賴耶識能了知七轉識見分的心行，能隨緣而應故，並非全無了別之功能，是故仍有六塵外的「見分」，是故仍名為識。又能了別何時應出生六識心，何時應中止六識心種子之流注，何時應滅意根之受與想二個心所，亦能剎那剎那了別五

[14] 他們認為離念靈知就是阿賴耶識，能了別五塵，並以沒有語言文字妄想而認作不分別法塵，其實離念時仍是在分別法塵，如是具足分別六塵。

色根之變異，以及具有其他的六塵外之了別性，故非全無「了別」的功能，故名爲「識」，「識」即是「了別」故，《本論》因此而說：「故識行相即是了別，了別即是識之見分。」但有專作學術研究名相考證而不求實證者，或是由善知識助悟然而眞妄不分如琅琊閣、張志成等人者，由此一句論文而誤會阿賴耶識亦能「了別」五塵或六塵，其謬大矣！

由阿賴耶識不對六塵境界起諸「了別」及受想等，其五遍行心所只對六塵外的境界作諸「了別」，決不「了別」六塵境界，故說「不會是菩提，諸入不會故」；以不「了別」六塵故，阿賴耶識不與諸煩惱合，遠離煩惱習氣及現行，即是《維摩詰所說經》名爲「不合是菩提」，與諸煩惱不合故。此非學術研究者及古時部派佛教諸聲聞僧所能知解，何況如網路上匿名毀謗正法之琅琊閣等人，如是應知。

第四節　不可知執受的處與了

第一目　五陰色心及器世間皆識所變

論文：「所言處者，謂異熟識由共相種成熟力故，變似色等器世間相，即外大

種及所造色。雖諸有情所變各別，而相相似，處所無異；如衆燈明，各遍似一。」

語譯：【〈唯識三十頌〉中所說「不可知執受處、了」的「處」字，它的道理，是說第八異熟識由於共相種子成熟力的緣故，變現出好像是有色、心、心所及器世間相，也就是身外四大種以及這四大種所造作出來的色法器世間與五陰世間的法相。雖然諸有情的阿賴耶識所變生出來的身相各各別異，而法相上看來卻很相似，而且識所住的處所也沒有什麼差別；猶如眾燈的光明相一般，各自遍照而使得所見的影像很像是同一個境界。】

釋義：「所言處者，謂異熟識由共相種成熟力故，變似色等器世間相，即外大種及所造色。」唯識增上慧學中，這〈唯識三十頌〉說的「不可知執受，處了常與觸」，其中說的「處、了」，是說「不可知執受」有「處」與「了」兩種，即是「不可知執受的處」與「不可知執受的了」兩種。而這「不可知執受」的「處」字所說的道理，是指異熟識由於共業眾生的業相種子成熟力的緣故，而變現出色身五陰與器世間等法相，也就是由共業有情的第八識來變現身外的四大種與器世間，以及各自的阿賴耶識所造作的五陰世間等色法；而這樣變現出來的色身是有處所的，所變的器世間也是有處所的，如是顯示第八異熟識的存在，這樣的存在便顯示了異熟識不可知執受的「處」。

這意思是說，由於第八異熟識中含藏的各類種子作爲因緣，所以共業有情的異熟識，即依這個共相種子的成熟而共同變生了身外的四大及器世間，這器世間看來似乎是眞正存在，然而其實是第八識所變生的。這表示器世間雖然是外法而非有情，然而本質上仍非心外之法，是由共業有情的第八異熟識阿賴耶識，由於共業種子的成熟，變生了四大種而聚集成爲器世間，都是由第八識的造色功能所變生的，歸根結蒂仍不外於第八異熟識。

「雖諸有情所變各別，而相相似，處所無異；如衆燈明，各遍似一。」「**雖諸有情所變各別**」是說，所有共業有情的第八異熟識，除了合作共變現外四大種及器世間以外，也會各自變生自己有情的五陰身心；然而各自所變三界中的五陰或四陰世間互相都會有所別異，看似眞的有外六塵相而且總是很相似，所變現的色身與所住的「**處所**」也沒有差別，才能一起生活、受報及造作新業，以及互相受用；這就像很多盞燈光同在一室時，雖然每一盞燈光各自有別，而所生的光明和合在一起，同樣都能遍照整個室內而看起來好像是同一個光明所照的境界一樣。

在這樣的所變相中，都是依於已成熟的種子而得變生，變生時便有「**自相**」

與「**共相**」之別，各別所變的五陰世間等，都名爲「**自相**」；共同變生的器世間等，都名爲「**共相**」。然而「**共相**」之中亦有不共者，例如所變相中若是多人所感者，即名「**共相**」，各自所感者即名「**自相**」。

人人所變五陰世間各各差別，唯是自己異熟識所變生，是爲「**自相**」，名爲唯識所變；然而生存過程中與別別有情共同生活，互相受用時則有受用義；並且身心相似，即是「**共相**」。又如共業種子成熟後所變生的器世間，例如山河大地萬物等，是一切有情所共同受用者，即名「**共相**」。若依唯識正理，各各有情所受用六塵境界都屬自身異熟識所變生者，唯自受用，不通他人或他情，即名「**自相**」。

又如共業有情共用同一器世間，然而受用領納迴異，即是「**共相**」之中亦有不共，例如山河大地河水等，非唯人類受用之，旁生道及鬼道有情亦受用之，即是「**共相**」之中的「**共相**」；然後山河大地之中如河流等，人見爲水，鬼見爲膿血，天見爲琉璃，所見不同，受用亦異，即是「**共相**」中之不共相；如是等所變有情各別，所變之外相相似，處所則同，亦名「**雖諸有情所變各別，而相相似，處所無異**」。

於不共相中亦有共與不共，例如眼等六根，唯有自身六識受用，不共他身有情受用，名爲不共相；然而不共相中亦有「共相」，例如有情各自之扶塵根，非唯自身受用，他人亦得受用，例如父子母女之間，或如配偶之間，或如長官與部屬以及朋友之間，皆屬互相受用者。

問：「既然都是識心所變生者，若如一人自心中木石影像，與他人成互相隔礙，不相通融受用；何故眾多有情異熟識共變山河大地等，可以不相隔礙、同在一處？」答：這是由於相處一起的有情眾生，其業相似便得共用，業不相似便不共用。亦由其心有所隔礙而不共用，若無隔礙便得共用；例如人見河流爲水，天見爲琉璃，同屬於人類或天人，便得共用；若屬餓鬼道有情所見爲膿血，即不得受用，成惡異熟果，如是應知由心所致故。

論文：「誰異熟識變爲此相？有義：一切。所以者何？如契經說『一切有情業增上力共所起』故。」

語譯：【問：「是誰的異熟識變現成爲五陰世間與器世間等法相呢？」月藏論師說：是一切有情的異熟識。爲何這樣說呢？猶如相應的經典中說：「一切有情的共業增上力共同所生起」的緣故。】

釋義：一定會有人生起這樣疑義來：「是由誰的異熟識來變生出器世間與五陰世間而有各種不同法相的？」第一種說法是月藏論師所說，他認爲是由一切共業有情的異熟識所共同變現出來的。又舉出聖教所說的道理來：猶如相應的經典中曾經這樣說過，一切共業有情由於共業增上力的緣故，就會共同變現而生起了器世間與各人的五陰世間。猶如《瑜伽師地論》卷二所說：「云何世間成？謂過如是二十中劫已，一切有情業增上力故，世間復成。爾時最初於虛空中，第三靜慮器世間成；如第三靜慮，第二及初亦復如是。爾時第三災頂有諸有情，由壽盡故、業盡故、福盡故，從彼沒已，生第三靜慮；餘一切處，漸次亦爾。」

此說四禪天以下的器世間，無色界無色，是故不爾；以無色界是自心世間故，與其他一切有情皆不相共故。月藏論師認爲，如是器世間及有色五陰之變生，通於凡聖及五趣六道有情，所變生之外器世間及有色五陰身心得以互相受用故，所以認定器世間及五陰身心是一切有情的第八識所變生的。如是所說，有無過失？再詳第二師所說：

第二目　內識能變之辨義

論文：「有義：若爾，諸佛菩薩應實變為此雜穢土；諸異生等，應實變為他方、此界諸淨妙土。又諸聖者厭離有色，生無色界，必不下生，變為此土復何所用？是故現居及當生者，彼異熟識變為此界；經依少分說一切言，諸業同者皆共變故。」

語譯：【護法菩薩不認同前面月藏論師的說法而反駁之：若是如此，已經修除不淨業種的諸佛菩薩們應該也會確實變生了這個混雜污穢的國土；而其他的異生凡夫們的異熟識，也應該確實可以變生他方和這世界中的種種淨妙土。而且眾多聖者厭離有色的境界，受生到無色界去，必定不會再下生人間，他們共同變生為這樣的人間器世間又有什麼功用？由於這樣的緣故，現在居住於這器世間以及當來受生的有情們，是由他們的異熟識變生為這個世界；經中是依少分的道理而說為「一切凡夫位有情」的言語，是說由各種業相同的有情全部共同變生的緣故。】

釋義：前者是月藏論師所說，一切有情不論聖凡，他們的異熟識共同變生這個器世間與各自的五陰世間。既然說是「一切有情」，就包含諸佛菩薩在內了。但諸佛菩薩之變生此器世間，只是因應此世間凡夫異生等有情而作變化，非實變作，這是摧破月藏論師所說。所以護法菩薩這第二種說法是，這個污穢的器世間所變生者，不包含諸佛菩薩在內；因爲他們的種子清淨很久了，不會變生這一類不淨的器世間，所以反駁後又舉出理由來說明：

「**有義：若爾，諸佛菩薩應實變爲此雜穢土；諸異生等，應實變爲他方、此界諸淨妙土。**」這「有義」是護法菩薩所說。護法菩薩的意思是說，若月藏法師所說正確，器世間是包含佛菩薩在內的一切有情共同變生，那麼已經修除不淨業種的諸佛菩薩們，也應該與凡夫有情們共同眞的變生了這個混雜污穢的國土，所變生的清淨而不同於污穢的性質，也應該成爲可以和穢土互相混合的了；那麼其他的異生凡夫們的異熟識，也應該確實可以變生他方和這世界中的種種諸佛淨妙土，這便成爲染淨互通的不實現象了。

「**又諸聖者厭離有色，生無色界，必不下生，變爲此土復何所用？是故現居及當生者，彼異熟識變爲此界；**」而且眾多二乘聖者若是厭離有色的境界，受生到無色界去之後，必定不會再度下生於人間，那他們的異熟識變生這樣的人間器世間，對他們自己又會有什麼功用？所以《成唯識論述記》卷三解釋說：「彼應實變爲他方自界諸淨妙土，若佛菩薩神力所加變化所作，我亦無遮，且論實故。然淨妙土有別他方，如極樂等，亦在此界靈鷲山等有漏淨土，外法異生亦不應變，不能用故。」

意謂二乘諸聖上生無色界天之後必不下生人間，復與凡夫異生共變下地器世間當作何用？一定要是所變者爲自己所能用者，否則變又何用？故說若無功用，應該就不會共同來變生這樣的有色器世間。問：「若是如此，是什麼緣故經中說是『一切有情』？」答：

「經依少分說一切言，諸業同者皆共變故。」由於這樣的緣故，現在居住於這器世間以及當來受生的有情們，是由他們的異熟識共同變生爲這個世界；諸佛菩薩與此器世間凡夫有情並無共業，不會共同變生這個人間或欲界天的器世間。經中所說是依少分的道理而說「一切有情」共同變生的言語，是說由各種業種相同的有情的異熟識，全部一起共同變生的緣故，不能廣義解釋爲函蓋諸佛菩薩與通教的二乘聖者在內。

論文：「有義：若爾，器將壞時，既無現居及當生者，誰異熟識變爲此界？又諸異生厭離有色，生無色界，現無色身；預變爲土，此復何用？設有色身，與異地器粗細懸隔，不相依持，此變爲彼，亦何所益？然所變土，本爲色身依持受用，

故若於身可有持用，便變爲彼。由是設生他方自地，彼識亦得變爲此土；故器世界將壞、初成，雖無有情，而亦現有。此說一切共受用者，若別受用，准此應知；鬼人天等，所見異故。」

語譯：【第三種說法是玄奘的總結：若眞的是這樣子，器世間即將毀壞時，既然沒有現在居住以及即將受生於這個器世間的有情，又是誰的異熟識變生爲這個將壞的器世間？而且諸異生位的有情們若是厭離有色世間，受生到無色界去時，現前既然無有色身；預先變化爲下界這樣的有色國土來，對他們又有什麼功用？假設還有天界的色身，而與不同處所的其他下界世間物質，是粗細之間有很大差別的，也不可能互相依止或受持，由此而變生了那粗糙的國土世間，究竟又有什麼利益？然而所變生的國土，本來是爲了色身的依持和受用，所以若對於色身可有執持的作用時，就會變現爲那樣的國土。由於這樣的原因，假設五陰出生於他方國土或自己所住的本地，他們的異熟識也一樣可以變生爲這裡的國土；所以器世間即將毀壞、或是剛開始生成時，雖然沒有有情居住著，而器世間同樣可以出現及存有。這是說一切共同受用的有情，或是別別受用的其他有情受用器世間時是有不同的，所以也一樣比照而應該知道這個道理；因爲鬼道有情與人間或天界

等有情，各自所見是有差異的緣故。】

釋義：「**有義：若爾，器將壞時，既無現居及當生者，誰異熟識變為此界？**」這是第三種說法，即是玄奘總結之後所說。有另外一種道理說，如果眞是這樣子，器世間即將毀壞時，原來的有情都往生到別的世界去了；既然沒有現在居住的有情，也沒有即將受生來此世界的有情，這時是由誰的異熟識變生出來這個即將毀壞的世界？由於前二師所說不夠周延，所以玄奘提出這個反問。

「**又諸異生厭離有色，生無色界，現無色身；預變為土，此復何用？**」再問：比如異生凡夫若已修得四空定者，他們死後會受生去無色界中，現前顯現出來是沒有色身存在；既然如是而預先變生了這個有色的國土時，對他們又有什麼作用？而且他們往生於無色界時，壽命八萬大劫，無妨這個欲界世間成壞八萬次，那麼他們共同預先變生這個器世間又何所用？

「**設有色身，與異地器粗細懸隔，不相依持，此變為彼，亦何所益？**」三問：例如聲聞部派佛教的大眾部，主張生無色界者亦能有色身，因此而變生此欲界世間；然無色界有情縱生色身亦只是色界天身，並且只是暫時而有，與此欲界的器世間及色身都是粗細懸隔；色界天身微細勝妙，欲界器世間粗糙下劣，一細一粗互有隔礙而不能互相依持，縱使他們的如來藏能變生欲界的器世間，對他們往生色界天的有情又有什麼利益？不能作依持故。

「然所變土，本爲色身依持受用，故若於身可有持用，便變爲彼。」三問之後玄奘提出宗旨說：然而所變現出來的國土，本來就是爲了所變自己色身的依持與受用，所以如果對於色身可以有依持的作用時，便可預先變生爲那個新的國土，然後於將來此土變壞而彼土已到成劫而可居住時，便往生於新的世界中，成就受用等五果。次如五神通者緣於他方世界，或從人間緣於三惡道及天界等，當然也可以於很久以前共同變現那個即將毀壞的國土。三如三禪天人以初禪天身的眼等三根，緣於欲界天或人間等事，所以他們的第八識也能共同變現欲界的器世間，因爲也能緣於欲界天境界故。

「由是設生他方自地，彼識亦得變爲此土；故器世界將壞、初成，雖無有情，而亦現有。」由於這樣的道理，假設生在他方世界或生在自己所住的境界中時，他們的第八識也可以預先變生出這個國土；所以在所住的器世界開始毀壞或正在生成之時，雖然還沒有有情居住，也同樣可以預先變生而存有這兩類的器世間。

亦如生於娑婆世界自地，若得意生身，則異熟識即與他方世界有情共變他方世界之一分，所變色身若往彼世界時，亦得受用，故須變生，非謂現世正報色身得用之時方才變生。

問：「果眞如此，如人見水，餓鬼見之爲膿血，膿血是鬼身之外法，而人何故不能見之爲膿血而名爲與人類共變呢？」答：

「此說一切共受用者，若別受用，准此應知；鬼人天等，所見異故。」以上所說是一切共同受用該器世間的有情第八識共同變生，如果是別別受用的各別有情，也是一樣比照這種道理來看；因爲鬼道有情與人間有情及天界有情等，由於業力果報不同的緣故，所見的世界自然各各不同，例如人間的河水，人見爲水，鬼見爲膿血，天見爲琉璃，可以共同受用或受報，說爲共同變生即無過失。

亦如凡夫異生修得四空定而往生無色界者，以未眞實離欲故，只是降伏欲愛而未斷除，亦需變生此欲界器世間，以便定力退失或可愛異熟果報償完畢之後，下生人間而得受用；其餘依此類推，亦可知矣。

以上是解釋「不可知執受處了」的「處」，以下開始解說「不可知執受處了」的「了」：

第三目　諸種子亦是異熟識之所緣

論文：「諸種子者，謂異熟識所持一切有漏法種，此識性攝，故是所緣。無漏法種，雖依附此識，而非此性攝，故非所緣。雖非所緣，而不相離；如眞如性，不違唯識。」

語譯：【各類種子的意思，是說異熟識所執持一切有漏性的法種，這是阿賴耶識的識性所攝受的法，所以也是阿賴耶識的所緣法。無漏性的法種，雖然同樣是依附這個阿賴耶識，但不是此識的了別性所攝，所以不是阿賴耶識的所緣。無漏法種雖然不是阿賴耶識的所緣，然而與此阿賴耶識並不相離；猶如無漏的眞如法性一樣，並不違背**一切法唯識**的無漏有爲法等正理。】

釋義：「不可知執受處了」的「處」解釋完了，接著要解釋「不可知執受處了」中的「了」；但在解釋阿賴耶識「不可知執受」的「了」以前，必須先解釋阿賴耶識的「執受」，解釋完「執受」中的種子時，就知道八識心王的「了」有各種差別，因爲所「了別」的對象有很大的不同故。

阿賴耶識的「執受」又分爲二個部分：「諸種子」及「有根身」。阿賴耶識對種子的「了別」及對五色根的「了別」也是「了」，獨頭意根對法塵的「了別」也是「了」，六識俱的意根若與意識俱時則能「了別」一切法，因爲意識等六識所「了別」者，皆納爲意根自己所「了別」故，這也是「了」。以此緣故，說「了」所函蓋的範圍很廣大，其中眞實唯識門的「了」，是所有凡夫及二乘聖人都不能知之者，他們只能理解虛妄唯識門的「了」，所知、所解、所說也往往成爲非量。爲解釋「了」字，今先解釋「諸種子」：

「諸種子者，謂異熟識所持一切有漏法種，此識性攝，故是所緣。」「諸種子」都是由第八異熟識所執持的，「諸種子」的意思，是說異熟阿賴耶識所執持的一切有漏性的法種，這些有漏性的法種，正是阿賴耶識執持分段生死種子的識性所含攝的，所以能成爲阿賴耶識的「所緣」，或者成爲阿賴耶識之「所慮」與「所託」。又，「所緣」與所慮、所託不同，不能引申解釋說：「所緣」即是「所慮」或「所託」。否則即離佛法遠矣！

所謂「有漏法種」，是指與意識、意根相應，會導致生死流轉的善性、惡性、無記性的諸法種子，屬於煩惱心所。「此識性攝」的「性」字，意爲阿賴耶識心體的七識相應的我見、我執、我所執等染污自性，而種子則是阿賴耶識的作用或功能差別，函蓋無記性的各類法種；種子之體就是阿賴耶識，凡有作用皆是心體所攝故；以阿賴耶識含藏我見等分段生死種子，故令眾生流轉生死，是故名此心體爲阿賴耶識；是故分段生死等「有漏法種」，皆是阿賴耶識之「所緣」，然不一定是「所慮」；或說阿賴耶識也有「所慮」，但非六塵中的境界。

「無漏法種，雖依附此識，而非此性攝，故非所緣。」「無漏法種」，例如虛空無爲、眞如無爲、想受滅無爲等，皆屬於無漏有爲法的行相之所顯示，皆是在有爲性的諸行中顯示出來的第八識無漏無爲法；這些「無漏法種」能對治阿賴耶識集藏分段生死種子的識性，與「有漏法種」體性相異，不互相隨順故，亦不屬於七識心的不相應行法，當然與阿賴耶識執受分段生死種子的識性不相應，即非阿賴耶識的「所緣」或「所慮」。

然而此「無漏法種」例如眞如無爲等，雖然也依附此第八異熟識心體而存在著，但不是阿賴耶識的識性所執受的範圍，所以阿賴耶識不會接觸或緣慮這些「無漏法種」，因此不是第八異熟識阿賴耶識的「所緣」，當然異熟識也不會對此加以思慮。所謂「無漏法種」所函蓋的無漏有爲法等，唯有證悟者方知，非諸二乘聖人及諸凡夫之所能知。

「雖非所緣，而不相離；如眞如性，不違唯識。」雖然「無漏法種」並不是阿賴耶識的「所緣」及「所慮」，然而卻與阿賴耶識並不相離，因爲諸無爲法都是阿賴耶識心體自身的本來自性清淨涅槃所顯示者故；猶如眞如無爲的法性一樣，是與阿賴耶識非一非異，並不違背「一切法唯識」的無漏有爲法正理。

「無漏法種」由於無始以來不離阿賴耶識心體，是故仍然言爲「一切法唯識」；意即離識之外別無有物、別無有法，名爲「一切法唯識」。又因如是無漏有爲法之示現，亦不離虛妄法七轉識，是故將其中的有漏有爲法之示現，連同七轉識的生滅虛妄性，合併稱爲「虛妄唯識門」，而與第八識的「眞實唯識門」並行不悖，乃是一切眞悟而能現觀者之所「了」。

由此證知「虛妄唯識門」並非未悟第八識眞如者所能全部得「了」，至多能「了」知其局部；而「眞實唯識門」之「一切法唯識」意涵，則唯有實證眞如後繼續進修相見道位的諸法以後，具有能觀察諸多行相中的七大類眞如以後的般若智慧，此乃已證非安立諦三品心的菩薩們，方才如實能「了」；是故，人間凡夫論師諸多錯說「眞實唯識」及「虛妄唯識」的事也就極爲平常了。

而眞如法性本即阿賴耶識心體之識性，無始以來一直不斷地示現眞如法性而不曾改變，盡未來際亦將如是不變，依隨第八阿賴耶識心體而恆時存在著，如是顯示「無漏法種」亦依識有，故名「一切法唯識」。「無漏法種」的眞如等無爲，依附阿賴耶識等八識心王而有，能於六種情況中顯示出來，然而諸無爲法與阿賴耶識不即不離，依識而顯，如是所說「不違唯識」。

第四目　有根身亦是異熟識之所緣

論文：「有根身者，謂異熟識不共相種，成熟力故變似色根及根依處，即內大種及所造色。有共相種成熟力故，於他身處亦變似彼，不爾應無受用他義。」

語譯：【有根身的意思，是說異熟識所含藏的不共相種子，由於種子成熟力的緣故而變生出來好像眞實存在的五色根，以及五色根的所依處所，也就是身內的四大種子以及四大種所造作出來的色法。也有由於共相種子成熟力的緣故，於別人身上變現出來好像別人的色身一樣，否則應該就沒有受用他人的道理了。】

釋義：阿賴耶識對於所執受的「諸種子」的「了」已經解釋完了，接著解釋「不可知執受」第二部分的所「了」，即是「有根身」。「有根身」之義爲具有作用的五色根，若已亡故或毀壞而失去作用者，即名無根身。

「有根身者，謂異熟識不共相種，成熟力故變似色根及根依處，即內大種及

所造色。」所謂「**有根身**」，是指具足五色根而且有不同功能可用的色身，通常是指五勝義根，非指五扶塵根，但有時則函蓋五扶塵根；若是已死而不可用時，即名無根身。「**不共相種**」是說第八識「**自相**」的種子，並非其餘七識所有，故名「**不共相種**」。所謂的「**有根身**」，是說異熟識阿賴耶獨有而「**不共**」其他七識的種子，由於大種性自性的種子成熟力的緣故而變現出來好似有色法的五種所依根，以及這五勝義根所依的處所五扶塵根。「**根依處**」就是身內的四大種，以及四大種所造就的色身五扶塵根，因爲通常所謂的「**有根身**」是指五勝義根，所以「**根依處**」就是四大及四大所造的五扶塵根。「**有根身**」分爲扶塵根與勝義根二種，五扶塵根是五勝義根所依的處所。

「有共相種成熟力故，於他身處亦變似彼，不爾應無受用他義。」「**共相種**」，例如人類與他人同類的種子即是「**共相種**」，或如狗與其他狗類同類的種子亦是「**共相種**」，或如人類與他類有色眾生的種子亦是「**共相種**」，如是類推。由於第八異熟識中還有與其他有情「**共相**」的種子發起「**成熟力**」的緣故，就能在其他有情色身所處的境界中同樣變生互相受用的四大，而這色身是與其他有情的色身擁有「**共相**」的，否則就沒有受用別別有情的道理了，故說「**應無受用他義**」。但愚癡的凡夫學唯識者往往錯解爲「自身的阿賴耶識同時也於他人身中共同變現出他人的部分色身」，於是產生許多不符合現量與法界正理之處，名爲非量。由於人類都有三惡道有情第八識的「共相種」，也有天界有情第八識的「共相種」，所以造惡業者死後能受生於三惡道中受報，修善業者也能受生於天界中受善報，也是由於有「共相種」，方能與其他不同種類的有情互相受用，不論是可愛的受用或痛苦的受用，都可名爲「受用他義」。

論文：「此中，有義：亦變似根，《辯中邊》說，似自他身五根現故。有義：唯能變似依處，他根於己，非所用故；似自他身五根現者，說自他識各自變義；故生他地、或般涅槃，彼餘尸骸猶見相續。」

語譯：【在這些道理中，安惠論師的說法是：也會變生出來好像眞的有五色根一樣，因爲在《辯中邊論》中有說，好像有自己和別人色身一樣的五根現前的緣故。護法菩薩則有另一說：異熟識只能變生出好像眞的有所依的處所，因爲他人的五色根對於自己而言，並非直接有所用的緣故；好像有自己或他人的色身五根變現的道理，是說自己與別人的異熟識各自變生自己五色根的眞正義理；所以出

生在別的地方而留下這個屍身，或是阿羅漢已經般涅槃之後，他們所遺留下來的尸骸，在荼毘之前仍然可以看見還繼續存在著。】

釋義：「此中，有義：亦變似根，《辯中邊》說，似自他身五根現故。」首先是安惠論師的說法：「在這裡面，有一種道理說：也會變生出來好像眞的存在的有根身，因爲《辯中邊論》裡面有說，好似自己或他人身上的五根顯現出來的緣故。」

舉凡識所變生的五勝義根都得依止五扶塵根，五扶塵根皆有其功用；若無各別的功用時，即不可能成爲五勝義根的所依處。例如色界之鼻舌二種扶塵根，或如人間生盲生聾者，此二根皆無其用而不名根；以其扶塵根或勝義根中，於甫生之時即無其根之作用故。安惠等部派佛教聲聞論師認爲：色界中的鼻舌二根亦有其用而變生出來，成爲五識的依處。然而實無二根之用，故其所謂色界鼻舌二根依處其實無理，以無能依的五勝義根故。若從另一層面而言，此理則不然，以非全無實用故，謂色界鼻根扶塵根可有端嚴及呼吸之用故，唯無香味可聞，並無香塵及鼻勝義根而無鼻識，故無聞香之功能。舌根的扶塵根亦復如是，雖無嚐味功能，而有言說之用故。謂色界天人如是二根，有扶塵根而無勝義根故，說無二根。

「有義：唯能變似依處，他根於己，非所用故；」還有一種說法是護法菩薩的主張：異熟識只能變生出自己的五勝義根以及所依的處所——色身等五扶塵根，因爲別人的五勝義根等「有根身」，對於自己來說，不能成爲自己所用的緣故。亦即是他人之五勝義根只能用在他人身上而得領受境界，自身不能緣於他人的五勝義根而領受各種境界；既非自己所用的緣故，何須變生他人的五勝義根？

「似自他身五根現者，說自他識各自變義；故生他地、或般涅槃，彼餘尸骸猶見相續。」但自己或他人的五勝義根色法，被各人自己的異熟識阿賴耶變現出來時，其實不是眞實有，而是似有非有的暫時存在，百年後就又滅失了，所以說爲「似」。然而諸論中所說，似有自身或他身的五勝義根被異熟識變現出來的道理，是說各個有情的異熟識各自變生自己的五色根的意思。既然有「似自他身」的五勝義根被有情各自的異熟識變生出來了，所以死後往生到別的地方以後留下屍身，或是阿羅漢入無餘涅槃時，他們仍有遺留下來的尸骸可以被人看見繼續存在於人間；故其尸骸並非所依處，已捨故身，如是證明安惠論師所說無理。

第五節　內識所變十有色處等即是所了

第一目　諸有色法皆識所變

論文：「前來且說業力所變外器、內身、界地差別，若定等力所變器身，界地自他則不決定；所變身器，多恒相續；變聲光等，多分暫時，隨現緣力擊發起故。略說此識所變境者，謂有漏種、十有色處，及墮法處所現實色。」

語譯：【前面只是說明異熟識基於業力所變現出來的外器世間、內有根身、各種不同境界中的差別功能，若是依定力等所變現的器世間或有根身，其所變功能與境界是自身所變或是他身所變可就不一定了；所變若是有根身與器世間，大部分是一段時間內恆相續的；若所變是聲音與光影等，大部分是暫時而有的，因爲是隨著現前出現的外緣力量所觸擊而發起的緣故。大略來說這阿賴耶識所變現的有境界等法，是說有漏種子、十種有色處，以及墮在法處所顯現出來的眞實存在的色法。】

釋義：「前來且說業力所變外器、內身、界地差別，若定等力所變器身，界地自他則不決定；」上來只是說明業力導致阿賴耶識所變生的身外器世間、身內五色根、各種不同境界中的各種功能差別，若是依定力或神通所變現的器世間或有根身，所變生出來的功能與境界，究竟是由自己的第八識所變現或是由他人的異熟識所變現，這可就不一定了。

「**若定等力所變器身**」的「等」字，是指神通力所變，如一般神通所變，或是法的威力所變，例如有意生身的菩薩變身前往上界聽聞佛菩薩說法；或是依大願之力所變，如爲感應有緣眾生而變現意生身的意思。「**界地自他則不決定**」，謂如上地變現下地色身，或如下地變現上地色身，則說爲異地所變，阿賴耶識亦緣如是所變。若是神通所變的他地色身，則說爲自地所變，唯有聲音或光影之質故，由意識所緣，阿賴耶識則不緣於彼，是故說爲「不決定」。

「**所變身器，多恒相續；變聲光等，多分暫時，隨現緣力擊發起故。**」阿賴耶識所變現的色身或器世間，通常是一段時間內恆相續的。若是在人間所變的色身，最多可以住持於一大劫中的一小劫，例如佛位的第八無垢識所變佛身。若是變生器世間，則可存在一個大劫之久；是故所變現出來的有根身與器世間，存在的時間有久暫的差別。或如死前願生西方極樂世界時，其阿賴耶識便與 彌陀世尊大願相應，在極樂世界七寶池中變生七寶蓮苞宮殿，或是死後往生極樂世界第八識所變現的色身與七寶蓮花宮殿，或是變生後世人間的色身、天界的色身等，都可以存在很久。

然而所變若是聲音與光影時，大部分都是暫時而有的，因爲是隨著外緣力的擊發而感應生起的緣故，當外緣力消失時便隨之消失。例如人類在白天有五塵等聲音或光影，這五塵只能存在一天，晚上入眠即告消失，都是阿賴耶識所變生者。亦如在無色界變身來色界天中聞佛說法，亦如色界天人變身來兜率陀天聞一生補處菩薩說法，三如有緣人感應諸佛菩薩變現化身而有如來或菩薩的聲音及光影等爲之說法或示現機鋒；如是等類皆是由第八識暫時變生，隨於現在外法感應的因緣力而發起故。

「略說此識所變境者，謂有漏種、十有色處，及墮法處所現實色。」大略而言，阿賴耶識所變現的各種有境界法，是說有漏性的各類種子——功能差別，例如五遍行、五別境、諸煩惱心所等；以及五色根與內五塵等十種色處，加上墮在法處所顯現的實有色法，例如法處所攝色，或是定果色等，全部都是法處所攝色，都是阿賴耶識所變生者。

若學佛之人而竟不信所觸知的六塵都是內相分，不信都是第八識所變生者，如是類人皆屬愚人或凡夫，全然不懂阿含諸經中的正義，以及不信「**一切法唯識**」所變之理，不可與言「**一切法唯識**」之理，更不應與言《成唯識論》法義。

法處所攝色，例如形色、表色、無表色；法處所攝聲，例如聲中所顯示的音韻、意思或氣質等；法處所攝的香、味、觸等，道理亦復如是，皆屬阿賴耶識所變現的五塵上所顯示的色法乃至觸與法，雖不離色等五塵色法，但皆歸於法處所攝，卻是在現象界中眞實存在的色等五法中的所顯法。

如是五塵及法處所攝色等，皆是第八阿賴耶識之所變生者，即有其各自不同的功用，自然可成爲阿賴耶識之「所緣」；然而「所緣」不等於「所慮」，是故不得因爲阿賴耶識有此外五塵及法處所攝色等作爲「所緣」，便言阿賴耶識對於所變現的「十有色處」中的五塵，也能有了別性，「所緣」不等於「所慮」故。由此證明數年來不斷在網上倡言「**阿賴耶識能了別五塵**」的琅琊閣、張志成等人，都是不懂唯識增上慧學的凡夫與愚人。

第二目　異熟識不以見分作爲所緣

論文：「『何故此識，不能變似心心所等爲所緣耶？』有漏識變略有二種：一、隨因緣勢力故變，二、隨分別勢力故變。初必有用，後但爲境。異熟識變但隨因緣，所變色等必有實用。若變心等，便無實用；相分心等，不能緣故；須彼實用，別從此生。變無爲等，亦無實用，故異熟識不緣心等。」

語譯：【外人質問說：「是什麼緣故這個異熟識，只是變生色法作爲自己的所緣，而不能另外變現出好像心與心所等法作爲自己的所緣呢？」答：有漏位的第八識所變生的大略而言有二種：一、隨著外在與內在業種等因緣的勢力所變現的，和有情的七轉識作意無關；二、隨著七轉識能作分別的作意勢力而由異熟識變現出來的影像。第一種隨內外因緣勢力而變現的色心等諸法，必定有其實質上存在著的受果與造業的作用；第二種隨著意識分別勢力而由異熟識變現出來的，是第八識憑藉意根、意識的作意所變，就只是相分境界而無七識心的實質作用。異熟識依因緣所變現的諸法，只是隨著種子因緣而變生，所變現出來的五色根、五塵、法處所攝色、器世間、七轉識等，必定會有實質上存在的作用。若是變生另外一分相分而作示現時，由異熟識同時同處變現另一聚心與心所等，便沒有實質存在的作用了；因爲所變的相分等，那一聚多變生出來的心與心所法，並不能將那所變相分作爲所緣之故；若是必須有額外所變的心與心所，在所化現的相分中產生眞實存在的作用，就得要再從這個異熟識另外來出生。若是變現出無爲法等，也沒有實質上的作用，所以異熟識不緣於額外所變現的心和心所法等。】

釋義：「『何故此識，不能變似心心所等爲所緣耶？』」這是針對佛菩薩第八識化現影像給弟子們感應的事情，外人不能瞭解無垢識所變出的化身究竟是有心或是無心，因此而有此問。

但異熟識若是在七轉識外自動變生影像給人感應時，又同時同處變生了另一聚心與心所法附隨著所變生的影像，就與本來所生的七轉識重複，不唯無必要，而且異熟識自己也不能再緣於額外所變的另一套七轉識等諸法，因為所變生的似有色心等的化身，已經與原來的七識心連結了。外道不知此理，故提此問。

「有漏識變略有二種：一、隨因緣勢力故變，二、隨分別勢力故變。」在凡夫有漏位的第八識所變生的心與心所法等，大略來說會有二種：一、隨於內在種子因緣或外在環境的「因緣勢力故變」，而非隨於自己七識心作意的緣故所變生的，例如依業種受生而變生出來的天身、人身、畜生身或鬼身等身心，屬於異熟果之身心，本是因果律感召的果報身心，必有其受果及造業之用。二、隨於自己能作分別的意識、意根而生起的作意來變生的，例如以神通作意，或如三地滿心以後所變的意生身，如是變生的影像等相分，用於感應有緣眾生之心而化現者，即是「隨分別勢力故變」。

「初必有用，後但為境。」第一種由異熟識依於內種子因緣或外在環境因緣，自動變生出來的身心諸法，屬於異熟果，一定會有作用。依內種子因緣所變生者，例如器世間、五色根、七轉識及各類心所法等，全都屬於因果律所感召，由異熟識所變生的果報身心，當然必有作用。若是分別勢力依外在環境等因緣所變生者，例如只有變生內六塵相分等，就只是內六塵相分的境界，沒有七識心的作用。

「異熟識變但隨因緣，所變色等必有實用。」後面第二種由意識、意根分別勢力所變現出來的，例如顯境名言、表義名言等，對意識、意根自己有實際作用；若是由神通力或與定力產生作意，所變生出來的影像等相分境界，變現後在示現的過程中，看似有色也有心與心所，其實就只是境界相，沒有心與心所，僅供他人的七轉識所了別，並沒有色身與心的實質作用。是故《瑜伽師地論》卷五十四說：**「復次，法處所攝勝定果色中，當知唯有顯色等相；何以故？於彼香等生因闕故，又無用故；如是於空行風中，無有俱生香等，唯有假合者。」**純粹是光影一類及心所感應的影像與聲音故，不會有香、味、觸等作用故。

又，六識論者質問說：**「若果眞是這樣，是何緣故異熟識還要出生現前的心與心所法等？七識心等既不能緣，也不須變化出生了。」**他們將所變相分之中看似有心與心所的現象混淆了，就把現象界中實際存在的七轉識，當作所變影像中看似有心與心所而不能了別一樣，就反過來把異熟識在現象界中現前所變生的果報身心的七轉識，也認爲不能作了別，與實際上所見不同，是故提出此問。

但異熟識只了別意根而不了別前六識的作意，是依意根的作意而運行的；所以異熟識所變的諸法都只是隨於內外因緣而變現，未得神通者不依前六識的想法或作意而變；異熟識也不「了別」所變生的影像與聲音，由原有的七轉識所「了別」。例如異熟識所變生的七轉識、色塵等六法、五色根、器世間等，都是依業因種子及習氣種子而變現的，不是依前六識的想法或作意而變現；若是變現給他人所見與聽聞的影像及聲音，是供給他人所見所聞而非給自己所見所聞。又如求生極樂世界者，其意識對極樂世界有所嚮往，意根生起作意欲生，異熟識即依意根的嚮往作意，在極樂世界七寶池中生出蓮苞，這並不是依意識的作意而變生的。

然諸佛菩薩感應眾生心而變現的影像等相分中，並無佛菩薩的七識心與心所，只是感應的眾生心感覺上看似有心與心所。而諸佛報身或諸有情所生法的七轉識、五色根、器世間、六塵，於現象界中必定會有眞實的作用存在，也必須能成爲異熟識的「所緣」方能運行。但諸佛因感應而變現的化身影像等相分中，並無七識心與心所同時存在及運行，只是看來似有身心罷了。所以異熟識變生諸法時，是同時緣於業種及意根的作意而變生的，並非緣於前六識的作意；以此原因，於所感應而變生的化身影像中，並無七識心與心所，只是看來似有心與心所。

「若變心等，便無實用；相分心等，不能緣故；須彼實用，別從此生。」如果異熟識於所變化身的影像相分之中，再變生另一聚七識心及心所法，送過去與所變化身的相分同時同處，便不會有七識心的眞實作用可得了；因爲那些感應所變生的化身相分等法中，若是同時同處再變生出另一聚七識心與心所法，那新變的一聚心與心所，與所變化身相分並沒有直接關連或有所緣，那新變生出來的一聚七識心不能緣於所變化身的影像聲音的緣故，便成爲無用的變生；即使被變現出來時也沒有眞實的七識心「**了別**」作用，因爲與所變的影像相分沒有直接聯結。

意謂，若是眞的必須有實際上存在的七識心，額外變生於所變化身的相分中生起作用時，那就得要另外從此異熟識藉所變化身的相分所感生的七識心，才會有眞實的七識心的作用出生及存在；而不是隨附於所變現的影像相分之中，再去變生七識心與心所。因爲若不是依所變生的色身與六塵相分作爲所依，而變生了另一套七轉識見分，這樣變現出來的七識心與感應所變的影像相分並無聯結，不能成其「**了別**」的作用。

「變無爲等，亦無實用，故異熟識不緣心等。」異熟識若是額外再變生出新的無爲法來，這些額外再變生的無爲法也將同樣沒有眞實存在的作用，因爲本來就存在的無爲法都已經無作用了，再變生新增的無爲法來也是一樣無作用。

所以說，異熟識只緣於祂所變現的五色根、五塵等相分，也緣於本來所變生的七識心及心所法，但不緣於重複變生的七識心與心所等法，自然不必再額外變生另一套七識心與心所，所以說「故異熟識不緣心等」。而前五識亦不緣於重複變生的五識心等，所以異熟識及前六識唯緣意根，其理皆同。

第三目　因位異熟識只緣色法不緣見分

論文：「至無漏位，勝慧相應；雖無分別，而澄淨故，設無實用，亦現彼影；不爾，諸佛應非遍智。故有漏位，此異熟識但緣器身及有漏種；在欲色界具三所緣，無色界中緣有漏種。厭離色故無業果色，有定果色，於理無違；彼識亦緣，此色爲境。」

語譯：【到達無漏位時，殊勝的智慧相應了；這時雖然是無分別性的心，然而由於澄然清淨的緣故，假設是沒有眞實存在的作用，也能顯現出祂的影像；若不是如此，那麼諸佛就應該不是遍一切智了。所以在有漏位時，這個異熟識只緣於器世間、有色根以及有漏法種；異熟識在欲界、色界具有這三種所緣，在無色界中則只緣於有漏法種。此時厭離色法的緣故而沒有業果色，只有定果色，遠離三種所緣於法理上就沒有違背；那異熟識也有能緣，這十個色法作爲祂所緣的境界。】

釋義：「至無漏位，勝慧相應；雖無分別，而澄淨故，設無實用，亦現彼影；不爾，諸佛應非遍智。」異熟識經由修行而到達佛地的純無漏位時改名無垢識，梵名菴摩羅識，將會有大圓鏡智等四種殊勝智慧相應，總名爲一切種智；換言之，成佛時對於第八識中的一切各類種子，以及對七識心的一切種子都已具足了知，此時無垢識雖然仍屬無分別性的心，但因爲三界愛的現行與習氣種子隨眠都已滅盡，變易生死的異熟法種變異情況也已滅盡而度過變易生死了，成爲澄清而純淨的心，這時就算是沒有世間法上的貪瞋癡等眞實作用，也同樣能示現祂在運行時的各種功能影像；如果不是這樣子，諸佛如何現觀佛地眞如而具足四種涅槃？又如何生起四智圓明而有一切種智？那麼應該就不是正遍知的一切智者了。

是故《成唯識論述記》卷三說：「不知、無故，非遍智也。由佛第八現諸法影，名一切智，是遍知故。『若爾，諸佛大圓鏡智，亦應緣自相應心所，是遍智故。』

許亦無失。卷初但遮上座、法蜜親爲所緣，不遮疏故。『若爾，應成心、心所法不同所緣，自體見分不自緣故。』此亦不爾，自自證分與他見分同一緣故，亦無有失。又解，相應心所雖不相緣，亦無有失；自證緣見，成遍智故；見分取於相應心故，法皆盡故；自證復能緣見分故，但約見分同一所緣，不說自證，斯有何過。」

「故有漏位，此異熟識但緣器身及有漏種；」所以說，在有漏位時的欲界異熟識所緣狹窄，直接所緣只能緣於器世間、五根身、有漏法種等三，除非悟後已經進修證得四禪八定及五神通，否則於色界法及無色界法即不能有所緣，亦不能具足緣於十八界法的所有功能，是故不能緣於佛地十八界中的大神通、大神變、大智慧等。以是緣故，窺基法師於《成唯識論述記》卷三說：「**此第八識不能『具緣』十八界故，故有漏位與無漏殊，境有寬狹勝劣，其六、七識非必有用，即現、比二量是有用心，可應分別。**」

「在欲色界具三所緣，無色界中緣有漏種。」在欲界、色界中，第八異熟識只具有上面說的器世間、五根身、有漏法種這三種「所緣」，在無色界中則只緣於「有漏種」，因爲無色界中無色，不再緣於器世間的色界或欲界，也不緣於五根身，以外的「所緣」就只是有漏法種了。這是指凡夫證得四空定者，雖以定力降伏欲界、色界中法，得生無色界，但因未斷薩迦耶見，生到無色界時亦只能緣於「有漏種」；與無漏種不相應故，壽終仍將生於欲界中，於三界中升沈不斷，繼續落入分段生死中。這表示第八異熟識可以緣於三界所有境界，並「了別」其中六塵以外的所有內涵，並非意識等所能「了」。

「厭離色故無業果色，有定果色，於理無違；彼識亦緣，此色爲境。」在無色界的異熟識也能緣於色法，因爲異熟識中的色法種子並未滅失故；這時是已經厭離色法的緣故而沒有緣於業果色，方能住於無色界中；但這時仍有定果色而能變現色法，所以無色界有情若感應到諸佛在人間示現時，亦能從無色界示現色界天身而來聞法，這在佛法正理上並沒有互相違背之處；而那個異熟識也會對所變現的色法有「所緣」，便能以這個色界色或欲界色，作爲祂的「所緣」境界，或變生或了知等，如前所舉《根本論》卷五十四所說，並無違理之處。

第六節　再敘不可知之義

第一目　何謂不可知？

論文：「不可知者，謂此行相極微細故，難可了知；或此所緣內執受境亦微細故，外器世間量難測故，名不可知。」

語譯：【頌中所說「不可知」三個字的意思，是說這個「不可知執受」的所緣，其行相非常微細的緣故，所以世人很難加以了知；或者說此異熟識所緣的內執受境界也非常微細的緣故，而身外的器世間量體廣大而難以測知的緣故，這種所緣即名爲「不可知」。】

釋義：「不可知者，謂此行相極微細故，難可了知；」頌中「不可知執受」中的「不可知」三個字的意思，是說這個第八異熟識依其「不可知執受」的功能，其運行時的「所緣」與「所處」法相非常微細的緣故，除非是已悟的菩薩摩訶薩，都難以了知這「不可知執受」的行相，因此對「不可知」的「所緣所處」行相就難以了知，故名「不可知執受」之「處」與「了」；意謂異熟識所變的器世間、有色根、內六塵等相分難可了知，而異熟識的見分所「了」亦是難可了知，唯除悟後轉入相見道位中，於七大類的眞如行相有作深入現觀者。次說異熟識所執受的「相分」亦難可了知：

「或此所緣內執受境亦微細故，外器世間量難測故，名不可知。」這「不可知」三個字的意思，也可以說是異熟識對於「所緣」的五陰諸法運行時，「內執受境」等有根身及有漏法種很微細，而此「內執受境」全屬現量且微細，並非無有般若智的世人所能臆測，由於世人及二乘聖者全都無法加以了知故名「不可知」。而且異熟識「所緣」的諸法中也含有身外的器世間，而器世間的量體很大，同樣難可測量的緣故，所以也名爲「不可知」。

又如欲界天身較人身廣大，所以「內執受境」亦難可被人類所知；色界的初禪天量同小世界，故初禪天身較欲界天身更廣大，異熟識對初禪天身的「內執受境」更難了知；二禪乃至於第四禪天更形廣大，其中有情的天身隨之更廣大，其世界量及天身皆是人間所難了知，故說異熟識的「內執受境」爲「不可知」。

若是器世間等「外執受境」都是共業有情第八異熟識之「所緣」，絕非眞見道位中所能知之，要轉入相見道位中一一次第細作觀行，對七眞如一一驗證之後，方能漸漸擴大所知之範圍，則有待於後得無分別智中，緣於諸多三界中法的各類眞如行相而作細觀，方能對於第八異熟識的「所緣」漸次深入了知。

第二目　異熟識的所緣唯證乃知

論文：「『云何是識取所緣境，行相難知？』如滅定中不離身識，應信爲有；然，必應許滅定有識，有情攝故，如有心時。無想等位，當知亦爾。」

語譯：【有人問：「爲何說這異熟識執取所緣的境界時，祂的行相難以了知？」答：例如滅盡定中的不離身識，應當信受爲眞實有；若是如此，必定應該允許滅盡定中還有識心存在，因爲那時並未死亡，仍然是有情所攝的緣故，就像是平常活動中有心存在的情況一樣。若是在無想定、無想天、眠熟位、悶絕位、正死位時，應該知道也是一樣的道理。】

釋義：「『云何是識取所緣境，行相難知？』如滅定中不離身識，應信爲有；」有人問：「如何是異熟識執取『所緣』的境界時，祂的運行法相難以了知？」這是外道和凡夫位的有情們（例如經部師、薩婆多部等聲聞凡夫僧眾）都來質問的題目，當他們知道有此識而又無法證得，便質疑說：「既然第八識不可知執受的行相微細難知，就應該不是識，或是不存在。」此時，論主玄奘答道：例如滅盡定中六識心俱滅了，而仍然有「不離身識」住持於身中，致令色身不壞，後時出定，色身無壞，一如平常；所以滅盡定中住持於身中的第八異熟識，應當信受爲眞實有。既然六識俱滅之後住於定中，當然是有識住於身中，如此色身即是此識的所緣，就有所緣的行相可以現觀，但不是二乘聖人以及凡夫們之所能知。

若是說爲「滅盡定等」，則是指滅盡定及無想定；此二定中都無意識等六識故，通稱爲無心定。但無心是指無六識心，非全無心。這是由於經部師認爲滅盡定中仍應有心，是故玄奘先藉其說以答其問，作如是答。然薩婆多部認爲滅盡定等二種定中無心，認爲應該猶如隔日瘧一樣，後時又會自然生起六識心，所以玄奘再作如下之答：

「**然，必應許滅定有識，有情攝故，如有心時。無想等位，當知亦爾。**」經部師認爲滅盡定中亦有心（細意識），因此定中色身都不爛壞。論主玄奘便答：若是認定滅盡定中同樣有識住持於身中，致使色身不壞，因爲這時入滅盡定的人仍然是有情的緣故，就如同平常有六識心的有心位一樣，不能說爲屍體。既然認定此滅盡定位中的異熟識爲眞實有時，那麼在無想定位（含無想天中）、眠熟位、悶絕位、正死位等失去六識心的狀態下，應當知道其中的道理也是一樣的有心，不是完全的無心，所以定中時間經過再久，色身一樣不會毀壞。這是答覆上座部及經部等師說有細意識常住。但薩婆多部認爲定中無識，是故以無想定等理答之。

〔《成唯識論》卷三〕：

第八章　異熟識自性之總相與別相

第一節　異熟識與五遍行心所

第一目　異熟識與五遍行心所相應

論文：「『此識與幾心所相應？』常與觸作意受想思相應。阿賴耶識無始時來乃至未轉，於一切位，恒與此五心所相應，以是遍行心所攝故。」

語譯：【問：「此異熟識與幾多心所法相應呢？」答：永遠都與觸、作意、受、想、思等五個心所相應。阿賴耶識無始時以來乃至未運轉之時，於一切位中，永遠都與這五個心所相應，因爲這五個心所法是遍行心所法所含攝的緣故。**】**

釋義：「『此識與幾心所相應？』常與觸作意受想思相應。」第八異熟識在阿羅漢位前又名阿賴耶識，因爲具有對分段生死種子的所藏、能藏、我愛執藏的自性故名，而祂永遠都與五種遍行心所相應。異熟識既有五遍行心所相應而運行不輟，由此也能證明異熟識確實存在，方能被證悟的菩薩們所現觀。

五遍行心所，因爲普遍行於八識心王之中，所以稱爲「遍行」。這五種遍行於八識心王的心所法，名爲觸、作意、受、想、思。這五遍行心所，所行全都是現量境界，是面對現量境界而運作的心所，不運行於比量及非量的境界。這五個心所，因爲攝屬於八識心王，歸八識心王所有，故名「心所」。

「阿賴耶識無始時來乃至未轉，於一切位，恒與此五心所相應，以是遍行心所攝故。」此說阿賴耶識打從無始劫以來，不論什麼狀態下，祂都是與五遍行心所相應；乃至祂尚未出生色陰及六識而未與七轉識和合運轉之時，乃至無餘涅槃位，同樣是永遠都與這五個心所相應，因爲五遍行心所是遍行的「心所」所攝的緣故。「一切位」是說阿賴耶識不曾中斷五遍行心所，不論正死位、受生位、悶絕位，乃至二無心定位。乃至無餘涅槃位亦與五遍行心所相應，方能有「自心流注」可言；以難知難信故，論中及本書中皆不說之。

阿賴耶識無始時來未曾一剎那中斷過，所以名之爲恆；無始以來都不「了」六塵境界故，所以名爲不審。以不審一切六塵境界故即無好惡喜厭，故於一切六塵境界都無取捨，方能成爲無覆無記性心，是故世間凡夫的唯識學界都知其自性「恆而不審」。然而異熟識於不審之中卻有五遍行心所時時刻刻運作不斷，方能成就三界六道一切有情五陰身心及器世間的運轉，故其能「了」之性從來都不在六塵中，而確實有其能「了」之性，始名爲識。然其能「了」之性極爲微細，遍於一切位運行不斷，非二乘聖人及諸凡夫所知，故其能「了」之性名爲「不可知」。

第二目　五遍行義之一——觸

論文：「觸謂三和，分別變異，令心心所觸境爲性；受想思等，所依爲業。謂根境識更相隨順，故名三和；觸依彼生，令彼和合，故說爲彼。三和合位，皆有順生心所功能，說名變異；觸似彼起，故名分別。根變異力，引觸起時，勝彼識境，故《集論》等但說：分別，根之變異。和合一切心及心所，令同觸境，是觸自性。」

語譯：【觸的意思是說三法和合，以致心能分別及產生前後變異，使心與心所能接觸境界作爲觸的自性；受、想、思等心所，都以觸作爲所依才能產生業行。這是說六根、六塵境、六識等不斷地互相隨順，所以名爲三法和合；此時的觸就是依六根、六塵境、六識等三法而產生的，能使三個法互相和合而互相隨順，所以頌中說那三法就是「彼」。在三法和合時，全部都有隨順而出生其餘心所的功能，就名之爲變異；此時觸心所就好似那三法一般生起了，所以名爲分別。由於六根有變異的力量，引發觸心所生起之時，勝過那六識的境界，所以《集論》等論中只說：分別，就是六根之變異。和合一切心與心所法，使得六根與六識可以一起接觸六塵境界，這便是觸的自性。】

釋義：「觸謂三和，分別變異，令心心所觸境爲性；受想思等，所依爲業。」「觸」是指三法和合，是由根、塵（境界）、識等三法和合才能產生「觸」，若缺其一，「觸」心所即不能生起。六根、六塵、六識三法和合以後，由「觸」心所的功能就能使異熟識產生六塵外的「分別」。由有六塵外的「分別」性，就會使異熟識在六塵外的心行表現有前後變異，成就熏習的道理。

此外，由六根、六塵、六識的相「觸」，也會使六識心的自性前後有所轉變，所以「觸」的功能是使心與心所可以接觸六塵境界、並發起五別境心所作爲自性。六識「觸」六塵境界之後，跟著生起的境界「受」、境界「想」、境界「思」等三個心所法，都是以「觸」心所作爲所依，才能生起及運作，才會有「受、想、思」三個心所；所以異熟識的五遍行全部是現量境界，沒有比量與非量境界。

「謂根境識更相隨順，故名三和；觸依彼生，令彼和合，故說爲彼。」以上所說，是六根、六塵（境界）、六識，可以不斷的互相和合、互相隨順不離，能生起「觸」心所，所以「觸」心所就是「三和」。或是說異熟識能藉六根接「觸」外六塵境，於是在勝義根中生起內六塵相分，而使根、境、六識三法和合及互相「隨順」時，才能於相觸之處所令「觸」心所的功能流注，方能有「受、想、思」等心所運作，所以「觸」心所即是根、塵、識三法和合時，由阿賴耶識中的種子所產生的。「觸」既然是依根、塵、識三法和合才能出生的，「觸」心所能使那三法和合在一起，所以說那三法是「彼依識所變」中所說的「彼」。這個「彼」所函蓋的範圍很廣，舉凡一切異熟識所變生的，都說爲「彼」，「依識所變」中所說的「識」就是第八異熟識。

《成唯識論述記》卷三云：「即由二義，觸名三和：一、依**彼**生，**彼**即根等，是觸之因；依三和故亦名三和，故聖教言三和生觸。《對法》亦云依三和合。二、令彼合，彼亦根等，即觸之果；謂觸能令根等三法合爲依，取所生了別。此三和合由觸故然，故說觸能和合三法；由此二義觸名三和，非一觸體可名三故；從觸之因及所和果，說觸爲彼三和合也。」

《成唯識論述記》卷三云：「問：『境在未來，**根住過去**，識居現在，觸如何和？』答：令相隨順爲依爲取，爲二所生，即名三和，豈是合三令住一處方名三和。或依增上根說三和，非等無間觸名三和，於理無失。根境識三常現在世，無一根境住於他世，去來二世非實有故。」部派佛教聲聞僧主張「根是識種」，故說「根住過去」。

「三和合位，皆有順生心所功能，說名變異；觸似彼起，故名分別。」在根、塵、識三和合位時，觸心所種子都有隨順而出生、以及引生其餘心所例如五別境的功能，導致心行產生分別而導致後來轉識的心性轉變，以及第八識含藏的種子有所改變，就說這樣名爲「變異」；此時觸心所就好像那三法的生起一般，能引生「受、想、思」等心所，所以名爲「分別」。

但這時的分別還只在「境界受」的層面，尚未產生五別境乃至喜厭等煩惱心所，尚處於無記性中，故是無覆性；因爲阿賴耶識不「了」六塵境界，所以五遍行心所無覆無記。然而經由「境界受」之後的六識心對六塵境界產生分別及取捨，其行相完成之後，熏習便告完成，七轉識的心性趨善而有所轉變，阿賴耶識執受分段生死的習氣便會有所轉變，如是「說名變異」。但這不是說阿賴耶識的心性有所轉變而產生了對六塵的分別，祂仍然是不「了別」或知悉六塵境界，只是執受分段生死種子的執受性與以前有所別異，特別是斷了薩迦耶見以後。

外人說：「**根、塵、識三和合時，有功能順生而名之爲觸，說爲變異；觸既然好像那三法也有功能，當然也能自己順生而名爲分別，所以觸也有分別。**」答：就算是這樣，又有什麼過失？但如果由自法而順生心所時便可以名爲分別，就應該說「觸」是以觸知自己作爲「所緣」了，豈不成爲「自生」了？猶如「觸」心所隨順而引生「受」心所時有功能出生，便可以說「觸」心所的作用名爲分別，若無分別即不可能由「觸」心所引生「受」心所的緣故，又何須有五別境心所來分別六塵境界？然而此「觸」心所的分別是六塵外之分別，愼勿與六識於六塵中的分別混淆。

問：「**如果於自法不能隨順而名爲分別，是什麼緣故好像有受等法引生出來，不像是引生了觸呢？**」答：理由有三：一、「觸」心所不可能像根等三法和合而出生了觸的功能，因爲法不可能「自生」的緣故，所以「觸」心所不能生「觸」；猶如「受」等諸法不能引生其餘的諸法，就沒有領受的相似法可言，以這樣的例子來比類「觸」心所，道理是一樣的。

二、又如前後分位的道理也是一樣的，例如根、境和合能引生六識，也能引生其餘的諸法；但根與境等二種功能只能引生其餘諸法，不可能再度引生根與境等自己，因爲沒有「自生」的功能；「觸」這個心所也是一樣的道理，不能「自生」。

三、如果再從「見分」與「自證分」相生的道理來看，也有相似的道理可說，證明「觸」心所能引生「受、想、思」三個心所，但不能「自生」觸，要待觸以外的根等三法和合方能生起「觸」心所。

又有聲聞僧質問說：「如果有上面所說相似的功能而名爲分別與變異，又是什麼緣故《集論》第一等說云：於根變異，以分別爲體？」論主玄奘答曰：

「根變異力，引觸起時，勝彼識境，故《集論》等但說：分別，根之變異。」由於六根變異的力量，引「觸」心所生起之時，超勝於那六識心引生觸心所的境界，所以《集論》等只說：「分別」就是根的「變異」，不說「分別」是識的「變異」，也不說六塵境界之「變異」。

爲何說由「根變異力」引「觸」心所生起之時，就說根勝於識、也勝於境？因爲六塵境要依六根才有，也因爲六識不得離於六塵境而有，而六根卻能離於六識與六塵境獨有，所以說根「引觸起時，勝彼識境」。

問：「六識是心，能了別境界，根不能了別境界，爲何卻不以識爲主，而以根爲主？」答：心雖是主，但一定要近於引生心之處所而住，所以六識心要依六根而住，六識隨於六根故。又六識心亦不能生六識心的全部或局部，因六識心不自在故，依他起故，要依六根與六塵而有，也不遍於六根與六塵故，並非勝法，所以要依根住。

又，六識要依六根及六塵境而引生，又是五位斷滅之生滅法，所以並非常住，亦不能遍於諸法中運行，是故並非勝法。而且六識與六塵境皆不得獨存，然而六根能獨存，故爲勝法。是故由根「引觸起時，勝彼識境」，是由「根變異力」引生。

《成唯識論述記》卷三說：「問：『何故三和，唯根獨勝？』答：一、由主故，有殊勝能，名之爲主。二、由近故，能近生心、及心所也。三、由遍故，不唯（引）生心所，亦能（引）生心故。四、由續故，常相續有，境、識不爾；故境體雖能生心、心所，以非主故，又非近故，偏闕二義不名爲勝。心雖是主，近生心所，不能生心，不自生故非遍也，闕遍一義故非勝。境、識皆不續，識有、境生，故俱闕續義，非得勝名，唯根獨勝。」故說「引觸起時，勝彼識境」，是由「根變異力」引生。

有聲聞僧問：「觸心所之功能猶如前面所說可以理解，然而觸難道不能與心同一所緣，只有在此分位的現量中才能名之為觸？」答：

「和合一切心及心所，令同觸境，是觸自性。」意謂「觸」心所可以和合一切心及心所法，使根、識都能同時接觸六塵內外境界，這就是「觸」心所的自性。「觸」心所不能外於心而有，而「觸」心所亦只能令心觸境，隨後引生「受、想、思」三法，別無他用故。

但「不可知執受處了」的「了」，有第八阿賴耶識的「了」，有第七識意根的「了」，也有前六識的「了」，不可混同為一，但只有第八識的「了」是「不可知」；因五遍行的「觸、作意、受、想、思」，遍及八識心王故，雖然此處說的是第一能變識阿賴耶的「了」，有時也會兼及六識心的「了」；然不論是指第八、七識，或是指前六識，都只在「境界受」方面來說，尚未及於五別境心所而言「了」。如上，已經說完「觸」心所的自性了，然而「觸」有何其他的功能或業行呢？

論文：「既似順起心所功能，故以受等所依為業。《起盡經》說：受想行蘊，一切皆以觸為緣故。由斯故說：識觸受等，因二三四和合而生。《瑜伽》但說『與受想思為所依』者，思於行蘊為主勝故，舉此攝餘。《集論》等說『為受依』者，

以觸生受，近而勝故。謂觸所取可意等相，與受所取順益等相，極相鄰近，引發勝故。」

語譯：【既然好像順起心所的功能，因此就以受、想、思的所依作爲觸的業用。猶如《起盡經》說：受想行蘊，一切都以觸作爲藉緣的緣故。由這道理所以說：識、觸、受等，是因二法、三法、四法的和合而出生。《瑜伽師地論》只說觸「可以給與受、想、思作爲所依」的聖教，是因爲思心所對於行蘊來說，是行蘊之主而且殊勝的緣故，所以舉出此理以含攝其餘的心所。而《集論》等說觸心所「作爲受所依」的言語，是以觸心所能引生受心所而說的，因爲觸心所與受心所相近而殊勝於受的緣故。這是說，觸所取的可意等事相，與受所取的順益等事相，互相非常鄰近，而觸能引發受心所並且殊勝於受的緣故。】

釋義：「既似順起心所功能，故以受等所依爲業。」這個「觸」心所，既然是三法和合所生，能和合根、塵、識等三法，而有順生其他心所的作用，就能繼續引生其他更多的心所，成爲其他心所的共同所依，因此說：「觸以受、想、思等心所的所依，作爲觸自己的業用。」

這是由於「受、想、思」乃至其他的心所法，例如五別境、善十一、諸煩惱心所等，都要以「觸」心所作爲引生緣，被引生之後還要繼續以「觸」心所作爲所依緣，才能正常運轉；所以「觸」心所若是沒有引生其他心所的作用，即不可能作其他心所的所依。

「《起盡經》說：受想行蘊，一切皆以觸爲緣故。由斯故說：識觸受等，因二三四和合而生。」《起盡經》中說：受想行蘊，一切都以觸心所作爲所依緣的緣故。由於這樣的道理所以說：識、觸、受等三法，是因爲依次由二法和合、三法和合、四法和合，然後才能出生的。例如六識都以根、境二法和合，方能從第八阿賴耶識中出生；觸心所則以根、境、識三法和合，而從第八識中引生；受、想、思等三法則是以根、境、識、觸等四法和合，方能從第八識中引生。經中雖說六識要由根、境二法和合而出生，也有說到要有作意心所之力才會生識，但這裡說的是「所依」，所以就不談作意心所。

《成唯識論述記》卷三云：「問：『若無自證，可說心是二和合生；既有自證，心亦依心，心體亦是三和合生。』答：今依見分、別體者說，同體爲依，非此所說。若亦說者，如次復以三、四、五和合生，心、心所法各自依故。此說親、現依，不說疏、種子；若說疏依及種子者，法則有多。」

問：「若諸心所皆依觸生，何故《瑜伽》第三及五十五，說以受、想、思所依爲業，不說所餘心所法也？」答：

「《瑜伽》但說『與受想思爲所依』者，思於行蘊爲主勝故，舉此攝餘。」《瑜伽師地論》中只說「觸」能「與受、想、思爲所依」的聖教，是因爲「思」心所是行蘊之主，行蘊是從「思」心所而生起故；由於「思」心所於一切行中爲最殊勝有力的緣故，所以舉出這道理來含攝其餘的諸法。但這裡只是說「所依」，不是說主從及自性等，是故相關的其餘法義便不討論。

問：「如果是這樣，爲何《集論》中說，觸以受所依爲業？」答：

「《集論》等說『爲受依』者，以觸生受，近而勝故。」《集論》等有說「觸」心所「爲受心所的所依」等言語，是由於「觸」能立即產生「受」，是因爲「觸」與「受」互相鄰近而且殊勝於「受」的緣故，才說「觸是受的所依」；因爲「受」心所能領納境界受的原因，正是由於能觸境界的緣故，以「觸」心所爲主。

然而《集論》中有如是說：「云何建立行蘊？謂六思身。」然後就解釋說：「思」是行蘊的導首故，卻不是說「思」是行蘊的「所依」。那是因爲行蘊要依「思」心所的決定，方能引生行蘊的緣故；但在這裡是說「所依」，「受」心所是依「觸」

心所而引生的，然後才有「想」及「思」心所，同樣都是以「觸」心所作「所依」，因此舉出《集論》中說「觸心所爲受心所的所依」來講。

問：「觸是受心所的所依，還有沒有其他的道理呢？」答：

「謂觸所取可意等相，與受所取順益等相，極相鄰近，引發勝故。」這一段是解釋上面那一段的道理。《根本論》與《集論》中所說，是說「觸」所攝取的可意或違心等事相，與「受」所攝取的順益或損惱等事相，非常的互相鄰近，也就是很相似的意思；而且「觸」心所能引發「受」心所，由這道理而說「觸」對「受」有「引發殊勝」的道理。

例如「觸」心所接觸到苦樂捨等境界觸時，「受」則隨後領受苦樂捨等境界受，在三種「受」的分位中，「觸」與「受」對境界的領受行相是極爲類似的，所以說是「行相相似」；但是「觸」心所只能觸知可意或不可意等境界相，不能領受苦、樂等覺受；而「受」心所能領納順益或損惱等境界相，才能產生後面的五別境心所，才能產生苦樂捨等五種對境界的覺受，具足了有情最明顯的行相；但「觸」與「受」兩個心所領受的境界相是極爲鄰近的，而「受」心所是由「觸」心所來引生的；由此可見「觸」心所能引生「受」心所的功能，遠勝於其他的心所法。

論文：「然觸自性，是實非假；六六法中，心所性故；是食攝故，能爲緣故，如受等性，非即三和。」

語譯：【然而觸心所的自性，在三界中是眞實存在而非假名施設；在六種的六法中，是屬於心所法的自性故；也是四食所含攝的緣故，又能作爲其他心所的所緣故，猶如受、想、思等緣於觸等自性，而這個觸心所並不是由根、塵、識等三法合成。】

釋義：「然觸自性，是實非假；六六法中，心所性故；」論主玄奘爲因應聲聞部派佛教等僧人所說，便先建立自己的宗旨：「然觸自性，是實非假；」謂「觸」一法並非如同心不相應行法是虛設法，這是說「觸」的自性在三界中是確實存在著的。然後提出說明：「六六法中，心所性故；」在六識身、六觸身、六受身、六想身、六思身、六愛身中，都顯示這個「觸」心所確實存在著，因爲「觸」是八識心王的心所，只要心一現起就會有觸境界的功能故，觸也能引生受、想、思、愛等心所故。

由於經部師認爲：愛是實有，是思的分位故，不是假藉觸而有。論主玄奘破之云：愛並非實有法，然而「觸」則是別有實體，因爲在六六法中是心所性的緣故，猶如「受」與「想、思」等心所眞實的存在及運行著。然而六愛身則不如是，必須等待識運行時先有「觸」心所現行之後，才能有「受、想、思」，最後才是攝屬煩惱的愛心所現行，這是有前後引生次第的，愛既然是六六法中的最末法，又不像觸心所是遍行法，常常消失，當然不能主張愛心所是實有法，因爲愛心所是煩惱心所中的「貪」所攝故。

若依《俱舍論》所說六六法而言，「觸」心所，猶如六識功能及六觸、六受、六想、六思、六愛等功能，都屬於六識的心所法故，一旦有心現起則必有心所現行，所以說「**觸猶如受與愛等都是心所**」。既然第八識也有這個「觸」心所，又是遍行法而時時存在及運行著，當然「觸」心所即是實有。論主玄奘以此摧破經部師所說「**根、境虛假非實時，外於心識而主張心所實有不滅**」。然而眞實存在的心所必定附屬於心，其功能是心所有故，心若現行時則有心所運行故，不能說爲施設之法。

「**是食攝故，**」食是指四食：摶食、觸食、意思食、識食。此四食中都必須有「觸」心所的運行，方能成就食義。以有「觸」心所故，摶食得成；摶食成就時，即已有「觸」食故；由有「觸」食故，意思食及識食皆得成就。是故說「觸」

心所，也是四食所含攝的緣故。

「**能爲緣故，如受等性，**」此「觸」心所定是實有，在十因緣、十二因緣中，「觸」心所都是由心含攝的緣故，例如「觸緣受、受緣愛」。又如「愛緣取」，亦必須有「思」，而「思」心所必須緣於「觸」心所方能成就故。如是顯示「觸」心所能作爲後心所的所緣故，猶如「受」心所可以作爲後心所「愛」的所緣，「愛」心所能作爲後心所「取」的所緣等，是故說「能爲緣故，如受等性」，以此而破聲聞經部師。

「**非即三和。**」此破經部師等說。經部師有部分僧人說：「**觸即三和，是假非實。**」另一師說：「**三和生觸，觸非三和。**」說一切有部則云：「**觸雖別有，不能分別變異而生心、心所等，但以受等所依爲業。**」這三種說法都是先後顚倒而說，不是正理；是故論主以此結論破之，說「觸」心所並非由根、塵、識等三法和合而有，而是實有；意謂「觸」的自性在三界有情身心之中是確實存在著的，是導致八識心王、根、塵、心所等法可以和合運行的因素。

（未完，詳續第三輯解說。）

佛菩提二主要道次第概要表——二道並修，以外無別佛法

佛菩提道——大菩提道

十信位修集信心——一劫乃至一萬劫

資糧位

初住位修集布施功德（以財施爲主）。
二住位修集持戒功德。
三住位修集忍辱功德。
四住位修集精進功德。
五住位修集禪定功德。
六住位修集般若功德（熏習般若中觀及斷我見，加行位也）。

外門廣修六度萬行

見道位

七住位明心般若正觀現前，親證本來自性清淨涅槃。
八住位起於一切法現觀般若中道。漸除性障。
十住位眼見佛性，世界如幻觀成就。

一至十行位，於廣行六度萬行中，依般若中道慧，現觀陰處界猶如陽焰，至第十行滿心位，陽焰觀成就。

一至十迴向位熏習一切種智；修除性障，唯留最後一分思惑不斷。第十迴向滿心位成就菩薩道如夢觀。

內門廣修六度萬行

遠波羅蜜多

初地：第十迴向位滿心時，成就道種智一分（八識心王一一親證後，領受五法、三自性、七種第一義、七種性自性、二種無我法）復由勇發十無盡願，成通達位菩薩。復又永伏性障而不具斷，能證慧解脫而不取證，由大願故留惑潤生。此地主修法施波羅蜜多及百法明門。證「猶如鏡像」現觀，故滿初地心。

二地：初地功德滿足以後，再成就道種智一分而入二地；主修戒波羅蜜多及一切種智。滿心位成就「猶如光影」現觀，戒行自然清淨。

解脫道：二乘菩提

斷三縛結，成初果解脫 →
薄貪瞋癡，成二果解脫 →
斷五下分結，成三果解脫 →
入地前的四加行令煩惱障現行悉斷，成四果解脫，留惑潤生。分段生死已斷，煩惱障習氣種子開始斷除，兼斷無始無明上煩惱。

圓滿成就究竟佛果

近波羅蜜多 — 修道位

三地：二地滿心再證道種智一分，故入三地。此地主修忍波羅蜜多及四禪八定、四無量心、五神通。能成就俱解脫果而不取證，留惑潤生。滿心位成就「猶如谷響」現觀及無漏妙定意生身。

四地：由三地再證道種智一分故入四地。主修精進波羅蜜多，於此土及他方世界廣度有緣，無有疲倦。進修一切種智，滿心位成就「如水中月」現觀。

五地：由四地再證道種智一分故入五地。主修禪定波羅蜜多及一切種智，斷除下乘涅槃貪。滿心位成就「變化所成」現觀。

六地：由五地再證道種智一分故入六地。此地主修般若波羅蜜多——依道種智現觀十二因緣一一有支及意生身化身，皆自心眞如變化所現，「非有似有」，成就細相觀，不由加行而自然證得滅盡定，成俱解脫大乘無學。

七地：由六地「非有似有」現觀，再證道種智一分故入七地。此地主修一切種智及方便波羅蜜多，由重觀十二有支一一支中之流轉門及還滅門一切細相，成就方便善巧，念念隨入滅盡定。滿心位證得「如犍闥婆城」現觀。

七地滿心斷除故意保留之最後一分思惑時，煩惱障所攝色、受、想三陰有漏習氣種子全部斷盡。→

大波羅蜜多

八地：由七地極細相觀成就故再證道種智一分而入八地。此地主修一切種智及願波羅蜜多。至滿心位純無相觀任運恆起，故於相土自在，滿心位復證「如實覺知諸法相意生身」故。

九地：由八地再證道種智一分故入九地。主修力波羅蜜多及一切種智，成就四無礙，滿心位證得「種類俱生無行作意生身」。

十地：由九地再證道種智一分故入此地。此地主修一切種智——智波羅蜜多。滿心位起大法智雲，及現起大法智雲所含藏種種功德，成受職菩薩。

煩惱障所攝行、識二陰無漏習氣種子任運漸斷，所知障所攝上煩惱任運漸斷。→

圓滿波羅蜜多 — 究竟位

等覺：由十地道種智成就故入此地。此地應修一切種智，圓滿等覺地無生法忍；於百劫中修集極廣大福德，以之圓滿三十二大人相及無量隨形好。

妙覺：示現受生人間已斷盡煩惱障一切習氣種子，並斷盡所知障一切隨眠，永斷變易生死無明，成就大般涅槃，四智圓明。人間捨壽後，報身常住色究竟天利樂十方地上菩薩；以諸化身利樂有情，永無盡期，成就究竟佛道。

斷盡變易生死
成就大般涅槃

佛子蕭平實 謹製
（二〇〇九、〇二 修訂）
（二〇一二、〇二 增補）

佛教正覺同修會〈修學佛道次第表〉

第一階段
＊以憶佛及拜佛方式修習動中定力。
＊學第一義佛法及禪法知見。
＊無相拜佛功夫成就。
＊具備一念相續功夫—動靜中皆能看話頭。
＊努力培植福德資糧，勤修三福淨業。

第二階段
＊參話頭，參公案。
＊開悟明心，一片悟境。
＊鍛鍊功夫求見佛性。
＊眼見佛性〈餘五根亦如是〉親見世界如幻，成就如幻觀。
＊學習禪門差別智。
＊深入第一義經典。
＊修除性障及隨分修學禪定。
＊修證十行位陽焰觀。

第三階段
＊學一切種智真實正理—楞伽經、解深密經、成唯識論…。
＊參究末後句。
＊解悟末後句。
＊透牢關—親自體驗所悟末後句境界，親見實相，無得無失。
＊救護一切衆生迴向正道。護持了義正法，修證十迴向位如夢觀。
＊發十無盡願，修習百法明門，親證猶如鏡像現觀。
＊修除五蓋，發起禪定。持一切善法戒。親證猶如光影現觀。
＊進修四禪八定、四無量心、五神通。進修大乘種智，求證猶如谷響現觀。

佛教正覺同修會 共修現況 及 招生公告　2024/1/2

一、共修現況：（請在共修時間來電，以免無人接聽。）

台北正覺講堂 103 台北市承德路三段 277 號九樓 捷運淡水線圓山站旁
Tel..**總機** 02-25957295（晚上）（**分機：九樓**辦公室 10、11；知客櫃檯 12、13。 **十樓**知客櫃檯 15、16；書局櫃檯 14。 **五樓**辦公室 18；知客櫃檯 19。**二樓**辦公室 20；知客櫃檯 21。）
Fax..25954493

第一講堂　台北市承德路三段 277 號九樓

禪淨班：週一晚班、週三晚班、週四晚班、週五晚班、週六下午班、週六上午班（共修期間二年半，全程免費。皆須報名建立學籍後始可參加共修，欲報名者詳見本公告末頁。）

增上班：成唯識論釋：單週六晚班。雙週六晚班（重播班）。17.50～20.50。平實導師講解，2022 年 2 月末開講，預定六年內講完，僅限已明心之會員參加。

禪門差別智：每月第一週日全天　平實導師主講（事冗暫停）。

菩薩瓔珞本業經　本經說明菩薩道六度、十度波羅蜜多之修行，要先修十信位，於因位中熏習百法明門，再轉入初住位起修六種瓔珞，總共四十二位，即是十住位、十行位、十迴向位、十地位、等覺位、妙覺位，方得成就六種瓔珞成爲一生補處，然後成就佛道，名爲習種性、性種性、道種性、聖種性、等覺性、妙覺性；連同習種性前的十信位，共爲五十二階位實修完畢，方得成佛。於本經中亦說明大乘初見道的證眞如、發起般若現觀時，若有佛菩薩護持故，即得進第七住位常住不退，然後向上進發，速修佛菩提道。如是實修佛菩提道方是義學，而非學術界所說的相似佛法等玄學，皆是可修可證之法，全都屬於現法樂證樂住並且是現觀的佛法，顯示佛法眞是義學而非玄談或思想。本經已於 2024 年一月上旬起開講，由平實導師詳解。每逢週二晚上開講，第一至第七講堂都可同時聽聞，歡迎菩薩種性學人，攜眷共同參與此殊勝法會現場聞法，不限制聽講資格。本會學員憑上課證進入第一至第四、第七講堂聽講，會外學人請以身分證件換證進入聽講（此爲大樓管理處安全管理規定之要求，敬請諒解）；第五及第六講堂（B1、B2）對外開放，不需出示任何證件，請由大樓側門直接進入。

第二講堂　台北市承德路三段 267 號十樓。

禪淨班：週一晚班。

進階班：週三晚班、週四晚班、週五晚班、週六早班、週六下午班。禪淨班結業後轉入共修。

增上班：成唯識論釋：單週六晚班，影音同步傳播。雙週六晚班（重播班）

菩薩瓔珞本業經：平實導師講解。每週二 18.50~20.50 影像音聲即時傳輸。

第三講堂　台北市承德路三段 277 號五樓。

增上班：成唯識論釋：單週六晚班，影音同步傳播。雙週六晚班（重播班）

進階班：週一晚班、週三晚班、週四晚班、週五晚班、週六下午班。

菩薩瓔珞本業經：平實導師講解。每週二 18.50~20.50 影像音聲即時傳輸。

第四講堂　台北市承德路三段 267 號二樓。

進階班：週一晚班、週三晚班、週四晚班（禪淨班結業後轉入共修）。

菩薩瓔珞本業經：平實導師講解。每週二 18.50~20.50 影像音聲即時傳輸。

第五、第六講堂

念佛班　每週日晚上，第六講堂共修（B2），一切求生極樂世界的三寶弟子皆可參加，不限制共修資格。

進階班：週一晚班、週三晚班、週四晚班。

菩薩瓔珞本業經：平實導師講解。每週二 18.50~20.50 影像音聲即時傳輸。第五、第六講堂為**開放式講堂**，不需以身分證件換證即可進入聽講，台北市承德路三段 267 號地下一樓、地下二樓。每逢週二晚上講經時段開放給會外人士自由聽經，請由大樓側面梯階逕行進入聽講。**聽講者請尊重講者的著作權及肖像權，請勿錄音錄影，以免違法；若有錄音錄影被查獲者，將依法處理。**

第七講堂　台北市承德路三段 267 號六樓。

菩薩瓔珞本業經：平實導師講解。每週二 18.50~20.50 影像音聲即時傳輸。

正覺祖師堂　大溪區美華里信義路 650 巷坑底 5 之 6 號（台 3 號省道 34 公里處 妙法寺對面斜坡道進入）電話 03-3886110　傳真 03-3881692 本堂供奉 克勤圓悟大師，專供會員每年四月、十月各三次精進禪三共修，兼作本會出家菩薩掛單常住之用。開放參訪日期請參見本會公告。教內共修團體或道場，得另申請其餘時間作團體參訪，務請事先與常住確定日期，以便安排常住菩薩接引導覽，亦免妨礙常住菩薩之日常作息及修行。

桃園正覺講堂（第一、第二講堂）：桃園市介壽路 286、288 號 10 樓（陽明運動公園對面）電話：03-3749363（請於共修時聯繫，或與台北聯繫）

禪淨班：週一晚班（1）、週一晚班（2）、週三晚班、週四晚班、週五晚班。

進階班：週三晚班、週四晚班、週五晚班、週六上午班。

增上班：成唯識論釋。雙週六晚班（增上重播班）。

菩薩瓔珞本業經：平實導師講解。每週二晚上，以台北正覺講堂所錄 DVD 放映；歡迎會外學人共同聽講，不需出示身分證件。

新竹正覺講堂　新竹市東光路 55 號二樓之一　電話 03-5724297（晚上）

第一講堂：

禪淨班：週五晚班。

進階班：週三晚班、週四晚班、週六上午班。由禪淨班結業後轉入共修

增上班：成唯識論釋。單週六晚班。雙週六晚班（重播班）。

菩薩瓔珞本業經：平實導師講解。每週二晚上，以台北正覺講堂所錄 DVD 放映。歡迎會外學人共同聽講，不需出示身分證件。

第二講堂：

禪淨班：週一晚班、週三晚班、週四晚班、週六上午班。

菩薩瓔珞本業經：每週二晚上與第一講堂同步播放講經 DVD。

第三、第四講堂：裝修完畢，已經啓用。

台中正覺講堂 04-23816090（晚上）

第一講堂 台中市南屯區五權西路二段 666 號 13 樓之四（國泰世華銀行樓上。鄰近縣市經第一高速公路前來者，由五權西路交流道可以快速到達，大樓旁有停車場，對面有素食館）。

禪淨班：週四晚班、週五晚班。

進階班：週一晚班、週三晚班、週六上午班（由禪淨班結業後轉入共修）。

增上班：**成唯識論釋**。單週六晚班。雙週六晚班（重播班）。

菩薩瓔珞本業經：平實導師講解。每週二晚上，以台北正覺講堂所錄 DVD 放映。歡迎會外學人共同聽講，不需出示身分證件。

第二講堂 台中市南屯區五權西路二段 666 號 4 樓

禪淨班：週一晚班、週三晚班。

第三講堂台中市南屯區五權西路二段 666 號 4 樓

禪淨班：週一晚班。

第四講堂台中市南屯區五權西路二段 666 號 4 樓。

進階班：週三晚班、週四晚班、週五晚班、週六上午班，由禪淨班結業後轉入共修

菩薩瓔珞本業經：每週二晚上與第一講堂同步播放講經 DVD。

嘉義正覺講堂 嘉義市友愛路 288 號八樓之一　電話：05-2318228

第一講堂：

禪淨班：週四晚班、週五晚班、週六上午班。

進階班：週一晚班、週三晚班（由禪淨班結業後轉入共修）。

增上班：**成唯識論釋**。單週六晚班。雙週六晚班（重播班）。

菩薩瓔珞本業經：平實導師講解。每週二晚上，以台北正覺講堂所錄 DVD 放映。歡迎會外學人共同聽講，不需出示身分證件。

第二講堂 嘉義市友愛路 288 號八樓之二。

第三講堂 嘉義市友愛路 288 號四樓之七。

禪淨班：週一晚班、週三晚班。

台南正覺講堂

第一講堂 台南市西門路四段 15 號 4 樓。06-2820541（晚上）

禪淨班：週一晚班、週四晚班、週五晚班、週六下午班。

增上班：**成唯識論釋**。單週六晚班。雙週六晚班（重播班）。

菩薩瓔珞本業經：平實導師講解。每週二晚上，以台北正覺講堂所錄 DVD 放映。歡迎會外學人共同聽講，不需出示身分證件。

第二講堂　台南市西門路四段 15 號 3 樓。

菩薩瓔珞本業經：每週二晚上與第一講堂同步播放講經 DVD。

第三講堂　台南市西門路四段 15 號 3 樓。

進階班：週一晚班、週三晚班、週四晚班、週五晚班（由禪淨班結業後轉入共修）。

菩薩瓔珞本業經：每週二晚上與第一講堂同步播放講經 DVD。

高雄正覺講堂　高雄市新興區中正三路 45 號五樓 07-2234248（晚上）

第一講堂（五樓）：

禪淨班：週一晚班、週三晚班、週四晚班、週五晚班、週六上午班。

進階班：週六下午班（由禪淨班結業後轉入共修）。

增上班：**成唯識論釋**。單週六晚班。雙週六晚班（重播班）。

菩薩瓔珞本業經：平實導師講解。每週二晚上，以台北正覺講堂所錄 DVD 放映。歡迎會外學人共同聽講，不需出示身分證件。

第二講堂（四樓）：

進階班：週三晚班、週四晚班（由禪淨班結業後轉入共修）。

菩薩瓔珞本業經：每週二晚上與第一講堂同步播放講經 DVD。

第三講堂（三樓）：

進階班：週四晚班（由禪淨班結業後轉入共修）。

香港正覺講堂

香港新界葵涌打磚坪街 93 號維京科技商業中心 A 座 18 樓。

電話：(852) 23262231

英文地址：18/F, Tower A, Viking Technology & Business Centre, 93 Ta Chuen Ping Street, Kwai Chung, N.T., Hong Kong.

禪淨班：單週六下午班、雙週六下午班、單週日上午班、單週日下午班、雙週日上午班

進階班：雙週六班（由禪淨班結業後轉入共修）。

增上班：每月第一雙週日下午及晚上班，以台北增上班課程錄成 DVD 放映之。

增上重播班：每月第二雙週日下午及晚上班，以台北增上班課程錄成 DVD 放映之。

不退轉法輪經詳解：平實導師講解。每週六、日 19:00～21:00，以台北正覺講堂所錄 DVD 放映；歡迎會外學人共同聽講，不需出示身分證件。

二、**招生公告**　本會台北講堂及全省各講堂、香港講堂，每逢四月、十月下旬開新班，每週共修一次（每次二小時。開課日起三個月內仍可插班）；各班共修期間皆爲二年半，全程免費，欲參加者請向本會函索報名表（各共修處皆於共修時間方有人執事，非共修時間請勿電詢或前來洽詢、請書），或直接從本會官方網站(http://www.enlighten.org.tw/newsflash/class)或成佛之道網站下載報名表。共修期滿時，若經報名禪三審核通過者，可參加四天三夜之禪三精進共修，有機會明心、取證如來藏，發起般若實相智慧，成爲實義菩薩，脫離凡夫菩薩位。

三、**新春禮佛祈福** 農曆年假期間停止共修：自農曆新年前七天起停止共修與弘法，正月 8 日起回復共修、弘法事務。新春期間正月初一～初七 9.00～17.00 開放台北講堂、正月初一~初三開放新竹、台中、嘉義、台南、高雄講堂，以及大溪禪三道場（正覺祖師堂），方便會員供佛、祈福及會外人士請書。

密宗四大派修雙身法，是外道性力派的邪法；又以生滅的識陰作為常住法，是常見外道，是假的藏傳佛教。

西藏覺囊巴以他空見弘揚第八識如來藏勝法，才是真藏傳佛教

佛教正覺同修會　弘法行事表

2024/1/2

1、**禪淨班**　以無相念佛及拜佛方式修習動中定力，實證一心不亂功夫。傳授解脫道正理及第一義諦佛法，以及參禪知見。共修期間：二年六個月。每逢四月、十月開新班，詳見招生公告表。

2、**進階班**　禪淨班畢業後得轉入此班，進修更深入的佛法，期能證悟明心。各地講堂各有多班，繼續深入佛法、增長定力，悟後得轉入增上班修學道種智，期能證得無生法忍。

3、**增上班 成唯識論釋**　詳解八識心王的唯識性、唯識相、唯識位，分說八識心王及其心所各別的自性、所依、所緣、相應心所、行相、功用等，並闡述緣生諸法的四緣：因緣、等無間緣、所緣緣、增上緣等四緣，並論及十因五果等。論中闡釋**佛法實證及成就的根本法即是第八識，由第八識成就三界世間及出世間的一切染淨諸法，方有成佛之道可修、可證、可成就，名爲圓成實性**。然後詳解末法時代學人極易混淆的見道位所函蓋的眞見道、相見道、通達位等內容，指正末法時代高慢心一類學人，於見道位前後不斷所墮的同一邪謬處。末後開示修道位的十地之中，各地所應斷的二愚及所應證的一智，乃至佛位的四智圓明及具足四種涅槃等一切種智之眞實正理。由平實導師講述，每逢一、三、五週之週末晚上開示，每逢二、四週之週末爲重播班，供作後悟之菩薩補聞所未聽聞之法。增上班課程僅限已明心之會員參加。未來每逢講完十分之一內容時，便予出書流通；總共十輯，敬請期待。（註：《瑜伽師地論》從 2003 年二月開講，至 2022 年 2 月 19 日已經圓滿，爲期 18 年整。）

4、**菩薩瓔珞本業經**　本經說明菩薩道六度、十度波羅蜜多之修行，要先修十信位，於因位中熏習百法明門，再轉入初住位起修六種瓔珞，總共四十二位，即是十住位、十行位、十迴向位、十地位、等覺位、妙覺位，方得成就六種瓔珞成爲一生補處，然後成就佛道，名爲習種性、性種性、道種性、聖種性、等覺性、妙覺性；連同習種性前的十信位，共爲五十二階位實修完畢，方得成佛。於本經中亦說明大乘初見道的證眞如、發起般若現觀時，若有佛菩薩護持故，即得進第七住位常住不退，然後向上進發，速修佛菩提道。如是實修佛菩提道方是義學，而非學術界所說的相似佛法等玄學，皆是可修可證之法，全都屬於現法樂證樂住並且是現觀的佛法，顯示佛法眞是義學而非玄談或思想。本經已於 2024 年一月上旬起開講，由平實導師詳解。不限制聽講資格。

5、**精進禪三**　主三和尚：平實導師。於四天三夜中，以克勤圓悟大師及大慧宗杲之禪風，施設機鋒與小參、公案密意之開示，幫助會員剋期取證，親證不生不滅之眞實心——人人本有之如來藏。每年四月、十月各舉辦三個梯次；平實導師主持。僅限本會會員參加禪淨班共修期滿，報名審核通過者，方可參加。並選擇會中定力、慧力、福德三條件皆已具足之已明心會員，給以指引，令得眼見自己無形無相之佛性遍佈山河大地，眞實而無障礙，得以肉眼現觀世界身心悉皆如幻，具足成就如幻觀，圓滿十住菩薩之證境。

6、**阿含經**詳解　選擇重要之阿含部經典，依無餘涅槃之實際而加以詳解，令大眾得以現觀諸法緣起性空，亦復不墮斷滅見中，顯示經中所隱說之涅槃實際—如來藏—確實已於四阿含中隱說；令大眾得以聞後觀行，確實斷除我見乃至我執，證得**見到**眞現觀，乃至**身證**……等眞現觀；已得大乘或二乘見道者，亦可由此聞熏及聞後之觀行，除斷我所之貪著，成就慧解脫果。由平實導師詳解。不限制聽講資格。

7、**精選如來藏系經典**詳解　精選如來藏系經典一部，詳細解說，以此完全印證會員所悟如來藏之眞實，得入不退轉住。另行擇期詳細解說之，由平實導師講解。僅限已明心之會員參加。

8、**禪門差別智**　藉禪宗公案之微細淆訛難知難解之處，加以宣說及剖析，以增進明心、見性之功德，啓發差別智，建立擇法眼。每月第一週日全天，由平實導師開示，僅限破參明心後，復又眼見佛性者參加（事冗暫停）。

9、**枯木禪**　先講智者大師的《小止觀》，後說《釋禪波羅蜜》，詳解四禪八定之修證理論與實修方法，細述一般學人修定之邪見與岔路，及對禪定證境之誤會，消除枉用功夫、浪費生命之現象。已悟般若者，可以藉此而實修初禪，進入大乘通教及聲聞教的三果心解脫境界，配合應有的大福德及後得無分別智、十無盡願，即可進入初地心中。親教師：平實導師。未來緣熟時將於正覺寺開講。不限制聽講資格。

註：本會例行年假，自 2004 年起，改爲每年農曆新年前七天開始停息弘法事務及共修課程，農曆正月 8 日回復所有共修及弘法事務。新春期間（每日 9.00~17.00）開放台北講堂，方便會員禮佛祈福及會外人士請書。大溪區的正覺祖師堂，開放參訪時間，詳見〈正覺電子報〉或成佛之道網站。本表得因時節因緣需要而隨時修改之，不另作通知。

佛教正覺同修會　贈閱書籍 目錄

2021/8/30

1.**無相念佛**　平實導師著　回郵36元
2.**念佛三昧修學次第**　平實導師述著　回郵52元
3.**正法眼藏—護法集**　平實導師述著　回郵76元
4.**真假開悟簡易辨正法＆佛子之省思**　平實導師著　回郵26元
5.**生命實相之辨正**　平實導師著　回郵31元
6.**如何契入念佛法門**（附：印順法師否定極樂世界）平實導師著　回郵26元
7.**平實書箋**—答元覽居士書　平實導師著　回郵52元
8.**三乘唯識**—如來藏系經律彙編　平實導師編　回郵80元
（精裝本　長27㎝　寬21㎝　高7.5㎝　重2.8公斤）
9.**三時繫念全集**—修正本　回郵掛號52元（長26.5㎝×寬19㎝）
10.**明心與初地**　平實導師述　回郵31元
11.**邪見與佛法**　平實導師述著　回郵36元
12.**甘露法雨**　平實導師述　回郵36元
13.**我與無我**　平實導師述　回郵36元
14.**學佛之心態**—修正錯誤之學佛心態始能與正法相應 孫正德老師著 回郵52元
附錄：平實導師著《**略說八、九識並存…等之過失**》
15.**大乘無我觀**—《悟前與悟後》別說　平實導師述著　回郵36元
16.**佛教之危機**—中國台灣地區現代佛教之真相（附錄：公案拈提六則）
平實導師著　回郵52元
17.**燈 影**—燈下黑（覆「求教後學」來函等）平實導師著　回郵76元
18.**護法與毀法**—覆上平居士與徐恒志居士網站毀法二文
張正圜老師著　回郵76元
19.**淨土聖道**—兼評**選擇本願念佛**　正德老師著　**由正覺同修會購贈** 回郵52元
20.**辨唯識性相**—對「紫蓮心海《辯唯識性相》書中否定阿賴耶識」之回應
正覺同修會 台南共修處法義組 著　回郵52元
21.**假如來藏**—對法蓮法師《如來藏與阿賴耶識》書中否定阿賴耶識之回應
正覺同修會 台南共修處法義組 著　回郵76元
22.**入不二門**—公案拈提集錦 第一輯（於平實導師公案拈提諸書中選錄約二十則，合輯爲一冊流通之）平實導師著　回郵52元
23.**真假邪說**—西藏密宗索達吉喇嘛《破除邪說論》真是邪說
釋正安法師著　上、下冊回郵各52元
24.**真假開悟**—真如、如來藏、阿賴耶識間之關係　平實導師述著　回郵76元
25.**真假禪和**—辨正釋傳聖之謗法謬說　孫正德老師著　回郵76元
26.**眼見佛性**—駁慧廣法師**眼見佛性的含義**文中謬說
游正光老師著　回郵52元

27.**普門自在**—公案拈提集錦 第二輯（於平實導師公案拈提諸書中選錄約二十則，合輯爲一冊流通之）平實導師著　回郵52元

28.**印順法師的悲哀**—以現代禪的質疑為線索　恒毓博士著　回郵52元

29.**識蘊真義**—現觀識蘊內涵、取證初果、親斷三縛結之具體行門。
—依《成唯識論》及《唯識述記》正義，略顯安慧《大乘廣五蘊論》之邪謬
平實導師著　回郵76元

30.**正覺電子報** 各期紙版本　免附回郵　每次最多函索三期或三本。
（已無存書之較早各期，不另增印贈閱）

31.**現代人應有的宗教觀**　蔡正禮老師 著　回郵31元

32.**遠惑趣道**—正覺電子報般若信箱問答錄　第一輯　回郵52元

33.**遠惑趣道**—正覺電子報般若信箱問答錄　第二輯　回郵52元

34.**確保您的權益**—器官捐贈應注意自我保護　游正光老師 著　回郵31元

35.**正覺教團電視弘法三乘菩提 DVD 光碟（一）**
由正覺教團多位親教師共同講述錄製 DVD 8 片，MP3 一片，共 9 片。有二大講題：一爲「三乘菩提之意涵」，二爲「學佛的正知見」。內容精闢，深入淺出，精彩絕倫，幫助大眾快速建立三乘法道的正知見，免被外道邪見所誤導。有志修學三乘佛法之學人不可不看。（製作工本費 100 元，回郵 52 元）

36.**正覺教團電視弘法 DVD 專輯（二）**
總有二大講題：一爲「三乘菩提之念佛法門」，一爲「學佛正知見（第二篇）」，由正覺教團多位親教師輪番講述，內容詳細闡述如何修學念佛法門、實證念佛三昧，以及學佛應具有的正確知見，可以幫助發願往生西方極樂淨土之學人，得以把握往生，更可令學人快速建立三乘法道的正知見，免於被外道邪見所誤導。有志修學三乘佛法之學人不可不看。（一套 17 片，工本費 160 元。回郵 76 元）

37.**喇嘛性世界**—揭開假藏傳佛教譚崔瑜伽的面紗　張善思 等人合著
由正覺同修會購贈　回郵52元

38.**假藏傳佛教的神話**—性、謊言、喇嘛教　張正玄教授編著
由正覺同修會購贈　回郵52元

39.**隨　緣**—理隨緣與事隨緣　平實導師述　回郵52元。

40.**學佛的覺醒**　正枝居士 著　回郵52元

41.**導師之真實義**　蔡正禮老師 著　回郵31元

42.**淺談達賴喇嘛之雙身法**—兼論解讀「密續」之達文西密碼
吳明芷居士 著　回郵31元

43.**魔界轉世**　張正玄居士 著　回郵31元

44.**一貫道與開悟**　蔡正禮老師 著　回郵31元

45.**博愛**—愛盡天下女人　正覺教育基金會 編印　回郵36元

46.**意識虛妄經教彙編**—實證解脱道的關鍵經文　正覺同修會編印　回郵36元

47.**邪箭囈語**—破斥藏密外道多識仁波切《破魔金剛箭雨論》之邪說
陸正元老師著　上、下冊回郵各 52 元
48.**真假沙門**—依 佛聖教闡釋佛教僧寶之定義
蔡正禮老師著　俟正覺電子報連載後結集出版
49.**真假禪宗**—藉評論釋性廣《印順導師對變質禪法之批判
及對禪宗之肯定》以顯示真假禪宗
附論一：凡夫知見 無助於佛法之信解行證
附論二：世間與出世間一切法皆從如來藏實際而生而顯
余正偉老師著　俟正覺電子報連載後結集出版　回郵未定

★ 上列贈書之郵資，係台灣本島地區郵資，大陸、港、澳地區及外國地區，請另計酌增（大陸、港、澳、國外地區之郵票不許通用）。尚未出版之書，請勿先寄來郵資，以免增加作業煩擾。

★ 本目錄若有變動，唯於後印之書籍及「成佛之道」網站上修正公佈之，不另行個別通知。

函索書籍請寄：佛教正覺同修會　103 台北市承德路 3 段 277 號 9 樓
台灣地區函索書籍者請附寄郵票，無時間購買郵票者可以等值現金抵用，但不接受郵政劃撥、支票、匯票。大陸地區得以人民幣計算，國外地區請以美元計算（請勿寄來當地郵票，在台灣地區不能使用）。欲以掛號寄遞者，請另附掛號郵資。

親自索閱：正覺同修會各共修處。　★請於共修時間前往取書，餘時無人在道場，請勿前往索取；共修時間與地點，詳見書末正覺同修會共修現況表（以近期之共修現況表為準）。

註：正智出版社發售之局版書，請向各大書局購閱。若書局之書架上已經售出而無陳列者，請向書局櫃台指定洽購；若書局不便代購者，請於正覺同修會共修時間前往各共修處請購，正智出版社已派人於共修時間送書前往各共修處流通。 郵政劃撥購書及 大陸地區 購書，請詳別頁正智出版社發售書籍目錄最後頁之說明。

成佛之道 網站：http://www.a202.idv.tw　正覺同修會已出版之結緣書籍，多已登載於 成佛之道 網站，若住外國、或住處遙遠，不便取得正覺同修會贈閱書籍者，可以從本網站閱讀及下載。

＊＊假藏傳佛教修雙身法，非佛教＊＊

正智出版社 籌募弘法基金發售書籍目錄　2023/12/4

1.**宗門正眼**—公案拈提 第一輯 重拈　平實導師著　500 元

因重寫內容大幅度增加故，字體必須改小，並增為 576 頁 主文 546 頁。比初版更精彩、更有內容。初版《禪門摩尼寶聚》之讀者，可寄回本公司免費調換新版書。免附回郵，亦無截止期限。（2007 年起，每冊附贈本公司精製公案拈提〈超意境〉CD 一片。市售價格 280 元，多購多贈。）

2.**禪淨圓融**　平實導師著　200 元（第一版舊書可換新版書。）

3.**真實如來藏**　平實導師著　400 元

4.**禪—悟前與悟後**　平實導師著　上、下冊，每冊 250 元

5.**宗門法眼**—公案拈提 第二輯　平實導師著　500 元
（2007 年起，每冊附贈本公司精製公案拈提〈超意境〉CD 一片）

6.**楞伽經詳解**　平實導師著　全套共 10 輯　每輯 250 元

7.**宗門道眼**—公案拈提 第三輯　平實導師著　500 元
（2007 年起，每冊附贈本公司精製公案拈提〈超意境〉CD 一片）

8.**宗門血脈**—公案拈提 第四輯　平實導師著　500 元
（2007 年起，每冊附贈本公司精製公案拈提〈超意境〉CD 一片）

9.**宗通與說通**—成佛之道 平實導師著 主文 381 頁 全書 400 頁售價 300 元

10.**宗門正道**—公案拈提 第五輯　平實導師著　500 元
（2007 年起，每冊附贈本公司精製公案拈提〈超意境〉CD 一片）

11.**狂密與真密 一～四輯**　平實導師著　西藏密宗是人間最邪淫的宗教，本質不是佛教，只是披著佛教外衣的印度教性力派流毒的喇嘛教。此書中將西藏密宗密傳之男女雙身合修樂空雙運所有祕密與修法，毫無保留完全公開，並將全部喇嘛們所不知道的部分也一併公開。內容比大辣出版社喧騰一時的《西藏慾經》更詳細。並且函蓋藏密的所有祕密及其錯誤的中觀見、如來藏見……等，藏密的所有法義都在書中詳述、分析、辨正。每輯主文三百餘頁　每輯全書約 400 頁　售價每輯 300 元

12.**宗門正義**—公案拈提 第六輯　平實導師著　500 元
（2007 年起，每冊附贈本公司精製公案拈提〈超意境〉CD 一片）

13.**心經密意**—心經與解脫道、佛菩提道、祖師公案之關係與密意　平實導師述　300 元

14.**宗門密意**—公案拈提 第七輯　平實導師著　500 元
（2007 年起，每冊附贈本公司精製公案拈提〈超意境〉CD 一片）

15.**淨土聖道**—兼評「選擇本願念佛」　正德老師著　200 元

16.**起信論講記**　平實導師述著　共六輯　每輯三百餘頁　售價各 250 元

17.**優婆塞戒經講記**　平實導師述著 共八輯 每輯三百餘頁 售價各 250 元

18.**真假活佛**—略論附佛外道盧勝彥之邪說（對前岳靈犀網站主張「盧勝彥是證悟者」之修正）　正犀居士（岳靈犀）著　流通價 140 元

19.**阿含正義**—唯識學探源　平實導師著　共七輯　每輯 300 元

20.**超意境 CD** 以平實導師公案拈提書中超越意境之頌詞，加上曲風優美

的旋律，錄成令人嚮往的超意境歌曲，其中包括正覺發願文及平實導師親自譜成的黃梅調歌曲一首。詞曲雋永，殊堪翫味，可供學禪者吟詠，有助於見道。內附設計精美的彩色小冊，解說每一首詞的背景本事。每片 280 元。【每購買公案拈提書籍一冊，即贈送一片。】

21.**菩薩底憂鬱** CD 將菩薩情懷及禪宗公案寫成新詞，並製作成超越意境的優美歌曲。 1.主題曲〈菩薩底憂鬱〉，描述地後菩薩能離三界生死而迴向繼續生在人間，但因尚未斷盡習氣種子而有極深沈之憂鬱，非三賢位菩薩及二乘聖者所知，此憂鬱在七地滿心位方才斷盡；本曲之詞中所說義理極深，昔來所未曾見；此曲係以優美的情歌風格寫詞及作曲，聞者得以激發嚮往諸地菩薩境界之大心，詞、曲都非常優美，難得一見；其中勝妙義理之解說，已印在附贈之彩色小冊中。 2.以各輯公案拈提中直示禪門入處之頌文，作成各種不同曲風之超意境歌曲，值得玩味、參究；聆聽公案拈提之優美歌曲時，請同時閱讀內附之印刷精美說明小冊，可以領會超越三界的證悟境界；未悟者可以因此引發求悟之意向及疑情，眞發菩提心而邁向求悟之途，乃至因此眞實悟入般若，成眞菩薩。 3.正覺總持咒新曲，總持佛法大意；總持咒之義理，已加以解說並印在隨附之小冊中。本 CD 共有十首歌曲，長達 63 分鐘。每盒各附贈二張購書優惠券。每片 320 元。

22.**禪意無限** CD 平實導師以公案拈提書中偈頌寫成不同風格曲子，與他人所寫不同風格曲子共同錄製出版，幫助參禪人進入禪門超越意識之境界。盒中附贈彩色印製的精美解說小冊，以供聆聽時閱讀，令參禪人得以發起參禪之疑情，即有機會證悟本來面目而發起實相智慧，實證大乘菩提般若，能如實證知般若經中的眞實意。本 CD 共有十首歌曲，長達 69 分鐘，每盒各附贈二張購書優惠券。每片 320 元。

23.**我的菩提路**第一輯　釋悟圓、釋善藏等人合著　售價 300 元

24.**我的菩提路**第二輯　郭正益等人合著　售價 300 元

（初版首刷至第四刷，都可以寄來免費更換爲第二版，免附郵費）

25.**我的菩提路**第三輯　王美伶等人合著　售價 300 元

26.**我的菩提路**第四輯　陳晏平等人合著　售價 300 元

27.**我的菩提路**第五輯　林慈慧等人合著　售價 300 元

28.**我的菩提路**第六輯　劉惠莉等人合著　售價 300 元

29.**我的菩提路**第七輯　余正偉等人合著　售價 300 元

30.**鈍鳥與靈龜**—考證後代凡夫對大慧宗杲禪師的無根誹謗。

平實導師著 共 458 頁 售價 350 元

31.**維摩詰經講記** 平實導師述 共六輯 每輯三百餘頁 售價各 250 元

32.**真假外道**—破劉東亮、杜大威、釋證嚴常見外道見 正光老師著 200 元

33.**勝鬘經講記**—兼論印順《勝鬘經講記》對於《勝鬘經》之誤解。

平實導師述　共六輯　每輯三百餘頁　售價250 元

34.**楞嚴經講記**—平實導師述 共**15**輯，每輯三百餘頁 售價 300 元

35.**明心與眼見佛性**—駁慧廣〈蕭氏「眼見佛性」與「明心」之非〉文中謬說
正光老師著 共 448 頁 售價 300 元

36.**見性與看話頭** 黃正倖老師 著，本書是禪宗參禪的方法論。
內文 375 頁，全書 416 頁，售價 300 元。

37.**達賴真面目**—玩盡天下女人 白正偉老師 等著 中英對照彩色精裝大本 800 元

38.**喇嘛性世界**—揭開假藏傳佛教譚崔瑜伽的面紗 張善思 等人著 200 元

39.**假藏傳佛教的神話**—性、謊言、喇嘛教 正玄教授編著 200 元

40.**金剛經宗通** 平實導師述 共九輯 每輯售價 250 元。

41.**末代達賴**—性交教主的悲歌 張善思、呂艾倫、辛燕編著 售價 250 元

42.**霧峰無霧**—給哥哥的信 辨正釋印順對佛法的無量誤解
游宗明 老師著 售價 250 元

43.**霧峰無霧**—第二輯—救護佛子向正道 細說釋印順對佛法的各類誤解
游宗明 老師著 售價 250 元

44.**第七意識與第八意識？**—穿越時空「超意識」
平實導師述 每冊 300 元

45.**黯淡的達賴**—失去光彩的諾貝爾和平獎
正覺教育基金會編著 每冊 250 元

46.**童女迦葉考**—論呂凱文〈佛教輪迴思想的論述分析〉之謬。
平實導師 著 定價 180 元

47.**人間佛教**—實證者必定不悖三乘菩提
平實導師 述，定價 400 元

48.**實相經宗通** 平實導師述 共八輯 每輯 250 元

49.**真心告訴您(一)**—達賴喇嘛在幹什麼？
正覺教育基金會編著 售價 250 元

50.**中觀金鑑**—詳述應成派中觀的起源與其破法本質
孫正德老師著 分爲上、中、下三冊，每冊 250 元

51.**藏傳佛教要義**—《狂密與真密》之簡體字版 平實導師 著 上、下冊
僅在大陸流通 每冊 300 元

52.**法華經講義**—平實導師述 共二十五輯 每輯三百餘頁 售價 300 元

53.**西藏「活佛轉世」制度**—附佛、造神、世俗法
許正豐、張正玄老師合著 定價 150 元

54.**廣論三部曲**—郭正益老師著 定價 150 元

55.**真心告訴您(二)**—達賴喇嘛是佛教僧侶嗎？
—補祝達賴喇嘛八十大壽
正覺教育基金會編著 售價 300 元

56.**次法**—實證佛法前應有的條件
張善思居士著 分爲上、下二冊，每冊 250 元

57.**涅槃**—解說四種涅槃之實證及內涵 平實導師著 上、下冊 各 350 元

58.**佛藏經講義**—平實導師述　共二十一輯 每輯三百餘頁 售價 300 元。

59.**成唯識論**—大唐 玄奘菩薩所著鉅論。重新正確斷句，並以不同字體及標點符號顯示質疑文，令得易讀。全書 288 頁，精裝大本 400 元。

60.**大法鼓經講義**—平實導師述　共六輯 每輯三百餘頁 售價 300 元

61.**成唯識論釋**—詳解大唐玄奘菩薩所著《成唯識論》，平實導師著述。共十輯，每輯內文四百餘頁，12 級字編排，於每講完一輯的分量以後即予出版，2023 年五月底出版第一輯，以後每七到十個月出版一輯，每輯 400 元。

62.**不退轉法輪經講義**—平實導師述 2024年1月30日開始出版　共十輯 每二個月出版一輯，每輯 300 元

63.**解深密經講義**—平實導師述 輯數未定　將於《不退轉法輪經講義》出版後整理出版。

64.**菩薩瓔珞本業經講義**—平實導師述 約○輯　將於《解深密經講義》出版後整理出版。

65.**假鋒虛焰金剛乘**—揭示顯密正理，兼破索達吉師徒《般若鋒兮金剛焰》釋正安法師著 簡體字版 即將出版 售價未定

66.**廣論之平議**—宗喀巴《菩提道次第廣論》之平議　正雄居士著　約二或三輯　俟正覺電子報連載後結集出版　書價未定

67.**八識規矩頌**詳解　○○居士 註解　出版日期另訂　書價未定。

68.**中觀正義**—註解平實導師《中論正義頌》。○○法師（居士）著　出版日期未定　書價未定

69.**中論正義**—釋龍樹菩薩《中論》頌正理。孫正德老師著　出版日期未定　書價未定

70.**中國佛教史**—依中國佛教正法史實而論。 ○○老師 著　書價未定。

71.**印度佛教史**—法義與考證。依法義史實評論印順《印度佛教思想史、佛教史地考論》之謬說　正偉老師著　出版日期未定　書價未定

72.**阿含經講記**—將選錄四阿含中數部重要經典全經講解之，講後整理出版。平實導師述　約二輯　每輯 300 元　出版日期未定

73.**寶積經講記** 平實導師述　每輯三百餘頁 優惠價 300 元 出版日期未定

74.**修習止觀坐禪法要講記**　平實導師述　每輯三百餘頁　將於正覺寺建成後重講、以講記逐輯出版　出版日期未定

75.**無門關**—《無門關》公案拈提　平實導師著　出版日期未定

76.**中觀再論**—兼述印順《中觀今論》謬誤之平議。 正光老師著 出版日期未定

77.**輪迴與超度**—佛教超度法會之真義。○○法師（居士）著　出版日期未定　書價未定

78.**《釋摩訶衍論》平議**—對偽稱龍樹所造《釋摩訶衍論》之平議　○○法師（居士）著　出版日期未定　書價未定

79.**正覺發願文**註解—以真實大願為因 得證菩提　正德老師著　出版日期未定　書價未定

80.**正覺總持咒**—佛法之總持　　正圜老師著　出版日期未定　書價未定
81.**三自性**—依四食、五蘊、十二因緣、十八界法，說三性三無性。
作者未定　出版日期未定
82.**道品**—從三自性說大小乘三十七道品　　作者未定　出版日期未定
83.**大乘緣起觀**—依四聖諦七真如現觀十二緣起 作者未定　出版日期未定
84.**三德**—論解脫德、法身德、般若德。　　作者未定　出版日期未定
85.**真假如來藏**—對印順《如來藏之研究》謬說之平議　作者未定 出版日期未定
86.**大乘道次第**　　作者未定　出版日期未定　書價未定
87.**四緣**—依如來藏故有四緣。　作者未定　出版日期未定
88.**空之探究**—印順《空之探究》謬誤之平議　作者未定 出版日期未定
89.**十法義**—論阿含經中十法之正義　　作者未定　出版日期未定
90.**外道見**—論述外道六十二見　　作者未定　　出版日期未定

正智出版社有限公司 書籍介紹

禪淨圓融：言淨土諸祖所未曾言，示諸宗祖師所未曾示；禪淨圓融，另闢成佛捷徑，兼顧自力他力，闡釋淨土門之速行易行道，亦同時揭櫫聖教門之速行易行道；令廣大淨土行者得免緩行難證之苦，亦令聖道門行者得以藉著淨土速行道而加快成佛之時劫。乃前無古人之超勝見地，非一般弘揚禪淨法門典籍也，先讀為快。平實導師著 200元。

宗門正眼—公案拈提第一輯：繼承克勤圜悟大師碧巖錄宗旨之禪門鉅作。先則舉示當代大法師之邪說，消弭當代禪門大師鄉愿之心態，摧破當今禪門「世俗禪」之妄談；次則旁通教法，表顯宗門正理；繼以道之次第，消弭古今狂禪；後藉言語及文字機鋒，直示宗門入處。悲智雙運，禪味十足，數百年來難得一睹之禪門鉅著也。平實導師著　500元（原初版書《禪門摩尼寶聚》，改版後補充為五百餘頁新書，總計多達二十四萬字，內容更精彩，並改名為《宗門正眼》，讀者原購初版《禪門摩尼寶聚》皆可寄回本公司免費換新，免附回郵，亦無截止期限）（2007年起，凡購買公案拈提第一輯至第七輯，每購一輯皆贈送本公司精製公案拈提〈超意境〉CD一片，市售價格280元，多購多贈）。

禪—悟前與悟後：本書能建立學人悟道之信心與正確知見，圓滿具足而有次第地詳述禪悟之功夫與禪悟之內容，指陳參禪中細微淆訛之處，能使學人明自真心、見自本性。若未能悟入，亦能以正確知見辨別古今中外一切大師究係真悟？或屬錯悟？便有能力揀擇，捨名師而選明師，後時必有悟道之緣。一旦悟道，遲者七次人天往返，便出三界，速者一生取辦。學人欲求開悟者，不可不讀。　平實導師著。上、下冊共500元，單冊250元。

真實如來藏：如來藏眞實存在，乃宇宙萬有之本體，並非印順法師、達賴喇嘛等人所說之「唯有名相、無此心體」。如來藏是涅槃之本際，是一切有智之人竭盡心智、不斷探索而不能得之生命實相；是古今中外許多大師自以爲悟而當面錯過之生命實相。如來藏即是阿賴耶識，乃是一切有情本自具足、不生不滅之眞實心。當代中外大師於此書出版之前所未能言者，作者於本書中盡情流露、詳細闡釋。眞悟者讀之，必能增益悟境、智慧增上；錯悟者讀之，必能檢討自己之錯誤，免犯大妄語業；未悟者讀之，能知參禪之理路，亦能以之檢查一切名師是否眞悟。此書是一切哲學家、宗教家、學佛者及欲昇華心智之人必讀之鉅著。　平實導師著　售價400元。

宗門法眼—公案拈提第二輯：列舉實例，闡釋土城廣欽老和尚之悟處；並直示這位不識字的老和尚妙智橫生之根由，繼而剖析禪宗歷代大德之開悟公案，解析當代密宗高僧卡盧仁波切之錯悟證據，並例舉當代顯宗高僧、大居士之錯悟證據（凡健在者，爲免影響其名聞利養，皆隱其名）。藉辨正當代名師之邪見，向廣大佛子指陳禪悟之正道，彰顯宗門法眼。悲勇兼出，強捋虎鬚；慈智雙運，巧探驪龍；摩尼寶珠在手，直示宗門入處，禪味十足；若非大悟徹底，不能爲之。禪門精奇人物，允宜人手一冊，供作參究及悟後印證之圭臬。本書於2008年4月改版，增寫爲大約500頁篇幅，以利學人研讀參究時更易悟入宗門正法，以前所購初版首刷及初版二刷舊書，皆可免費換取新書。平實導師著　500元（2007年起，凡購買公案拈提第一輯至第七輯，每購一輯皆贈送本公司精製公案拈提〈超意境〉CD一片，市售價格280元，多購多贈）。

宗門道眼—公案拈提第三輯：繼宗門法眼之後，再以金剛之作略、慈悲之胸懷、犀利之筆觸，舉示寒山、拾得、布袋三大士之悟處，消弭當代錯悟者對於寒山大士……等之誤會及誹謗。　亦舉出民初以來與虛雲和尚齊名之蜀郡鹽亭袁煥仙夫子——南懷瑾老師之師，其「悟處」何在？並蒐羅許多眞悟祖師之證悟公案，顯示禪宗歷代祖師之睿智，指陳部分祖師、奧修及當代顯密大師之謬悟，作爲殷鑑，幫助禪子建立及修正參禪之方向及知見。假使讀者閱此書已，一時尚未能悟，亦可一面加功用行，一面以此宗門道眼辨別眞假善知識，避開錯誤之印證及歧路，可免大妄語業之長劫慘痛果報。欲修禪宗之禪者，務請細讀。平實導師著　售價500元（2007年起，凡購買公案拈提第一輯至第七輯，每購一輯皆贈送本公司精製公案拈提〈超意境〉CD一片，市售價格280元，多購多贈）。

楞伽經詳解：本經是禪宗見道者印證所悟眞僞之根本經典，亦是禪宗見道者悟後起修之依據經典；故達摩祖師於印證二祖慧可大師之後，將此經典連同佛鉢祖衣一併交付二祖，令其依此經典佛示金言、進入修道位，修學一切種智。由此可知此經對於眞悟之人修學佛道，是非常重要之一部經典。此經能破外道邪說，亦破佛門中錯悟名師之謬說，亦破禪宗部分祖師之狂禪：不讀經典、一向主張「一悟即成究竟佛」之謬執。並開示愚夫所行禪、觀察義禪、攀緣如禪、如來禪等差別，令行者對於三乘禪法差異有所分辨；亦糾正禪宗祖師古來對於如來禪之誤解，嗣後可免以訛傳訛之弊。此經亦是法相唯識宗之根本經典，禪者悟後欲修一切種智而入初地者，必須詳讀。　平實導師著，全套共十輯，已全部出版完畢，每輯主文約320頁，每冊約352頁，定價250元。

宗門血脈—公案拈提第四輯：末法怪象—許多修行人自以爲悟，每將無念靈知認作眞實；崇尚二乘法諸師及其徒衆，則將外於如來藏之緣起性空—無因論之無常空、斷滅空、一切法空—錯認爲　佛所說之般若空性。這兩種現象已於當今海峽兩岸及美加地區顯密大師之中普遍存在；人人自以爲悟，心高氣壯，便敢寫書解釋祖師證悟之公案，大多出於意識思惟所得，言不及義，錯誤百出，因此誤導廣大佛子同陷大妄語之地獄業中而不能自知。彼等書中所說之悟處，其實處處違背第一義經典之聖言量。彼等諸人不論是否身披袈裟，都非佛法宗門血脈，或雖有禪宗法脈之傳承，亦只徒具形式；猶如螟蛉，非眞血脈，未悟得根本眞實故。禪子欲知佛、祖之眞血脈者，請讀此書，便知分曉。平實導師著，主文452頁，全書464頁，定價500元（2007年起，凡購買公案拈提第一輯至第七輯，每購一輯皆贈送本公司精製公案拈提〈超意境〉CD一片，市售價格280元，多購多贈）。

宗通與說通：古今中外，錯誤之人如麻似粟，每以常見外道所說之靈知心，認作眞心；或妄想虛空之勝性能量爲眞如，或錯認物質四大元素藉冥性（靈知心本體）能成就吾人色身及知覺，或認初禪至四禪中之了知心爲不生不滅之涅槃心。此等皆非通宗者之見地。復有錯悟之人一向主張「宗門與教門不相干」，此即尚未通達宗門之人也。其實宗門與教門互通不二，宗門所證者乃是眞如與佛性，教門所說者乃說宗門證悟之眞如佛性，故教門與宗門不二。本書作者以宗教二門互通之見地，細說「宗通與說通」，從初見道至悟後起修之道、細說分明；並將諸宗諸派在整體佛教中之地位與次第，加以明確之教判，學人讀之即可了知佛法之梗概也。欲擇明師學法之前，允宜先讀。平實導師著，主文共381頁，全書392頁，只售成本價300元。

宗門正道—公案拈提第五輯：修學大乘佛法有二果須證—解脫果及大菩提果。二乘人不證大菩提果，唯證解脫果；此果之智慧，名爲聲聞菩提、緣覺菩提。大乘佛子所證二果之菩提果爲佛菩提，故名大菩提果，其慧名爲一切種智—函蓋二乘解脫果。然此大乘二果修證，須經由禪宗之宗門證悟方能相應。而宗門證悟極難，自古已然；其所以難者，咎在古今佛教界普遍存在三種邪見：1.以修定認作佛法， 2.以無因論之緣起性空—否定涅槃本際如來藏以後之一切法空作爲佛法，3.以常見外道邪見（離語言妄念之靈知性）作爲佛法。如是邪見，或因自身正見未立所致，或因邪師之邪教導所致，或因無始劫來虛妄熏習所致。若不破除此三種邪見，永劫不悟宗門眞義、不入大乘正道，唯能外門廣修菩薩行。 平實導師於此書中，有極爲詳細之說明，有志佛子欲摧邪見、入於內門修菩薩行者，當閱此書。主文共496頁，全書512頁。售價500元（2007年起，凡購買公案拈提第一輯至第七輯，每購一輯皆贈送本公司精製公案拈提〈超意境〉CD一片，市售價格280元，多購多贈）。

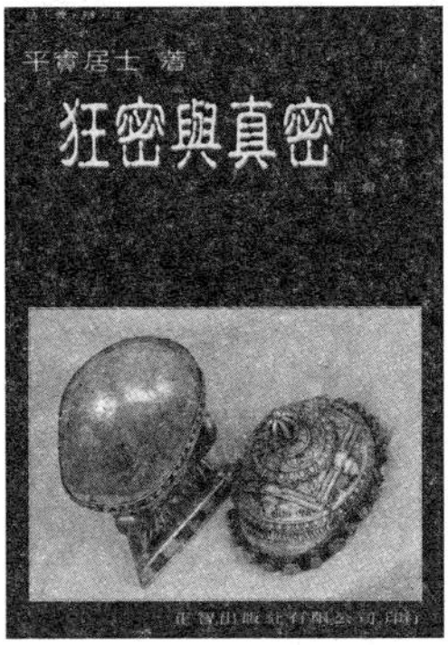

狂密與真密：密教之修學，皆由有相之觀行法門而入，其最終目標仍不離顯教經典所說第一義諦之修證；若離顯教第一義經典、或違背顯教第一義經典，即非佛教。西藏密教之觀行法，如灌頂、觀想、遷識法、寶瓶氣、大聖歡喜雙身修法、喜金剛、無上瑜伽、大樂光明、樂空雙運等，皆是印度教兩性生生不息思想之轉化，自始至終皆以如何能運用交合淫樂之法達到全身受樂爲其中心思想，純屬欲界五欲的貪愛，不能令人超出欲界輪迴，更不能令人斷除我見；何況大乘之明心與見性，更無論矣！故密宗之法絕非佛法也。而其明光大手印、大圓滿法教，又皆同以常見外道所說離語言妄念之無念靈知心錯認爲佛地之眞如，不能直指不生不滅之眞如。西藏密宗所有法王與徒眾，都尚未開頂門眼，不能辨別眞僞，以依人不依法、依密續不依經典故，不肯將其上師喇嘛所說對照第一義經典，純依密續之藏密祖師所說爲準，因此而誇大其證德與證量，動輒謂彼祖師上師爲究竟佛、爲地上菩薩；如今台海兩岸亦有自謂其師證量高於 釋迦文佛者，然觀其師所述，猶未見道，仍在觀行即佛階段，尚未到禪宗相似即佛、分證即佛階位，竟敢標榜爲究竟佛及地上法王，誑惑初機學人。凡此怪象皆是狂密，不同於眞密之修行者。近年狂密盛行，密宗行者被誤導者極眾，動輒自謂已證佛地眞如，自視爲究竟佛，陷於大妄語業中而不知自省，反謗顯宗眞修實證者之證量粗淺；或如義雲高與釋性圓…等人，於報紙上公然誹謗眞實證道者爲「騙子、無道人、人妖、癩蛤蟆…」等，造下誹謗大乘勝義僧之大惡業；或以外道法中有爲有作之甘露、魔術……等法，誑騙初機學人，狂言彼外道法爲眞佛法。如是怪象，在西藏密宗及附藏密之外道中，不一而足，舉之不盡，學人宜應愼思明辨，以免上當後又犯毀破菩薩戒之重罪。密宗學人若欲遠離邪知邪見者，請閱此書，即能了知密宗之邪謬，從此遠離邪見與邪修，轉入眞正之佛道。 平實導師著 共四輯 每輯約400頁（主文約340頁）每輯售價300元。

宗門正義—公案拈提第六輯：佛教有六大危機，乃是藏密化、世俗化、膚淺化、學術化、宗門密意失傳、悟後進修諸地之次第混淆；其中尤以宗門密意之失傳，為當代佛教最大之危機。由宗門密意失傳故，易令 世尊本懷普被錯解，易令 世尊正法被轉易為外道法，以及加以淺化、世俗化，是故宗門密意之廣泛弘傳與具緣佛弟子，極為重要。然而欲令宗門密意之廣泛弘傳予具緣之佛弟子者，必須同時配合錯誤知見之解析、普令佛弟子知之，然後輔以公案解析之直示入處，方能令具緣之佛弟子悟入。而此二者，皆須以公案拈提之方式為之，方易成其功、竟其業，是故平實導師續作宗門正義一書，以利學人。 全書500餘頁，售價500元（2007年起，凡購買公案拈提第一輯至第七輯，每購一輯皆贈送本公司精製公案拈提〈超意境〉CD一片，市售價格280元，多購多贈）。

心經密意—心經與解脫道、佛菩提道、祖師公案之關係與密意。 二乘菩提所證之解脫道，實依第八識心之斷除煩惱障現行而立解脫之名；大乘菩提所證之佛菩提道，實依親證第八識如來藏之涅槃性、清淨自性、及其中道性而立般若之名；禪宗祖師公案所證之真心，即是此第八識如來藏；是故三乘佛法所修所證之三乘菩提，皆依此如來藏心而立名也。此第八識心，即是《心經》所說之心也。證得此如來藏已，即能漸入大乘佛菩提道，亦可因證知此心而了知二乘無學所不能知之無餘涅槃本際，是故《心經》之密意，與三乘佛菩提之關係極為密切、不可分割，三乘佛法皆依此心而立名故。今者平實導師以其所證解脫道之無生智及佛菩提之般若種智，將《心經》與解脫道、佛菩提道、祖師公案之關係與密意，以演講之方式，用淺顯之語句和盤托出，發前人所未言，呈三乘菩提之真義，令人藉此《心經密意》一舉而窺三乘菩提之堂奧，迥異諸方言不及義之說；欲求真實佛智者、不可不讀！ 主文317頁，連同跋文及序文…等共384頁，售價300元。

宗門密意—公案拈提第七輯：佛教之世俗化，將導致學人以信仰作為學佛，則將以感應及世間法之庇祐，作為學佛之主要目標，不能了知學佛之主要目標為親證三乘菩提。大乘菩提則以般若實相智慧為主要修習目標，以二乘菩提解脫道為附帶修習之標的；是故學習大乘法者，應以禪宗之證悟為要務，能親入大乘菩提之實相般若智慧中故，般若實相智慧非二乘聖人所能知故。此書則以台灣世俗化佛教之三大法師，說法似是而非之實例，配合真悟祖師之公案解析，提示證悟般若之關節，令學人易得悟入。平實導師著，全書五百餘頁，售價500元（2007年起，凡購買公案拈提第一輯至第七輯，每購一輯皆贈送本公司精製公案拈提〈超意境〉CD一片，市售價格280元，多購多贈）。

淨土聖道—兼評選擇本願念佛：佛法甚深極廣，般若玄微，非諸二乘聖僧所能知之，一切凡夫更無論矣！所謂一切證量皆歸淨土是也！是故大乘法中「聖道之淨土、淨土之聖道」，其義甚深，難可了知；乃至眞悟之人，初心亦難知也。今有正德老師眞實證悟後，復能深探淨土與聖道之緊密關係，憐憫眾生之誤會淨土實義，亦欲利益廣大淨土行人同入聖道，同獲淨土中之聖道門要義，乃振奮心神、書以成文，今得刊行天下。主文279頁，連同序文等共301頁，總有十一萬六千餘字，正德老師著，成本價200元。

起信論講記：詳解大乘起信論心生滅門與心眞如門之眞實意旨，消除以往大師與學人對起信論所說心生滅門之誤解，由是而得了知眞心如來藏之非常非斷中道正理；亦因此一講解，令此論以往隱晦而被誤解之眞實義，得以如實顯示，令大乘佛菩提道之正理得以顯揚光大；初機學者亦可藉此正論所顯示之法義，對大乘法理生起正信，從此得以眞發菩提心，眞入大乘法中修學，世世常修菩薩正行。平實導師演述，共六輯，都已出版，每輯三百餘頁，售價各250元。

優婆塞戒經講記：本經詳述在家菩薩修學大乘佛法，應如何受持菩薩戒？對人間善行應如何看待？對三寶應如何護持？應如何正確地修集此世後世證法之福德？應如何修集後世「行菩薩道之資糧」？並詳述第一義諦之正義：五蘊非我非異我、自作自受、異作異受、不作不受……等深妙法義，乃是修學大乘佛法、行菩薩行之在家菩薩所應當了知者。出家菩薩今世或未來世登地已，捨報之後多數將如華嚴經中諸大菩薩，以在家菩薩身而修行菩薩行，故亦應以此經所述正理而修之，配合《楞伽經、解深密經、楞嚴經、華嚴經》等道次第正理，方得漸次成就佛道；故此經是一切大乘行者皆應證知之正法。平實導師講述，每輯三百餘頁，售價各250元；共八輯，已全部出版。

真假活佛—略論附佛外道盧勝彥之邪說：人人身中都有眞活佛，永生不滅而有大神用，但衆生都不了知，所以常被身外的西藏密宗假活佛籠罩欺瞞。本來就眞實存在的眞活佛，才是眞正的密宗無上密！諾那活佛因此而說禪宗是大密宗，但藏密的所有活佛都不知道、也不曾實證自身中的眞活佛。本書詳實宣示眞活佛的道理，舉證盧勝彥的「佛法」不是眞佛法，也顯示盧勝彥是假活佛，直接的闡釋第一義佛法見道的眞實正理。眞佛宗的所有上師與學人們，都應該詳細閱讀，包括盧勝彥個人在內。正犀居士著，優惠價140元。

阿含正義—唯識學探源：廣說四大部《阿含經》諸經中隱說之眞正義理，一一舉示佛陀本懷，令阿含時期初轉法輪根本經典之眞義，如實顯現於佛子眼前。並提示末法大師對於阿含眞義誤解之實例，一一比對之，證實唯識增上慧學確於原始佛法之阿含諸經中已隱覆密意而略說之，證實 世尊確於原始佛法中已曾密意而說第八識如來藏之總相；亦證實 世尊在四阿含中已說此藏識是名色十八界之因、之本—證明如來藏是能生萬法之根本心。佛子可據此修正以往受諸大師（譬如西藏密宗應成派中觀師：印順、昭慧、性廣、大願、達賴、宗喀巴、寂天、月稱、……等人）誤導之邪見，建立正見，轉入正道乃至親證初果而無困難；書中並詳說三果所證的心解脫，以及四果慧解脫的親證，都是如實可行的具體知見與行門。全書共七輯，已出版完畢。平實導師著，每輯三百餘頁，售價300元。

超意境CD：以平實導師公案拈提書中超越意境之頌詞，加上曲風優美的旋律，錄成令人嚮往的超意境歌曲，其中包括正覺發願文及平實導師親自譜成的黃梅調歌曲一首。詞曲雋永，殊堪翫味，可供學禪者吟詠，有助於見道。內附設計精美的彩色小冊，解說每一首詞的背景本事。每片280元。【每購買公案拈提書籍一冊，即贈送一片。】

我的菩提路第一輯：凡夫及二乘聖人不能實證的佛菩提證悟，末法時代的今天仍然有人能得實證，由正覺同修會釋悟圓、釋善藏法師等二十餘位實證如來藏者所寫的見道報告，已爲當代學人見證宗門正法之絲縷不絕，證明大乘義學的法脈仍然存在，爲末法時代求悟般若之學人照耀出光明的坦途。由二十餘位大乘見道者所繕，敘述各種不同的學法、見道因緣與過程，參禪求悟者必讀。全書三百餘頁，售價300元。

我的菩提路第二輯：由郭正益老師等人合著，書中詳述彼等諸人歷經各處道場學法，一一修學而加以檢擇之不同過程以後，因閱讀正覺同修會、正智出版社書籍而發起抉擇分，轉入正覺同修會中修學；乃至學法及見道之過程，都一一詳述之。**本書已改版印製重新流通**，讀者原購的初版書，不論是第一刷或第二、三、四刷，都可以寄回換新，免附郵費。

我的菩提路第三輯：由王美伶老師等人合著。自從正覺同修會成立以來，每年夏初、冬初都舉辦精進禪三共修，藉以助益會中同修們得以證悟明心發起般若實相智慧；凡已實證而被平實導師印證者，皆書具見道報告用以證明佛法之眞實可證而非玄學，證明佛法並非純屬思想、理論而無實質，是故每年都能有人證明正覺同修會的「實證佛教」主張並非虛語。特別是眼見佛性一法，自古以來中國禪宗祖師實證者極寡，較之明心開悟的證境更難令人信受；至2017年初，正覺同修會中的證悟明心者已近五百人，然而其中眼見佛性者至今唯十餘人爾，可謂難能可貴，是故明心後欲冀眼見佛性者實屬不易。黃正倖老師是懸絕七年無人見性後的第一人，她於2009年的見性報告刊於本書的第二輯中，爲大衆證明佛性確實可以眼見；其後七年之中求見性者都屬解悟佛性而無人眼見，幸而又經七年後的2016冬初，以及2017夏初的禪三，復有三人眼見佛性，希冀鼓舞四衆佛子求見佛性之大心，今則具載一則於書末，顯示求見佛性之事實經歷，供養現代佛教界欲得見性之四衆弟子。全書四百頁，售價300元，已於2017年6月30日發行。

我的菩提路第四輯：由陳晏平等人著。中國禪宗祖師往往有所謂「見性」之言，所言多屬看見如來藏具有能令人發起成佛之自性，並非《大般涅槃經》中 如來所說之眼見佛性。眼見佛性者，於親見佛性之時，即能於山河大地眼見自己佛性，亦能於他人身上眼見自己佛性及對方之佛性，如是境界無法爲尚未實證者解釋；勉強說之，縱使眞實明心證悟之人聞之，亦只能以自身明心之境界想像之，但不論如何想像多屬非量，能有正確之比量者亦是稀有，故說眼見佛性極爲困難。眼見佛性之人若所見極分明時，在所見佛性之境界下所眼見之山河大地、自己五蘊身心皆是虛幻，自有異於明心者之解脫功德受用，此後永不思證二乘涅槃，必定邁向成佛之道而進入第十住位中，已超第一阿僧祇劫三分有一，可謂之爲超劫精進也。今又有明心之後眼見佛性之人出於人間，將其明心及後來見性之報告，連同其餘證悟明心者之精彩報告一同收錄於此書中，供養眞求佛法實證之四衆佛子。全書380頁，售價300元，已於2018年6月30日發行。

我的菩提路第五輯：林慈慧老師等人著，本輯中所舉學人從相似正法中來到正覺同修會的過程，各人都有不同，發生的因緣亦是各有差別，然而都會指向同一個目標——證實生命實相的源底，確證自己生從何來、死往何去的事實，所以最後都證明佛法眞實而可親證，絕非玄學；本書將彼等諸人的始修及末後證悟之實例，羅列出來以供學人參考。本期亦有一位會裡的老師，是從1995年即開始追隨 平實導師修學，1997年明心後持續進修不斷，直到2017年眼見佛性之實例，足可證明《大般涅槃經》中世尊開示眼見佛性之法正眞無訛，第十住位的實證在末法時代的今天仍有可能，如今一併具載於書中以供學人參考，並供養現代佛教界欲得見性之四衆弟子。全書四百頁，售價300元，已於2019年12月31日發行。

我的菩提路第六輯：劉惠莉老師等人著，本輯中舉示劉老師明心多年以後的眼見佛性實錄，供末法時代學人了知明心之異於見性本質，足可證明《大般涅槃經》中世尊開示眼見佛性之法正眞無訛。亦列舉多篇學人從各道場來到正覺學法之不同過程，以及如何發覺邪見之異於正法的所在，最後終能在正覺禪三中悟入的實況，以證明佛教正法仍在末法時代的人間繼續弘揚的事實，鼓舞一切眞實學法的菩薩大衆思之：我等諸人亦可有因緣證悟，絕非空想白思。約四百頁，售價300元，已於2020年6月30日發行。

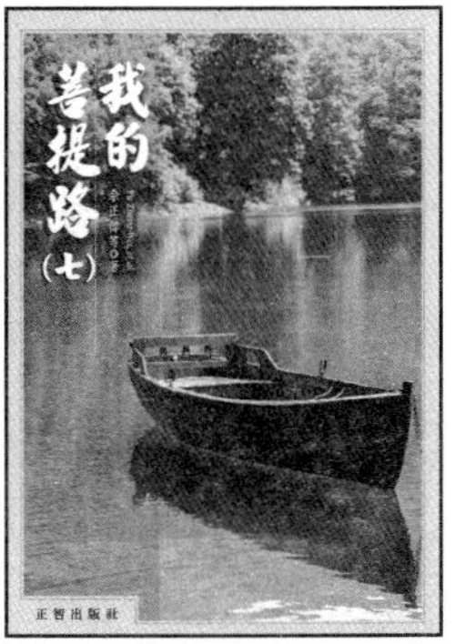

我的菩提路第七輯：余正偉老師等人著，本輯中舉示余老師明心二十餘年以後的眼見佛性實錄，供末法時代學人了知明心異於見性之本質，並且舉示其見性後與平實導師互相討論眼見佛性之諸多疑訛處；除了證明《大般涅槃經》中世尊開示眼見佛性之法正眞無訛以外，亦得一解明心後尚未見性者之所未知處，甚爲精彩。此外亦列舉多篇學人從各不同宗教進入正覺學法之不同過程，以及發覺諸方道場邪見之內容與過程，最終得於正覺精進禪三中悟入的實況，足供末法精進學人借鑑，以彼鑑己而生信心，得以投入了義正法中修學及實證。凡此，皆足以證明不唯明心所證之第七住位般若智慧及解脫功德仍可實證，乃至第十住位的實證與當場發起如幻觀之實證，於末法時代的今天皆仍有可能。本書約四百頁，售價300元。

鈍鳥與靈龜：鈍鳥及靈龜二物，被宗門證悟者說爲二種人：前者是精修禪定而無智慧者，也是以定爲禪的愚癡禪人；後者是或有禪定、或無禪定的宗門證悟者，凡已證悟者皆是靈龜。但後者被人虛造事實，用以嘲笑大慧宗杲禪師，說他雖是靈龜，卻不免被天童禪師預記「患背」痛苦而亡：「鈍鳥離巢易，靈龜脫殼難。」藉以貶低大慧宗杲的證量。同時將天童禪師實證如來藏的證量，曲解爲意識境界的離念靈知。自從大慧禪師入滅以後，錯悟凡夫對他的不實毀謗就一直存在著，不曾止息，並且捏造的假事實也隨著年月的增加而越來越多，終至編成「鈍鳥與靈龜」的假公案、假故事。本書是考證大慧與天童之間的不朽情誼，顯現這件假公案的虛妄不實；更見大慧宗杲面對惡勢力時的正直不阿，亦顯示大慧對天童禪師的至情深義，將使後人對大慧宗杲的誣謗至此而止，不再有人誤犯毀謗賢聖的惡業。書中亦舉證宗門的所悟確以第八識如來藏爲標的，詳讀之後必可改正以前被錯悟大師誤導的參禪知見，日後必定有助於實證禪宗的開悟境界，得階大乘眞見道位中，即是實證般若之賢聖。全書459頁，售價350元。

維摩詰經講記：本經係　世尊在世時，由等覺菩薩維摩詰居士藉疾病而演說之大乘菩提無上妙義，所說函蓋甚廣，然極簡略，是故今時諸方大師與學人讀之悉皆錯解，何況能知其中隱含之深妙正義，是故普遍無法爲人解說；若強爲人說，則成依文解義而有諸多過失。今由平實導師公開宣講之後，詳實解釋其中密意，令維摩詰菩薩所說大乘不可思議解脫之深妙正法得以正確宣流於人間，利益當代學人及與諸方大師。書中詳實演述大乘佛法深妙不共二乘之智慧境界，顯示諸法之中絕待之實相境界，建立大乘菩薩妙道於永遠不敗不壞之地，以此成就護法偉功，欲冀永利娑婆人天。已經宣講圓滿整理成書流通，以利諸方大師及諸學人。全書共六輯，每輯三百餘頁，售價各250元。

真假外道：本書具體舉證佛門中的常見外道知見實例，並加以教證及理證上的辨正，幫助讀者輕鬆而快速的了知常見外道的錯誤知見，進而遠離佛門內外的常見外道知見，因此即能改正修學方向而快速實證佛法。　游正光老師著　。成本價200元。

勝鬘經講記：如來藏爲三乘菩提之所依，若離如來藏心體及其含藏之一切種子，即無三界有情及一切世間法，亦無二乘菩提緣起性空之出世間法；本經詳說無始無明、一念無明皆依如來藏而有之正理，藉著詳解煩惱障與所知障間之關係，令學人深入了知二乘菩提與佛菩提相異之妙理；聞後即可了知佛菩提之特勝處及三乘修道之方向與原理，邁向攝受正法而速成佛道的境界中。平實導師講述，共六輯，每輯三百餘頁，售價各250元。

楞嚴經講記：楞嚴經係大乘祕密教之重要經典，亦是佛教中普受重視之經典；經中宣說明心與見性之內涵極爲詳細，將一切法都會歸如來藏及佛性—妙眞如性；亦闡釋五陰區宇及五陰盡的境界，作諸地菩薩自我檢驗證量之依據，旁及佛菩提道修學過程中之種種魔境，以及外道誤會涅槃之狀況，亦兼述明三界世間之起源，具足宣示大乘菩提之奧祕。然因言句深澀難解，法義亦復深妙寬廣，學人讀之普難通達，是故讀者大多誤會，不能如實理解佛所說之明心與見性內涵，亦因是故多有悟錯之人引爲開悟之證言，成就大妄語罪。今由平實導師詳細講解之後，整理成文，以易讀易懂之語體文刊行天下，以利學人。全書十五輯，全部出版完畢。每輯三百餘頁，售價每輯300元。

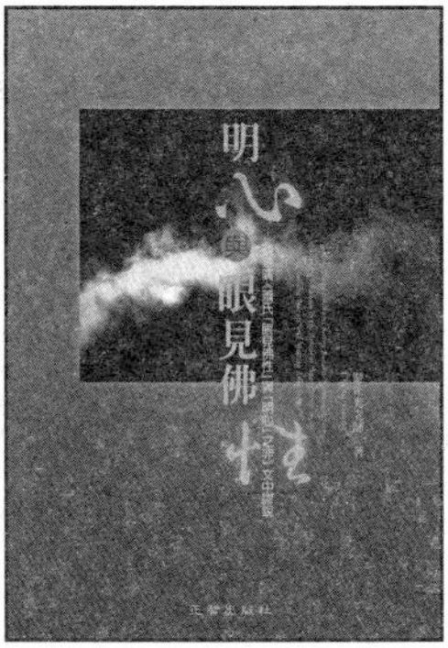

明心與眼見佛性：本書細述明心與眼見佛性之異同，同時顯示了中國禪宗破初參明心與重關眼見佛性二關之間的關聯；書中又藉法義辨正而旁述其他許多勝妙法義，讀後必能遠離佛門長久以來積非成是的錯誤知見，令讀者在佛法的實證上有極大助益。也藉慧廣法師的謬論來教導佛門學人回歸正知正見，遠離古今禪門錯悟者所墮的意識境界，非唯有助於斷我見，也對未來的開悟明心實證第八識如來藏有所助益，是故學禪者都應細讀之。　游正光老師著　共448頁　售價300元。

菩薩底憂鬱CD：將菩薩情懷及禪宗公案寫成新詞，並製作成超越意境的優美歌曲。　1.主題曲〈菩薩底憂鬱〉，描述地後菩薩能離三界生死而迴向繼續生在人間，但因尚未斷盡習氣種子而有極深沈之憂鬱，非三賢位菩薩及二乘聖者所知，此憂鬱在七地滿心位方才斷盡；本曲之詞中所說義理極深，昔來所未曾見；此曲係以優美的情歌風格寫詞及作曲，聞者得以激發嚮往諸地菩薩境界之大心，詞、曲都非常優美，難得一見；其中勝妙義理之解說，已印在附贈之彩色小冊中。
2.以各輯公案拈提中直示禪門入處之頌文，作成各種不同曲風之超意境歌曲，值得玩味、參究；聆聽公案拈提之優美歌曲時，請同時閱讀內附之印刷精美說明小冊，可以領會超越三界的證悟境界；未悟者可以因此引發求悟之意向及疑情，眞發菩提心而邁向求悟之途，乃至因此眞實悟入般若，成眞菩薩。
3.正覺總持咒新曲，總持佛法大意；總持咒之義理，已加以解說並印在隨附之小冊中。本CD共有十首歌曲，長達63分鐘，附贈二張購書優惠券。每片320元。

金剛經宗通：三界唯心，萬法唯識，是成佛之修證內容，是諸地菩薩之所修；般若則是成佛之道（實證三界唯心、萬法唯識）的入門，若未證悟實相般若，即無成佛之可能，必將永在外門廣行菩薩六度，永在凡夫位中。然而實相般若的發起，全賴實證萬法的實相；若欲證知萬法的眞相，則必須探究萬法之所從來，則須實證自心如來—金剛心如來藏，然後現觀這個金剛心的金剛性、眞實性、如如性、清淨性、涅槃性、能生萬法的自性性、本住性，名爲證眞如；進而現觀三界六道唯是此金剛心所成，人間萬法須藉八識心王和合運作方能現起。如是實證《華嚴經》的「三界唯心、萬法唯識」以後，由此等現觀而發起實相般若智慧，繼續進修第十住位的如幻觀、第十行位的陽焰觀、第十迴向位的如夢觀，再生起增上意樂而勇發十無盡願，方能滿足三賢位的實證，轉入初地；自知成佛之道而無偏倚，從此按部就班、次第進修乃至成佛。第八識自心如來是般若智慧之所依，般若智慧的修證則要從實證金剛心自心如來開始；《金剛經》則是解說自心如來之經典，是一切三賢位菩薩所應進修之實相般若經典。這一套書，是將平實導師宣講的《金剛經宗通》內容，整理成文字而流通之；書中所說義理，迥異古今諸家依文解義之說，指出大乘見道方向與理路，有益於禪宗學人求開悟見道，及轉入內門廣修六度萬行。已於2013年9月出版完畢，總共9輯，每輯約三百餘頁，售價各250元。

禪意無限CD：平實導師以公案拈提書中偈頌寫成不同風格曲子，與他人所寫不同風格曲子共同錄製出版，幫助參禪人進入禪門超越意識之境界。盒中附贈彩色印製的精美解說小冊，以供聆聽時閱讀，令參禪人得以發起參禪之疑情，即有機會證悟本來面目，實證大乘菩提般若。本CD共有十首歌曲，長達69分鐘，每盒各附贈二張購書優惠券。每片320元。

霧峰無霧—給哥哥的信　本書作者藉兄弟之間信件往來論義，略述佛法大義；並以多篇短文辨義，舉出釋印順對佛法的無量誤解證據，並一一給予簡單而清晰的辨正，令人一讀即知。久讀、多讀之後即能認清楚釋印順的六識論見解，與眞實佛法之牴觸是多麼嚴重；於是在久讀、多讀之後，於不知不覺之間提升了對佛法的極深入理解，正知正見就在不知不覺間建立起來了。當三乘佛法的正知見建立起來之後，對於三乘菩提的見道條件便將隨之具足，於是聲聞解脫道的見道也就水到渠成；接著大乘見道的因緣也將次第成熟，未來自然也會有親見大乘菩提之道的因緣，悟入大乘實相般若也將自然成功，自能通達般若系列諸經而成實義菩薩。作者居住於南投縣霧峰鄉，自喻見道之後不復再見霧峰之霧，故鄉原野美景一一明見，於是立此書名爲《霧峰無霧》；讀者若欲撥霧見月，可以此書爲緣。游宗明　老師著　已於2015年出版　售價250元。

霧峰無霧—第二輯—救護佛子向正道　本書作者藉釋印順著作中之各種錯謬法義提出辨正，以詳實的文義一一提出理論上及實證上之解析，列舉釋印順對佛法的無量誤解證據，藉此教導佛門大師與學人釐清佛法義理，遠離岐途轉入正道，然後知所進修，久之便能見道明心而入大乘勝義僧數。被釋印順誤導的大師與學人極多，很難救轉，是故作者大發悲心深入解說其錯謬之所在，佐以各種義理辨正而令讀者在不知不覺之間轉歸正道。如是久讀之後欲得斷身見、證初果，即不爲難事；乃至久之亦得大乘見道而得證眞如，脫離空有二邊而住中道，實相般若智慧生起，於佛法不再茫然，漸漸亦知悟後進修之道。屆此之時，對於大乘般若等深妙法之迷雲暗霧亦將一掃而空，生命及宇宙萬物之故鄉原野美景一一明見，是故本書仍名《霧峰無霧》，爲第二輯；讀者若欲撥雲見日、離霧見月，可以此書爲緣。游宗明　老師著　已於2019年出版　售價250元。

假藏傳佛教的神話—性、謊言、喇嘛教：本書編著者是由一首名爲「阿姊鼓」的歌曲爲緣起，展開了序幕，揭開假藏傳佛教—喇嘛教—的神秘面紗。其重點是蒐集、摘錄網路上質疑「喇嘛教」的帖子，以揭穿「假藏傳佛教的神話」爲主題，串聯成書，並附加彩色插圖以及說明，讓讀者們瞭解西藏密宗及相關人事如何被操作爲「神話」的過程，以及神話背後的眞相。作者：張正玄教授。售價200元。

達賴真面目—玩盡天下女人：假使您不想戴綠帽子，請記得詳細閱讀此書；假使您不想讓好朋友戴綠帽子，請您將此書介紹給您的好朋友。假使您想保護家中的女性，也想要保護好朋友的女眷，請記得將此書送給家中的女性和好友的女眷都來閱讀。本書爲印刷精美的大本彩色中英對照精裝本，爲您揭開達賴喇嘛的眞面目，內容精彩不容錯過，爲利益社會大眾，特別以優惠價格嘉惠所有讀者。編著者：白志偉等。大開版雪銅紙彩色精裝本。售價800元。

童女迦葉考—論呂凱文〈佛教輪迴思想的論述分析〉之謬：童女迦葉是佛世率領五百大比丘遊行於人間的歷史事實，是以童貞行而依止菩薩戒弘化於人間的大菩薩，不依別解脫戒（聲聞戒）來弘化於人間。這是大乘佛教與聲聞佛教同時存在於佛世的歷史明證，證明大乘佛教不是從聲聞法中分裂出來的部派佛教的產物，卻是聲聞佛教分裂出來的部派佛教聲聞凡夫僧所不樂見的史實；於是古今聲聞法中的凡夫都欲加以扭曲而作詭說，更是末法時代高聲大呼「大乘非佛說」的六識論聲聞凡夫極力想要扭曲的佛教史實之一，於是想方設法扭曲迦葉菩薩爲聲聞僧，以及扭曲迦葉童女爲比丘僧等荒謬不實之論著便陸續出現，古時聲聞僧寫作的《分別功德論》是最具體之事例，現代之代表作則是呂凱文先生的〈佛教輪迴思想的論述分析〉論文。鑑於如是假藉學術考證以籠罩大眾之不實謬論，未來仍將繼續造作及流竄於佛教界，繼續扼殺大乘佛教學人法身慧命，必須舉證辨正之，遂成此書。平實導師 著，每冊180元。

末代達賴—性交教主的悲歌：簡介從藏傳僞佛教（喇嘛教）的修行核心—性力派男女雙修，探討達賴喇嘛及藏傳僞佛教的修行內涵。書中引用外國知名學者著作、世界各地新聞報導，包含：歷代達賴喇嘛的祕史、達賴六世修雙身法的事蹟，以及《時輪續》中的性交灌頂儀式……等；達賴喇嘛書中開示的雙修法、達賴喇嘛的黑暗政治手段；達賴喇嘛所領導的寺院爆發喇嘛性侵兒童；新聞報導《西藏生死書》作者索甲仁波切性侵女信徒、澳洲喇嘛秋達公開道歉、美國最大假藏傳佛教組織領導人邱陽創巴仁波切的性氾濫，等等事件背後眞相的揭露。作者：張善思、呂艾倫、辛燕。售價250元。

黯淡的達賴—失去光彩的諾貝爾和平獎：本書舉出很多證據與論述，詳述達賴喇嘛不為世人所知的一面，顯示達賴喇嘛並不是真正的和平使者，而是假借諾貝爾和平獎的光環來欺騙世人；透過本書的說明與舉證，讀者可以更清楚的瞭解，達賴喇嘛是結合暴力、黑暗、淫欲於喇嘛教裡的集團首領，其政治行為與宗教主張，早已讓諾貝爾和平獎的光環染污了。　本書由財團法人正覺教育基金會寫作、編輯，由正覺出版社印行，每冊250元。

第七意識與第八意識？—穿越時空「超意識」：「三界唯心，萬法唯識」是佛教中應該實證的聖教，也是《華嚴經》中明載而可以實證的法界實相。唯心者，三界一切境界、一切諸法唯是一心所成就，即是每一個有情的第八識如來藏，不是意識心。唯識者，即是人類各各都具足的八識心王——眼識、耳鼻舌身意識、意根、阿賴耶識，第八阿賴耶識又名如來藏，人類五陰相應的萬法，莫不由八識心王共同運作而成就，故說萬法唯識。依聖教量及現量、比量，都可以證明意識是二法因緣生，是由第八識藉意根與法塵二法為因緣而出生，又是夜夜斷滅不存之生滅心，即無可能反過來出生第七識意根、第八識如來藏，當知不可能從生滅性的意識心中，細分出恆審思量的第七識意根，更無可能細分出恆而不審的第八識如來藏。本書是將演講內容整理成文字，細說如是內容，並已在《正覺電子報》連載完畢，今彙集成書以廣流通，欲幫助佛門有緣人斷除意識我見，跳脫於識陰之外而取證聲聞初果；嗣後修學禪宗時即得不墮外道神我之中，得以求證第八識金剛心而發起般若實智。平實導師 述，每冊300元。

中觀金鑑—詳述應成派中觀的起源與其破法本質：學佛人往往迷於中觀學派之不同學說，被應成派與自續派所迷惑；修學般若中觀二十年後自以爲實證般若中觀了，卻仍不曾入門，甫聞實證般若中觀者之所說，則茫無所知，迷惑不解；隨後信心盡失，不知如何實證佛法；凡此，皆因惑於這二派中觀學說所致。自續派中觀所說同於常見，以意識境界立爲第八識如來藏之境界，應成派所說則同於斷見，但又同立意識爲常住法，故亦具足斷常二見。今者孫正德老師有鑑於此，乃將起源於密宗的應成派中觀學說，追本溯源，詳考其來源之外，亦一一舉證其立論內容，詳加辨正，令密宗雙身法祖師以識陰境界而造之應成派中觀學說本質，詳細呈現於學人眼前，令其維護雙身法之目的無所遁形。若欲遠離密宗此二大派中觀謬說，欲於三乘菩提有所進道者，允宜具足閱讀並細加思惟，反覆讀之以後將可捨棄邪道返歸正道，則於般若之實證即有可能，證後自能現觀如來藏之中道境界而成就中觀。本書分上、中、下三冊，每冊250元，全部出版完畢。

人間佛教—實證者必定不悖三乘菩提：「大乘非佛說」的講法似乎流傳已久，卻只是日本人企圖擺脫中國正統佛教的影響，而在明治維新時期才開始提出來的說法；台灣佛教、大陸佛教的淺學無智之人，由於未曾實證佛法而迷信日本人錯誤的學術考證，錯認爲這些別有用心的日本佛學考證的講法爲天竺佛教的眞實歷史；甚至還有更激進的反對佛教者提出「釋迦牟尼佛並非眞實存在，只是後人捏造的假歷史人物」，竟然也有少數佛教徒願意跟著「學術」的假光環而信受不疑，亦導致部分台灣佛教界人士，造作了反對中國大乘佛教而推崇南洋小乘佛教的行爲，使台灣佛教的信仰者難以檢擇，亦導致一般大陸人士開始轉入基督教的盲目迷信中。在這些佛教及外教人士之中，也就有一分人根據此邪說而大聲主張「大乘非佛說」的謬論，這些人以「人間佛教」的名義來抵制中國正統佛教，公然宣稱中國的大乘佛教是由聲聞部派佛教的凡夫僧所創造出來的。這樣的說法流傳於台灣及大陸佛教界凡夫僧之中已久，卻非眞正的佛教歷史中曾經發生過的事，只是繼承六識論的聲聞法中凡夫僧，以及別有居心的日本佛教界，依自己的意識境界立場，純憑臆想而編造出來的妄想說法，卻已經影響許多無智之凡夫僧俗信受不移。本書則是從佛教的經藏法義實質及實證的現量內涵本質立論，證明大乘佛法本是佛說，是從《阿含正義》尚未說過的不同面向來討論「人間佛教」的議題，證明「大乘眞佛說」。閱讀本書可以斷除六識論邪見，迴入三乘菩提正道發起實證的因緣；也能斷除禪宗學人學禪時普遍存在之錯誤知見，對於建立參禪時的正知見有很深的著墨。平實導師 述，內文488頁，全書528頁，定價400元。

喇嘛性世界—揭開假藏傳佛教譚崔瑜伽的面紗：這個世界中的喇嘛，號稱來自世外桃源的香格里拉，穿著或紅或黃的喇嘛長袍，散布於我們的身邊傳教灌頂，吸引了無數的人嚮往學習；這些喇嘛虔誠地爲大衆祈福，手中拿著寶杵（金剛）與寶鈴（蓮花），口中唸著咒語：「唵．嘛呢．叭咪．吽……」，咒語的意思是說：「我至誠歸命金剛杵上的寶珠伸向蓮花寶穴之中」！「喇嘛性世界」是什麼樣的「世界」呢？本書將爲您呈現喇嘛世界的面貌。當您發現眞相以後，您將會唸：「噢！喇嘛．性．世界，譚崔性交嘛！」作者：張善思、呂艾倫。售價200元。

見性與看話頭：黃正倖老師的《見性與看話頭》於《正覺電子報》連載完畢，今結集出版。書中詳說禪宗看話頭的詳細方法，並細說看話頭與眼見佛性的關係，以及眼見佛性者求見佛性前必須具備的條件。本書是禪宗實修者追求明心開悟時參禪的方法書，也是求見佛性者作功夫時必讀的方法書，內容兼顧眼見佛性的理論與實修之方法，是依實修之體驗配合理論而詳述，條理分明而且極爲詳實、周全、深入。本書內文375頁，全書416頁，售價300元。

實相經宗通：學佛之目的在於實證一切法界背後之實相，禪宗稱之爲本來面目或本地風光，佛菩提道中稱之爲實相法界；此實相法界即是金剛藏，又名佛法之祕密藏，即是能生有情五陰、十八界及宇宙萬有（山河大地、諸天、三惡道世間）的第八識如來藏，又名阿賴耶識心，即是禪宗祖師所說的眞如心，此心即是三界萬有背後的實相。證得此第八識心時，自能瞭解般若諸經中隱說的種種密意，即得發起實相般若——實相智慧。每見學佛人修學佛法二十年後仍對實相般若茫然無知，亦不知如何入門，茫無所趣；更因不知三乘菩提的互異互同，是故越是久學者對佛法越覺茫然，都肇因於尚未瞭解佛法的全貌，亦未瞭解佛法的修證內容即是第八識心所致。本書對於修學佛法者所應實證的實相境界提出明確解析，並提示趣入佛菩提道的入手處，有心親證實相般若的佛法實修者，宜詳讀之，於佛菩提道之實證即有下手處。平實導師述著，共八輯，已於2016年出版完畢，每輯成本價250元。

真心告訴您(一)—達賴喇嘛在幹什麼？這是一本報導篇章的選集，更是「破邪顯正」的暮鼓晨鐘。「破邪」是戳破假象，說明達賴喇嘛及其所率領的密宗四大派法王、喇嘛們，弘傳的佛法是仿冒的佛法；他們是假藏傳佛教，是坦特羅(譚崔性交)外道法和藏地崇奉鬼神的苯教混合成的「喇嘛教」，推廣的是以所謂「無上瑜伽」的男女雙身法冒充佛法的假佛教，詐財騙色誤導眾生，常常造成信徒家庭破碎、家中兒少失怙的嚴重後果。「顯正」是揭櫫眞相，指出眞正的藏傳佛教只有一個，就是覺囊巴，傳的是 釋迦牟尼佛演繹的第八識如來藏妙法，稱爲他空見大中觀。正覺教育基金會即以此古今輝映的如來藏正法正知見，在眞心新聞網中逐次報導出來，將箇中原委「眞心告訴您」，如今結集成書，與想要知道密宗眞相的您分享。售價250元。

法華經講義：此書爲平實導師始從2009/7/21演述至2014/1/14之講經錄音整理所成。世尊一代時教，總分五時三教，即是華嚴時、聲聞緣覺教、般若教、種智唯識教、法華時；依此五時三教區分爲藏、通、別、圓四教。本經是最後一時的圓教經典，圓滿收攝一切法教於本經中，是故最後的圓教聖訓中，特地指出無有三乘菩提，其實唯有一佛乘；皆因眾生愚迷故，方便區分爲三乘菩提以助眾生證道。世尊於此經中特地說明如來示現於人間的唯一大事因緣，便是爲有緣眾生「開、示、悟、入」諸佛的所知所見——第八識如來藏妙眞如心，並於諸品中隱說「妙法蓮花」如來藏心的密意。然因此經所說甚深難解，眞義隱晦，古來難得有人能窺堂奧；平實導師以知如是密意故，特爲末法佛門四眾演述《妙法蓮華經》中各品蘊含之密意，使古來未曾被古德註解出來的「此經」密意，如實顯示於當代學人眼前。乃至〈藥王菩薩本事品〉、〈妙音菩薩品〉、〈觀世音菩薩普門品〉、〈普賢菩薩勸發品〉中的微細密意，亦皆一併詳述之，可謂開前人所未曾言之密意，示前人所未見之妙法。最後乃至以〈法華大義〉而總其成，全經妙旨貫通始終，而依佛旨圓攝於一心如來藏妙心，厥爲曠古未有之大說也。平實導師述，共有25輯，已於2019/05/31出版完畢。每輯300元。

西藏「活佛轉世」制度—附佛、造神、世俗法：歷來關於喇嘛教活佛轉世的研究，多針對歷史及文化兩部分，於其所以成立的理論基礎，較少系統化的探討。尤其是此制度是否依據「佛法」而施設？是否合乎佛法眞實義？現有的文獻大多含糊其詞，或人云亦云，不曾有明確的闡釋與如實的見解。因此本文先從活佛轉世的由來，探索此制度的起源、背景與功能，並進而從活佛的尋訪與認證之過程，發掘活佛轉世的特徵，以確認「活佛轉世」在佛法中應具足何種果德。定價150元。

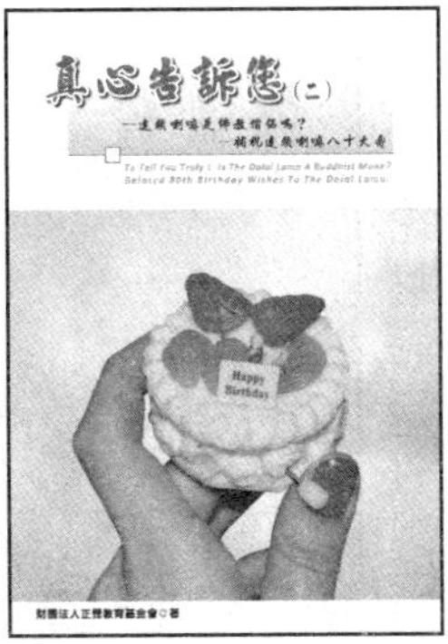

真心告訴您（二）—達賴喇嘛是佛教僧侶嗎？補祝達賴喇嘛八十大壽：這是一本針對當今達賴喇嘛所領導的喇嘛教，冒用佛教名相、於師徒間或師兄姊間，實修男女邪淫，而從佛法三乘菩提的現量與聖教量，揭發其謊言與邪術，證明達賴及其喇嘛教是仿冒佛教的外道，是「假藏傳佛教」。藏密四大派教義雖有「八識論」與「六識論」的表面差異，然其實修之內容，皆共許「無上瑜伽」四部灌頂爲究竟「成佛」之法門，也就是共以男女雙修之邪淫法爲「即身成佛」之密要，雖美其名曰「欲貪爲道」之「金剛乘」，並誇稱其成就超越於（應身佛）釋迦牟尼佛所傳之顯教般若乘之上；然詳考其理論，則或以意識離念時之粗細心爲第八識如來藏，或以中脈裡的明點爲第八識如來藏，或如宗喀巴與達賴堅決主張第六意識爲常恆不變之眞心者，分別墮於外道之常見與斷見中；全然違背　佛說能生五蘊之如來藏的實質。售價300元。

涅槃—解說四種涅槃之實證及內涵：眞正學佛之人，首要即是見道，由見道故方有涅槃之實證，證涅槃者方能出生死，但涅槃有四種：二乘聖者的有餘涅槃、無餘涅槃，以及大乘聖者的本來自性清淨涅槃、佛地的無住處涅槃。大乘聖者實證本來自性清淨涅槃，入地前再取證二乘涅槃，然後起惑潤生捨離二乘涅槃，繼續進修而在七地心前斷盡三界愛之習氣種子，依七地無生法忍之具足而證得念念入滅盡定；八地後進斷異熟生死，直至妙覺地下生人間成佛，具足四種涅槃，方是眞正成佛。此理古來少人言，以致誤會涅槃正理者比比皆是，今於此書中廣說四種涅槃、如何實證之理、實證前應有之條件，實屬本世紀佛教界極重要之著作，令人對涅槃有正確無訛之認識，然後可以依之實行而得實證。本書共有上下二冊，每冊各四百餘頁，對涅槃詳加解說，每冊各350元。

佛藏經講義：本經說明爲何佛菩提難以實證之原因，都因往昔無數阿僧祇劫前的邪見，引生此世求證時之業障而難以實證。即以諸法實相詳細解說，繼之以念佛品、念法品、念僧品，說明諸佛與法之實質；然後以淨戒品之說明，期待佛弟子四衆堅持清淨戒而轉化心性，並以往古品的實例說明歷代學佛人在實證上的業障由來，教導四衆務必滅除邪見轉入正見中，不再造作謗法及謗賢聖之大惡業，以免未來世尋求實證之時被業障所障；然後以了戒品的說明和囑累品的付囑，期望末法時代的佛門四衆弟子皆能清淨知見而得以實證。平實導師於此經中有極深入的解說，總共21輯，已於2022/11/30出版完畢，每輯三百餘頁，售價300元。

大法鼓經講義：本經解說佛法的總成：法、非法。由開解法、非法二義，說明了義佛法與世間戲論法的差異，指出佛法實證之標的即是法——第八識如來藏；並顯示實證後的智慧，如實擊大法鼓、演深妙法，演說如來祕密教法，非二乘定性及諸凡夫所能得聞，唯有具足菩薩性者方能得聞。正聞之後即得依於 世尊大願而拔除邪見，入於正法而得實證；深解不了義經之方便說，亦能實解了義經所說之眞實義，得以證法——如來藏，而得發起根本無分別智，乃至進修而發起後得無分別智；並堅持布施及受持清淨戒而轉化心性，得以現觀眞我眞法如來藏之各種層面。此爲第一義諦聖教，並授記末法最後餘八十年時，一切世間樂見離車童子以七地證量而示現爲凡夫身，將繼續護持此經所說正法。平實導師於此經中有極深入的解說，總共六輯，已於2023/11/30出版完畢，每輯三百餘頁，售價每輯300元。

成唯識論釋：本論係大唐玄奘菩薩揉合當時天竺十大論師的說法加以辨正而著成，攝盡佛門證悟菩薩及部派佛教聲聞凡夫論師對佛法的論述，並函蓋當時天竺諸大外道對生命實相的錯誤論述加以辨正，是由玄奘大師依據無生法忍證量加以評論確定而成爲此論。平實導師弘法初期即已依於證量略講過一次，歷時大約四年，當時正覺同修會規模尚小，聞法成員亦多尚未證悟，是故並未整理成書；如今正覺同修會中的證悟同修已超過六百人，鑑於此論在護持正法、實證佛法及悟後進修上的重要性，已於2022年初重講，並已經預先註釋完畢編輯成書，名爲《成唯識論釋》，總共十輯，每輯目次41頁、序文7頁、每輯內文多達四百餘頁，並將原本13級字縮小爲12級字編排，以增加其內容：於增上班宣講時的內容將會更詳細於書中所說，涉及佛法密意的詳細內容只於增上班中宣講，於書中皆依佛誡隱覆密意而說，然已足夠所有學人藉此一窺佛法堂奧而進入正道、免入岐途。重新判教後編成的〈目次〉已經詳盡判定論中諸段句義，用供學人參考；是故讀者閱完此論之釋，即可深解成佛之道的正確內涵。本書總共十輯，預定每一輯內容講述完畢時即予出版，第一輯於2023年五月底出版，然後每七至十個月出版下一輯，每輯定價400元。

不退轉法輪經講義：世尊弘法有五時三教之別，分爲藏、通、別、圓四教之理，本經是大乘般若期前的通教經典，所說之大乘般若正理與所證解脫果，通於二乘解脫道，佛法智慧則通大乘般若，皆屬大乘般若與解脫甚深之理，故其所證解脫果位通於二乘法教；而其中所說第八識無分別法之正理，即是世尊降生人間的唯一大事因緣。如是第八識能仁而且寂靜，恆順眾生於生死之中從無乖違，識體中所藏之本來無漏性的有爲法以及眞如涅槃境界，皆能助益學人最後成就佛道；此謂釋迦意爲能仁，牟尼意爲寂靜，此第八識即名釋迦牟尼，釋迦牟尼即是能仁寂靜的第八識眞如；若有人聽聞如是第八識常住、如來不滅之正理，信受奉行之人皆有大乘實證之因緣，永得不退於成佛之道，是故聽聞釋迦牟尼名號而解其義者，皆得不退轉於無上正等正覺，未來世中必有實證之因緣。如是深妙經典，已由平實導師詳述圓滿並整理成書，於2024/01/30開始，每二個月發行一輯，總共十輯，每輯300元。

解深密經講義：本經是所有尋求大乘見道及悟後欲入地者所應詳讀串習的三經之一，即是《楞伽經》、《解深密經》、《楞嚴經》三經中的一經，亦可作爲見道眞假的自我印證依據。此經是 世尊晚年第三轉法輪時，宣說地上菩薩所應熏修之無生法忍唯識正義經典；經中總說眞見道位所見的智慧總相，兼及相見道位所應熏修的七眞如等法；亦開示入地應修之十地眞如等義理，乃是大乘一切種智增上慧學，以阿陀那識—如來藏—阿賴耶識爲成佛之道的主體。禪宗之證悟者，若欲修證初地無生法忍乃至八地無生法忍者，必須修學《楞伽經、解深密經、楞嚴經》所說之八識心王一切種智。此三經所說正法，方是眞正成佛之道；印順法師否定第八識如來藏之後所說萬法緣起性空之法，墮於六識論中而著作的《成佛之道》，乃宗本於密宗宗喀巴六識論邪思而寫成的邪見，是以誤會後之二乘解脫道取代大乘眞正成佛之道，承襲自古天竺部派佛教聲聞凡夫論師的邪見，尙且不符二乘解脫道正理，亦已墮於斷滅見及常見中，所說全屬臆想所得的外道見，不符本經、諸經中佛所說的正義。平實導師曾於本會郭故理事長往生時，於喪宅中從**首七**開始宣講此經，於每一七起各宣講三小時，至**十七**而快速略講圓滿，作爲郭老之往生後的佛事功德，迴向郭老早證八地、速返娑婆住持正法。茲爲今時後世學人故，已經開始重講《解深密經》，以淺顯之語句講畢後，將會整理成文並梓行流通，用供證悟者進道；亦令諸方未悟者，據此經中佛語正義修正邪見，依之速能入道。平實導師述著，全書輯數未定，每輯三百餘頁，預定於《不退轉法輪經講義》發行圓滿之後逐輯陸續出版。

菩薩瓔珞本業經講義：本經是律部經典，依之修行可免誤犯大妄語業。成佛之道總共有五十二階位，前十階位爲十信位，是對佛法僧三寶修學正確的信心，如實理解三寶的實質都是依第八識如來藏而成就的；然後轉入四十二個位階修學，才是正式修學佛道，即是十住、十行、十迴向、十地、等覺、妙覺，分別名爲習種性、性種性、道種性、聖種性、等覺性、妙覺性，所應修習完成的是銅寶瓔珞、銀寶瓔珞、金寶瓔珞、琉璃寶瓔珞、摩尼寶瓔珞、水精瓔珞，依於如是所應修學的內容及階位而實修，方是眞正的成佛之道。此經中亦對大乘菩提的見道提出了判位，名爲「第六般若波羅蜜正觀現在前」，說明正觀現時應該如何方能成爲眞見道菩薩，否則皆必退轉。平實導師述著，全書輯數未定，每輯三百餘頁，預定於《解深密經講義》出版發行圓滿之後逐輯陸續出版。

修習止觀坐禪法要講記：修學四禪八定之人，往往錯會禪定之修學知見，欲以無止盡之坐禪而證禪定境界，卻不知修除性障之行門才是修證四禪八定不可或缺之要素，故智者大師云「性障初禪」；性障不除，初禪永不現前，云何修證二禪等？又：行者學定，若唯知數息，而不解六妙門之方便善巧者，欲求一心入定，未到地定極難可得，智者大師名之爲「事障未來」：障礙未到地定之修證。又禪定之修證，不可違背二乘菩提及第一義法，否則縱使具足四禪八定，亦不能實證涅槃而出三界。此諸知見，智者大師於《修習止觀坐禪法要》中皆有闡釋。作者平實導師以其第一義之見地及禪定之實證證量，曾加以詳細解析。將俟正覺寺竣工啓用後重講，不限制聽講者資格；講後將以語體文整理出版。欲修習世間定及增上定之學者，宜細讀之。平實導師述著。

阿含經講記—小乘解脫道之修證：小乘解脫道之修證：數百年來，南傳佛法所說證果之不實，所說解脫道之虛妄，所弘解脫道法義之世俗化，皆已少人知之；阿含解脫道從南洋傳入台灣與大陸之後，所說法義虛謬之事，亦復少人知之；今時台灣全島印順系統之法師居士，多不知南傳佛法數百年來所說解脫道之義理已然偏斜、已然世俗化、已非眞正之二乘解脫正道，猶極力推崇與弘揚。彼等南傳佛法近代所謂之證果者皆非眞實證果者，譬如阿迦曼、葛印卡、帕奧禪師、一行禪師……等人，悉皆未斷我見故。近年更有台灣南部大願法師，高抬南傳佛法之二乘修證行門爲「捷徑究竟解脫之道」者，然而南傳佛法縱使眞修實證，得成阿羅漢，至高唯是二乘菩提解脫之道，絕非究竟解脫，無餘涅槃中之實際尚未得證故，法界之實相尚未了知故，習氣種子待除故，一切種智未實證故，焉得謂爲「究竟解脫」？即使南傳佛法近代眞有實證之阿羅漢，尚且不及三賢位中之七住明心菩薩本來自性清淨涅槃智慧境界，則不能知此賢位菩薩所證之無餘涅槃實際，仍非大乘佛法中之見道者，何況彼等普未實證聲聞果乃至未斷我見之人？謬充證果已屬逾越，更何況是誤會二乘菩提之後，以未斷我見之凡夫知見所說之二乘菩提解脫偏斜法道，焉可高抬爲「究竟解脫」？而且自稱「捷徑之道」？又妄言解脫之道即是成佛之道，完全否定般若實智、否定三乘菩提所依之如來藏心體，此理大大不通也！平實導師爲令修學二乘菩提欲證解脫果者，普得迴入二乘菩提正見、正道中，是故選錄四阿含諸經中，對於二乘解脫道法義有具足圓滿說明之經典，預定未來十年內將會加以詳細講解，令學佛人得以了知二乘解脫道之修證理路與行門，庶免被人誤導之後，未證言證，梵行未立，干犯道禁自稱阿羅漢或成佛，成大妄語，欲升反墮。本書首重斷除我見，以助行者斷除我見而實證初果爲著眼之目標，若能根據此書內容，配合平實導師所著《識蘊眞義》《阿含正義》內涵而作實地觀行，實證初果非爲難事，行者可以藉此三書自行確認聲聞初果爲實際可得現觀成就之事。此書中除依二乘經典所說加以宣示外，亦依斷除我見等之證量，及大乘法中道種智之證量，對於意識心之體性加以細述，令諸二乘學人必定得斷我見、常見，免除三縛結之繫縛。次則宣示斷除我執之理，欲令升進而得薄貪瞋痴，乃至斷五下分結…等。平實導師將擇期講述，然後整理成書。共二冊，每冊三百餘頁。每輯300元。

＊喇嘛教修外道雙身法，墮識陰境界，非佛教＊

＊弘揚如來藏他空見的覺囊派才是真正藏傳佛教＊

總經銷： 聯合發行股份有限公司

231 新北市新店區寶橋路 235 巷 6 弄 6 號 4F

Tel.02－2917-8022（代表號） Fax.02－2915-6275（代表號）

零售：1.**全台連鎖經銷書局：**

三民書局、誠品書局、何嘉仁書店

敦煌書店、紀伊國屋、金石堂書局、建宏書局

諾貝爾圖書城、墊腳石圖書文化廣場

2.**台北市：**佛化人生 **大安區**羅斯福路 3 段 325 號 6 樓之 4　台電大樓對面

3.**新北市：**春大地書店 **蘆洲區**中正路 117 號

4.**桃園市：**御書堂 **龍潭區**中正路 123 號

5.**新竹市：**大學書局 **東區**建功路 10 號

6.**台中市：**瑞成書局 **東區**雙十路 1 段 4 之 33 號

佛教詠春書局 **南屯區**永春東路 884 號

文春書店 **霧峰區**中正路 1087 號

7.**彰化市：**心泉佛教文化中心 南瑤路 286 號

8.**高雄市：**政大書城 **前鎮區**中華五路 789 號 2 樓（高雄夢時代店）

明儀書局 **三民區**明福街 2 號

青年書局 **苓雅區**青年一路 141 號

9.**台東市：**東普佛教文物流通處 博愛路 282 號

10.**其餘鄉鎮市經銷書局：**請電詢總經銷**聯合**公司。

11.**大陸地區請洽：**

香港：樂文書店

銅鑼灣店 :香港銅鑼灣駱克道 506 號 2 樓

電話 : (852) 2881 1150　email: luckwinbs@gmail.com

廈門：廈門外圖臺灣書店有限公司

地址：廈門市思明區湖濱南路809 號 廈門外圖書城3 樓 郵編：361004

電話：0592-5061658（臺灣地區請撥打 86-592-5061658）

E-mail：JKB118＠188.COM

12.**美國：世界日報圖書部：**紐約圖書部　電話 7187468889#6262

洛杉磯圖書部　電話 3232616972#202

13.**國內外地區網路購書：**

正智出版社 書香園地　http://books.enlighten.org.tw/

（書籍簡介、經銷書局可直接聯結下列網路書局購書）

三民 網路書局　http://www.sanmin.com.tw

誠品 網路書局　http://www.eslitebooks.com

博客來 網路書局　http://www.books.com.tw

金石堂 網路書局　http://www.kingstone.com.tw

聯合 網路書局　http:// www.nh.com.tw

附註：1.請儘量向各經銷書局購買：郵政劃撥需要八天才能寄到（本公司在您劃撥後第四天才能接到劃撥單，次日寄出後第二天您才能收到書籍，此六天中可能會遇到週休二日，是故共需八天才能收到書籍）若想要早日收到書籍者，請劃撥完畢後，將劃撥收據貼在紙上，旁邊寫上您的姓名、住址、郵區、電話、買書詳細內容，直接傳眞到本公司 02-28344822，並來電 02-28316727、28327495 確認是否已收到您的傳眞，即可提前收到書籍。 2.因台灣每月皆有五十餘種宗教類書籍上架，書局書架空間有限，故唯有新書方有機會上架，通常每次只能有一本新書上架；本公司出版新書，大多上架不久便已售出，若書局未再叫貨補充者，書架上即無新書陳列，則請直接向書局櫃台訂購。 3.若書局不便代購時，可於晚上共修時間向正覺同修會各共修處請購（共修時間及地點，詳閱**共修現況表**。每年例行年假期間請勿前往請書，年假期間請見共修現況表）。 4.郵購：郵政劃撥帳號 19068241。 5.正覺同修會會員購書都以八折計價（戶籍台北市者為一般會員，外縣市為護持會員）都可獲得優待，欲一次購買全部書籍者，可以考慮入會，節省書費。入會費一千元（第一年初加入時才需要繳），年費二千元。**6.尚未出版之書籍，請勿預先郵寄書款與本公司，謝謝您！** 7.若欲一次購齊本公司書籍，或同時取得正覺同修會贈閱之全部書籍者，請於正覺同修會共修時間，親到各共修處請購及索取；**台北市讀者**請洽：103 台北市承德路三段 267 號 10 樓（捷運淡水線 圓山站旁）請書時間：週一至週五為 18.00~21.00，第一、三、五週週六為 10.00~21.00，雙週之週六為 10.00~18.00 請購處專線電話：25957295-分機 14（於請書時間方有人接聽）。

敬告大陸讀者：

大陸讀者購書、索書捷徑（尚未在大陸出版的書籍，以下二個途徑都可以購得，電子書另包括結緣書籍）：

1.廈門外國圖書公司：廈門市思明區湖濱南路 809 號 廈門外圖書城 3F

郵編：361004　電話：0592-5061658　網址：http://www.xibc.com.cn/

2.電子書：正智出版社有限公司及正覺同修會在台灣印行的各種局版書、結緣書，已有『**正覺電子書**』陸續上線中，提供讀者於手機、平板電腦上購書、下載、閱讀正智出版社、正覺同修會及正覺教育基金會所出版之電子書，詳細訊息敬請參閱『正覺電子書』專頁：http://books.enlighten.org.tw/ebook

關於平實導師的書訊，請上網查閱：

成佛之道　http://www.a202.idv.tw

正智出版社 書香園地　http://books.enlighten.org.tw/

中國網採訪佛教正覺同修會、正覺教育基金會訊息：

http://foundation.enlighten.org.tw/newsflash/20150817_1

http://video.enlighten.org.tw/zh-CN/visit_category/visit10

★ 正智出版社有限公司售書之稅後盈餘，全部捐助財團法人正覺寺籌備處、佛教正覺同修會、正覺教育基金會，供作弘法及購建道場之用；懇請諸方大德支持，功德無量。

★ 聲　明 ★

本社於 2015/01/01 開始調整本目錄中部分書籍之售價，以因應各項成本的持續增加。

＊ 喇嘛教修外道雙身法、墮識陰境界，非佛教 ＊

＊ 弘揚如來藏他空見的覺囊派才是真正藏傳佛教 ＊

售後服務─換書啓事（免附回郵）　2017/12/05

《楞伽經詳解》第三輯初版免費調換新書啓事：茲因 平實導師弘法早期尚未回復往世全部證量，有些法義接受他人的說法，寫書當時並未察覺而有二處（同一種法義）跟著誤說，如今發現已將之修正。茲爲顧及讀者權益，已開始免費調換新書；敬請所有讀者將以前所購第三輯（不論第幾刷），攜回或寄回本公司免費換新；郵寄者之回郵由本公司負擔，不需寄來郵票。因此而造成讀者閱讀、以及換書的不便，在此向所有讀者致上萬分的歉意，祈請讀者大眾見諒！

《楞嚴經講記》第 14 輯初版首刷本免費調換新書啓事：本講記第 14 輯出版前因 平實導師諸事繁忙，未將之重新閱讀而只改正校對時發現的錯別字，故未能發覺十年前所說法義有部分錯誤，於第 15 輯付印前重閱時才發覺第 14 輯中有部分錯誤尚未改正。今已重新審閱修改並已重印完成，煩請所有讀者將以前所購第 14 輯初版首刷本，寄回本公司免費換新（初版二刷本無錯誤），本公司將於寄回新書時同時附上您寄書來換新時的郵資，並在此向所有讀者致上最誠懇的歉意。

《心經密意》初版書免費調換二版新書啓事：本書係演講錄音整理成書，講時因時間所限，省略部分段落未講。後於再版時補寫增加 13 頁，維持原價流通之。茲爲顧及初版讀者權益，自 2003/9/30 開始免費調換新書，原有初版一刷、二刷書籍，皆可寄來本公司換書。

《宗門法眼》已經增寫改版爲 464 頁新書，2008 年 6 月中旬出版。讀者原有初版之第一刷、第二刷書本，都可以寄回本公司免費調換改版新書。改版後之公案及錯悟事例維持不變，但將內容加以增說，較改版前更具有廣度與深度，將更能助益讀者參究實相。

換書者**免附回郵**，亦無截止期限；舊書請寄：111 台北郵政 73-151 號信箱 或 103 台北市承德路三段 267 號 10 樓 正智出版社有限公司。舊書若有塗鴨、殘缺、破損者，仍可換取新書；但缺頁之舊書至少應仍有五分之三頁數，方可換書。所有讀者不必顧念本公司是否有盈餘之問題，都請踴躍寄來換書；本公司成立之目的不是營利，只要能眞實利益學人，即已達到成立及運作之目的。若以郵寄方式換書者，免附回郵；並於寄回新書時，由本公司附上您寄來書籍時耗用的郵資。造成您不便之處，再次致上萬分的歉意。

正智出版社有限公司 啓

免費換書公告

2023/7/15

《法華經講義》第十三輯初版免費調換新書啓事：本書因謄稿、印製等相關人員作業疏失，導致該書中的經文及內文用字將「**親近**」誤植成「清淨」。茲爲顧及讀者權益，自 2017/8/30 開始免費調換新書；敬請所有讀者將以前所購第十三輯初版首刷及二刷本，攜回或寄回本公司免費換新。錯誤更正說明如下：

一、第 256 頁第 10 行~第 14 行：【就是先要具備「**法親近處**」、「**眾生親近處**」；法**親近**處就是在實相之法有所實證，如果在實相法上有所實證，他在二乘菩提中自然也能有所實證，以這個作爲第一個**親近**處——第一個基礎。然後還要有第二個基礎，就是瞭解應該如何善待眾生；對於眾生不要有排斥或者是貪取之心，平等觀待而攝受、親近一切有情。以這兩個**親近**處作爲基礎，來實行其他三個安樂行法。】。

二、第 268 頁第 13 行：【具足了那兩個「**親近處**」，使你能夠在末法時代，如實而圓滿的演述《法華經》時，那麼你作這個夢，它就是如理作意的，完全符合邏輯去完成這個過程，就表示你那個晚上，在那短短的一場夢中，已經度了不少眾生了。

《大法鼓經講義》第一輯初版免費調換二版新書啓事：本書因校對相關人員作業疏失錯失別字，導致該書中的內文 255 頁倒數 5 行有二字錯植而無發現，乃「『**智慧**』的滅除不容易」應更正爲「『**煩惱**』的滅除不容易」。茲爲顧及讀者權益，自 2023/4/1 開始免費調換新書，或請自行更正其中的錯誤之處；敬請所有讀者將以前所購第一輯初版首刷及二刷本，攜回或寄回本公司免費換新。

《涅槃》下冊初版一刷至六刷**免費調換新書啓事**：本書因法義上有少處疏失而重新印製，乃第 20 頁倒數 6 行的「法智忍、法智」更正爲「**法智、類智**」，同頁倒數 4 行的「類智忍、類智」更正爲「**法智忍、類智忍**」；並將書中引文重新標點後重印。敬請讀者攜回或寄回本公司免費換新。

換書者**免附回郵**，郵寄者之回郵由本公司負擔，不需寄來郵票，亦無截止期限；同時對因此而造成讀者閱讀、以及換書的困擾及不便，在此向所有讀者致上最誠懇的歉意，祈請讀者大眾見諒！

正智出版社有限公司 敬啓

國家圖書館出版品預行編目(CIP)資料

成唯識論釋. 第二輯 / 平實導師著述. --初版.
-- 臺北市 : 正智出版社有限公司, 2024.01
面 ; 公分

ISBN 978-626-96703-7-6(第一輯;平裝)
ISBN 978-626-97355-9-4(第二輯;平裝)

1. CST:瑜伽部

222.13 112022819

成唯識論釋——第二輯

作　　者：平實導師
校　　對：章乃鈞 孫淑貞 陳介源 王美伶 張善思
出 版 者：正智出版社有限公司
電話：○二 28327495　28316727（白天）
傳眞：○二 28344822
111 台北郵政 73-151 號信箱
郵政劃撥帳號：一九○六八二四一
正覺講堂：總機○二 25957295（夜間）
總 經 銷：聯合發行股份有限公司
231 新北市新店區寶橋路 235 巷 6 弄 6 號 4 樓
電話：○二 29178022（代表號）
傳眞：○二 29156275
初版首刷：二○二四年元月三十一日　二千冊
初版四刷：二○二四年二月三日　二千冊
定　　價：四○○元